N&K

In seinem Erzählband »Bork« etablierte Hermann Burger Außenseiter als Helden, und diese behandelt er, bei all ihrer Verschrobenheit, ihrem Abseitsstehen und ihrem Aberwitz mit großer Zuneigung und mit Humor. Figuren, Orte und Umstände erarbeitete sich Burger durch minutiöse Recherche, und vielen seiner Geschichten liegt eine verblüffend genau beschriebene Realität zugrunde – eine Realität, die der Autor mit der Kraft seiner Imagination derart zum Schwanken bringt, dass der Leser sie für bloße Fiktion hält. Legendär, dass Burger sich zum Magier ausbilden ließ, um kompetent und zielsicher über den fiktiven Zauberkünstler Diabelli berichten zu können.

Hermann Burger, geboren 1942 in Aarau und gestorben 1989 auf Schloss Brunegg, war Publizist, Privatdozent für Neuere Deutsche Literatur und Feuilletonredakteur. Nach der Publikation eines Gedicht- und Erzählbandes verhalf ihm das Erscheinen des Romans »Schilten« 1976 zum internationalen Durchbruch. Für den Roman erhielt er seine erste bedeutende Auszeichnung, den 1988 für das Gesamtwerk abermals an ihn verliehenen Preis der Schweizerischen Schillerstiftung; es folgten 1980 der C.-F.-Meyer-Preis, 1983 der Hölderlin-Preis und 1985 der Ingeborg-Bachmann-Preis.

Simon Zumsteg, geboren 1973, promovierte über Hermann Burgers Poetik, publizierte Aufsätze und einen Sammelband über Burger und kuratierte 2009 die Zürcher Ausstellung »Hermann Burger 1942–1989 – Nachlass zu Todeszeiten« sowie 2016 die Aarauer Ausstellung »Lokalbericht. Hermann Burgers Romanerstling«.

Hermann Burger

Kurzgefasster Lebenslauf

und andere frühe Prosa

Bork

Prosastücke

Diabelli

Erzählungen

Herausgegeben von Simon Zumsteg
Mit einem Nachwort von Beatrice von Matt

NAGEL UND KIMCHE

1. Auflage 2024
Ungekürzte, durchgesehene Taschenbuchausgabe
© 2014 Nagel & Kimche im Carl Hanser Verlag, München
© für diese Ausgabe 2024 in der
Verlagsgruppe HarperCollins Deutschland GmbH, Hamburg
Umschlaggestaltung von wilhelm typo grafisch, Zürich
Umschlagabbildung von Bodor Tivadar, Gnevkovska Larysa,
Dmitr1ch/Shutterstock
Gesetzt aus der Centennial
von GGP Media GmbH, Pößneck
Druck und Bindung von CPI books GmbH, Leck
Printed in Germany
ISBN 978-3-312-01380-7
www.nagel-kimche.ch

Inhaltsverzeichnis

Kurzgefasster Lebenslauf
und andere frühe Prosa

Der Schnee gilt mir *9* • Zwei Künstler *23*

Das Mittagessen *29* • Ich will Pfarrer werden *32*

Ein Ort zum Schreiben *45* • Der Anruf *56*

Skizzen zu einer Kleinstadt-Fest-Prosa *59*

Großväter sind unberechenbar *73*

Zeichnen in der Altstadt *81*

Kurzgefasster Lebenslauf *89*

Beantwortung eines Kuss-Gesuches *92*

Bork
Prosastücke

Der glücklichste Tag eures Lebens *103* • Bork *111*

Der Büchernarr *132* • Das Lochbillard *144*

Die Notbremse *154* • Die Ameisen *167*

Nachtwache im Panzer *178* • Die Leser auf der Stör *197*

Die Lederausgabe *202* • Tod im Café *215*

Diabelli
Erzählungen

Der Orchesterdiener *229* • Diabelli, Prestidigitateur *251*

Zentgraf im Gebirg oder das Erdbeben zu Soglio *312*

Parerga

ECCO! *335* • Der Kongress der Zauberer *350*

Anhang

Editorische Notizen *373*

Nachwort von Beatrice von Matt *377*

Kurzgefasster Lebenslauf

und andere frühere Prosa

Der Schnee gilt mir

Skizze

Schnee fällt, der erste Schnee, kranker nasser Schnee, weicher Schnee.

Erst hat es zu schneien begonnen. Aber er fällt kaum auf Jahresgrund, dieser Schnee. Es dauert noch lange, bis die Moose frieren. Alt und trächtig ist der Himmel, wolframweiß der Nachmittag und hat zu leuchten aufgehört. Ich sitze auf einer Bank in einem Park am Rande irgendeiner Innenstadt und lasse es schneien in mein Gesicht. Lasse mich fallen, wie Blätter fallen, Schneeflocken fallen; alles fällt. Auch Gesichter fallen, sinken zurück in die Erinnerung.

Die Türme der Stadt stehen schweigsamer, schwärzer zeichnen sich die Eichenkronen vor grauem Himmel ab. Kahle, glatte Stämme, die es in jedem Park geben muss am Rande einer Innenstadt. Hydranten und Telefonkabinen blicken ernsthafter in die Adventszeit. Drüben, im Spitalgarten, wird der matschige Rasen mit leichtem Verbandstoff ausgelegt. Zu dieser Zeit gibt es keine Geschichten, weil man sitzen muss, schwer sitzen und sinken und zusehen, wie es schneit. Das ist das Schlimme: zusehen. Man wird älter davon. Irgendwo geht jetzt ein Mensch durch den Nachmittag und verliert seine Schritte hinter sich. Seine Spuren werden angeschneit. Immer mehr Flocken, immer mehr Schnee, fällt, sinkt. Wir sind am Rande des Wintermärchens. Es gibt keine Geschichten zu diesem Kron-Augenblick, bloß weißliche Niederschläge von Erinnerungen, die auf der Zunge zergehen.

Ich lasse erzählen von den Flocken, die das erste Mal fallen dieses Jahr aus aschgrauem Himmel und verkleiden die ausgewaschenen Häuser der Stadt. Es hat keinen Sinn, die Flocken zu zählen. Tausende sind es, Abertausende, schon diesen Nachmittag. Zahlen! Wäre das eine Geschichte? Ich mache jeden Winter den Flocken das Fallen nach und werde in Städte geschneit, wo ich längst nicht mehr hingehöre. Aber das ist meine Adventsfreude.

Es schneit. Altgrau der Himmel, bisweilen wolframweiß, die Türme der Stadt schweigen und stehen gegen ihn. Es schneit vor die Kaufhäuser der Stadt und vor ihre Schaufenster, die schon erleuchtet sind, weil der Himmel plötzlich grau wurde. Einem kleinen Jungen auf die Nase schneit es, weil er sie noch in die Luft streckt, auf seine Hand schneit es, die eine warme Hand drückt. Es schneit vor den Friedhofsmauern, gegen die im Sommer sich die Liebespaare drücken, mondvergessen. Es schneit aus offenen Polstern in eine Stadt hinein. Städte haben Straßen, die verzweigen sich, wie Bronchien der Lunge sich verzweigen. Straßen führen von innen nach außen ins schalenlose Weichbild der Stadt. In plansicherem Koordinatennetz legen sie sich über die Villenquartiere. Aber Straßen verlieren ihre Namen, wenn es zum ersten Mal schneit, wie soll man sich da zurechtfinden?

Ich habe mir geschworen, heute nicht zu gehen, auf dieser Bank sitzen zu bleiben und es hineinschneien zu lassen in mich, weil ich früher oft gegangen bin, allzu oft. Und ich weiß, wohin das führt. Durch den spätherbstlichen Nachmittag strolchen, einen Schub schwarzmodrigen Laubes vor den Füßen, oder durch das erste Schneewetter streunen, frische Tritte setzen und immer neue Tritte in den Schnee, der schon krank ist!

Nein.

Zusehen, wie es treibt.

Ich blicke hinüber zum Krematorium, das nicht arbeitet, aber umrisshaft steinschwer gegen den tief hängenden Himmel steht und den Schneefall. Nicht arbeitet, obwohl es Samstag ist. Die weit ausholenden Friedhofsanlagen verlieren sich hinter dem gequaderten Bau und hinter wetterfest grüßenden Tannengruppen, die sich, alle Jahre wieder, als Weihnachtsmänner verkleiden lassen. Etwas seltsam Theatrales weht herüber von der Krematoriumsanlage, ich denke an eine Bühne außer Betrieb, wo in den leer stehenden Kulissen heraufbeschworene Geschichte flüstert. Fast hätte ich Lust, vorbeizuschauen. Krematoriumsanlagen sind jedermann zugänglich und zu jeder Zeit. Ein paar Hundert Schritte über den frisch zugeschneiten Rasen, Quartiersstraße querüber, durchs schmiedeeiserne Tor, am Gruß der Tannen vorbei. Doch nein, allzu morbid fallen solche Streifzüge aus, die nirgendswo enden, sei es denn im ausweglos gezirkelten Gedankengarten selbstischer Begräbniswünsche. Ich weiß, es gibt dort Obelisken aus weißem Marmor. Sie frieren stärker, als Stein friert. Obelisken mit fein verzweigter Äderung unter der Lasur. In die Erde geranzt stehen sie schief: Truggötzen heißer Länder. Schnee fällt auf die Grabsteine, aber zaghaft und in sanfter Mildtätigkeit gegen das kältere Material. Viel braucht es, bis die Kristalle in dieses Marmorbild einwilligen. Tastscheu setzen die Flocken über die Steinspargeln hinweg, und nur lose gestrickte Kappen haften an den Spitzpyramiden. Erst der Februarschnee wird diese Fremdkörper, und darunter die massivsten Quader, knietief stauchen.

Ich weiß, es gibt dort filigrane Kreuze mit ovalen Apothekerschildern. Sie bewachen verkalktes Gift und Hader unter dem Wurzelwerk der Gräber. Dieser Anblick ist noch erträglich. Auch dass die Grabhügel süß riechen, weil sie das Laub verdauen, und von diesem ersten Schnee nicht zum Schweigen gebracht werden. Ich würde daran riechen, gewiss, auch die halbrohen Spiegeleier zwischen den gezuckerten Buchshecken kämen mir in den Sinn. Nur eines ertrage ich nicht: das Grinsen hinter der Bühne. Die weiß gekalkte Mauer mit den Feuerleitern, die in den Schnürboden steigen. Diesen Herbst war es, glaube ich, als ich einmal die Urnenhallen umging und dem Kuppelbau in den Rücken trat. Der Himmel war wässrig blau, Wolkenfetzen trieben ostwärts, kerzengerade stieg der Rauch. Ich setzte mich an das grün gefliese Bassin, vor dem der Bau rückseitig lagert, und starrte ins plexigrüne Wasser. Zu beiden Seiten standen mannshohe Taxushecken, zimtrote Wege umrahmten das knöcheltiefe Bassin. Hinter meinem Rücken sprang ein Wasser. Die Sonne zeigte sich flüchtig, dieser traumfremde Raum schien nur angeleuchtet wie ein Gewächshaus von innen.

Da grinste der Bau.

Er grinste vor sich hin ins Wasser.

Er grinste unmerklich wie ein breit lagernder Buddha. Und ich erschrak, weil dieser Raum zu eng war für Geheimnisse. Ich erschrak, wie als ich das erste Mal hinter eine Bühne sah. Ich erschrak, wie als ich unvorbereitet eine Ziehharmonika öffnete und es laut schnaufen hörte. Aus Träumen kann man, darf man erwachen, nicht aber aus Räumen, die ein Geheimnis grinsend verwalten.

Es wird kühler. Aber noch steigt mir die Kälte nicht in die Glieder. Durch den dichten Flockenvorhang blinzelt das Krematorium herüber. Auf meinen Schuhen bilden sich Pelzinselchen. Von der Stadt tönt gedämpfter Verkehr herauf. Das Zischen einer Fontäne. Dort wird der Schnee zu grauem Matsch gefahren.

Die Leute stauen sich vor den Kaufhäusern. Hie und da auch vereinzelte Pfiffe der Rangierer von Osten her, wo die Wolken noch grauer hängen.

Im Güterbahnhof wird es schneien.

Die Signale wartend mit verschränkten Armen. Schnee vielleicht zwischen den Gleisdreiecken wie ein

Triangel aus Pfeifenrisplern. Schnee vielleicht, eine einzelne Flocke, auf dem kaltklebrigen Teller eines Puffers. Schneeflocken tanzen den heranbrausenden Stirnen der Lokomotiven entgegen. Kein Schnee vor Tunnelportalen. Flockentanz um die Sichtscheiben der Stellwerke. Die Stimme aus dem Lautsprecher schluckt ein Loch durch das Gestöber. Güterzüge rappeln über das Gleisfeld. Schnellzüge warten. Die Kälte beginnt jetzt in den Adern zu schmerzen, natürlich bloß ein leichtes Ätzen, wir stecken ja noch nicht im Winter drin. Trotzdem beginne ich nun zu gehen, in Gedanken nur, versteht sich. Der Schnee ist zu neu, als dass ich ihn austreten könnte Schritt vor Schritt. Das ist meine Adventsfreude, die Gedanken wandern zu lassen, obwohl ihre Spuren tiefer sitzen als die von Tritten, und manchen Himmel voll Schnee brauchte es, sie nur halbwegs anzuschneien.

Spuren, Erinnerungen haben weibliche Sohlengrößen. Weit zurück erkenne ich die Spuren eines Ganges, der hinausführt aus dem Park, worin ich jetzt sitze mit hochgeschlagenem Mantelkragen, über die mollige Wiese und am Krematorium vorbei führt er bis in eine Allee. Es sind meine Abdrücke, zweifelsohne, kaum kleiner als die, die ich heute von mir geben würde, aber ungleichmäßiger gesetzt. Ich hatte zu große Füße, damals. In eine Allee also sehe ich die Tritte einbiegen, von wo aus man im Spätherbst durch die zum Horizont sich verjüngenden Baumkronen das Meer erblicken könnte. Ich gehe, lasse mir die Flocken vors Gesicht treiben, setze meine Schritte wahllos vor die Füße und verliere frisch schneebackene Schalen hinter mir. Aber nichts will sich darein reimen, der Schnee ist zu flauschig. Früher, wenn ich durch den schweren Februarschnee stapfte, sammelte ich hinter mir her die Blaken, die sich von der Profilsohle lösten, und aß die dicken Schweizerkreuze heraus. Den Schuhen zuliebe. Ich liebte Schuhe, vor allem Winterschuhe. Meine hatten rote Schnürsenkel und am linken Rist einen Goldzahn. Später zwei, als ich sie mit eigens erspartem Geld zum Schuhflicker brachte. Ich muss aber weiter zurückdenken, an frühere Schuhe, bis sie immer schwerer werden, unförmiger, bootsmäßiger, und ich sehe mich auf einer Bank, auf einer jener niedlichen, immer blank geseiften Schuhbänke in Kinderheimen. Draußen wird schon angeschnallt. Wichsdunkel ist es im Schuhkastenvorraum. Ich mühe mich an den Nesteln ab. Einmal sollte man endlich das Schnüren lernen. Kinder gehen, bevor sie schnüren können. Ich sehe zwei ungleich große Schlaufen, nebeneinander. Aber keine Verknüpfung sehe ich, so sehr mir auch das Blut in den Kopf steigt. Vielleicht hat mir ein großes Mädchen geholfen, das Ursula heißen könnte. Das war in einem Winter. Aber noch weiter zurück folge ich meinen Schuhen bis zu jenen gestrickten Pantöffelchen, die, mit wollweißen Puscheln verziert, noch keinen Schnee zu spüren bekamen. Damals steckte man den Daumen in den Mund für alles, was man nicht begreifen konnte. Damals stand man auf sicheren Füßen, obwohl die Beinchen in die Luft strampelten. Heute leisten die Schuhfabriken das ihre. Indem ich so hineindenke in mich, merke ich, dass ich nicht allein gehe. Auf der rechten Straßenseite spielt sich etwas der Mauer entlang. Ich bin ein Gehender, ja, aber ich gehe hinten. Sie geht etwas weiter vorne, viel leiser, und wie vom Schnee der Mauer entlanggetrieben, hinter der sich mit zornigem Wohnzimmerblick die ersten Vorstadtvillen verbergen. Zwei Wege treten wir in den Schnee, sie rechts, links ich, das weiße Band der Straße dazwischen, auf dem – es ist Samstag – der Nachmittagsverkehr stadtwärts, abendwärts geschoben wird. Wie Kuchenbleche, denke ich, wie Kuchenbleche. Es schneit trockenweich. Wo der Schnee unter den Rädern zerrieben wird, glänzen fettschwarz die Asphaltspuren. So trocken schneit es, dass sie das blonde Haar offen trägt, offen und lang über die Pelzstola des etruskfarbenen Mantels. Sie geht frei aus den Hüften. Vielleicht kommt sie gerade vom Einkaufen. Nicht Weihnachtseinkäufe, da gibt es wichtigere Besorgungen für den Abend zu machen. Man denkt immer, es ist Weihnachten, wenn's das erste Mal stobert. Es braucht noch viel, bis der Schnee haften bleibt.

Sie geht vor mir mit offenem Mantel und trägt das Haar offen, weil es erst diesen Nachmittag angefangen hat zu schneien und sehr trocken. Sie heißt Brigitte, was weiß ich, Denise, oder gar Beatrice? Spielt keine Rolle, die Straßen verlieren ja auch ihre Namen bei diesem Schneegestöber, irgendein Mädchen, das dir im späten Nachmittag begegnet, weil du gehst, zufällig, deine Schritte zu verlieren. Aber was heißt begegnen. Ich gehe ja hinter ihr und werde immer hinter ihnen gehen, sie geht vorne, und nur die Schneeflocken, die ihren Atem streifen, fallen vielleicht bis in die Straßenmitte. Es wäre schon viel, sehr viel, einen solchen Kristall aufzuheben, ganz nahe vor die Augen ihn zu halten und zu beobachten, wie er auf dem Handteller zerschmilzt. So aber folge ich dem Gelübde ihrer Lippen, das sie vor sich her trägt dem Winter entgegen, ich folge ihren Gedanken, die bei Tee und Mandelgebäck sind, was sie ihrer Freundin vorsetzen wird, aber bald schon beim Kleid, das sie für den Abend aus dem Schrank hängt. Hat sie einen Freund außer mir? Dazu müsste ich ihre Augen sehen. Dazu müsste ich mich ihr in den Rücken spielen, sie mit sturmesähnlichen Schritten überholen und an der nächsten Kreuzung etwas suchen. Eine Straße, eine Zigarette. Ich erspare mir dieses Manöver, sehe ich doch ihre Augen überhell vor mir: Silberlöffelchen glänzen in ihnen und wie Kerzenschimmer der Glaube an einen Verlobten. Vielleicht ist das jemand, der oft ins Theater geht, weil es auf Fußballtribünen keine geheizten Logen gibt, der sich auf Böll versteht und immer gerade aus dem Dienst zurückgekommen ist. Vielleicht jemand wie ich, der vom Theater nichts versteht, dafür einen leidlichen Rechtsaußen abgibt.

Engeln soll man nicht die Flügel stutzen, sie sind so selten heute. Und so viel Blond, so viel Blond für den trockenen Schnee. Es wird nichts geschehen, soll nichts geschehen. Bis zu jenem Traum von den Schuhen, aber dazu ist es noch zu früh.

Wir kommen an eine Straßenkreuzung. Sie tritt in den Wind. Erst lasse ich die Autos durch, die ohne Licht in den gedämpften Verkehr einspuren. Ein Bus singt vorbei. Busse rollen im Winter auf leisen Reifen. Sie sind elektrische Weihnachtsmänner mit großglasigen Schneestirnen und verneinenden Zeigefingern. Erst wenn die Straße wieder leer ist, fällt der Schnee von neuem ein, und ich gehe querüber. Dann klaube ich eine jener Zigaretten hervor, die ich vorletzten Herbst bei einem Theaterbesuch zu rauchen mir angewöhnte. Der hellblauen Packung wegen. Lungenzüge noch nie. Es ist eine Art aromatischer Nihilismus, was ich da betreibe.

Ja, hin und wieder singt ein Bus an uns vorbei, stadteinwärts. Wir verlassen jetzt den Platz, von wo die Straßen sich ungetauft verzweigen. Die Quartiere werden weißer, stiller, streng geometrisch ordnen sich die Gärten. Hier außen schneit es etwas dichter, aber auch trockener. Die Ausfallstraßen sind breit wie in der Innenstadt. Topfeben, da wir uns möglicherweise auf der obersten Terrasse eines zungenartig abfallenden Reliefs befinden, verlaufen sie geradeaus. Die Querstraßen rastern in mechanischen Abständen ein. So wird es kommen, dass der Winter hier wilder treibt, dass es stärker und nach mehr Schnee riecht, dass ich sicher bin, es wird noch bis in den Abend schneien und in die Nacht hinein. Wenn die Taxen vor dem Theater lagern, schneit es immer noch.

In den quer gezogenen Straßen, die nur von niedersten Gartenpforten bewacht werden, gibt es eingeklemmte Lehrfahrzeuge, Bienen in den Winterwaben. Von oben gesehen müssen sie wie schwere, auf der Bauchseite verwundete Tiere zu lesen sein, die von der

Peripherie an die Innenstadt herankriechen. Die Reifen spuren profilierte Spitzbogen aus dem weißen Pulver. Durch die beschlagenen Seitenfenster werden Fahrlehrer sichtbar, die sich übers Lehnpolster rückwärtsbeugen. Abstehende Motoren, fehl angesetzte Lenkradübungen erstarren zu Momentaufnahmen. Dann hört man das Schnaufen der überlasteten Scheibenwischer.

Sie biegt jetzt in einen birkenbestandenen Privatweg ein, dessen Ziel, wie das Ziel aller Privatwege, Villen sind mit Doppelgaragen und angeketteten Marschhunden. Einen Augenblick lang zögere ich sicher, ob ich ihr nicht nachstelle mit weichen Schritten. Ich begnüge mich dann aber, ein Spiel Karten – nur in Gedanken, versteht sich – hinter ihren Füßen zu legen, und wenn das Herz-Ass kommt, jedes Spiel hat ein Herz-Ass, es wie eine Blutspur im Schnee zu verwischen. Gehe, sage ich mir, weiter. Meide diesen Birkenweg, die Birke ist ein kalter Baum. Meide die Zeichen ihres Ganges, so viel Blond erträgst du nicht, willst du nicht ertragen. Weiter sage ich mir: Suche den Rand dieser Stadt, die äußerste Schneerinde, wo deine Gefühle restlos verwintern. Ich ertrage sie nicht diese Gefühle, immer diese Gefühle, ich ertrage sie nicht die Gefühle. Gefühle tragen heißt, das Gesicht einsinken zu lassen, bis es abgezinkt verwittert. Aber ich spüre noch nicht, dass der Schnee mir gilt, dass es nicht reicht, diesen Weg mit Birken zu meiden, unter denen sie ein Gelübde vor den Lippen trägt, und die verästelten Zweige tragen es mit ihr. Was will ich ihre Lippen meiden, die wie zwei weiche Stempelkisschen jene

Schneeflocken anfeuchten, die mir gelten? Es genügt nicht, den Blick ihres Wohnzimmerfensters zu meiden, der mich auch außerhalb des Parkes trifft. Es ist schon schwer, im Winter ein Wohnzimmerfenster zu ertragen, hinter dem bald das Licht angedreht wird. Sie kann beruhigt sein, ich berühre keine Kugel ihres vorweihnächtlichen Glückes. Sie sind gut gedrechselt, und golden hängen sie in ihre Handteller. Und golden glänzt ihres, ihr Engelhaar unter der Bürstenmassage. Ich folge nurmehr Billardkugeln, weißen Bällen, die auf Marmorplatten, weiß mit Filz bespannt, abrollen. Und zu stehen kommen, einmal, aber am Rande. Trotzdem denke, wie ich die Weggabelung hinter mir lasse, ich eine Weile an Festlichkeit. An silberne Saxophonklappen, die mit weißen Polstern den Schnee drücken, an Nägel, die in weiße Korkplatten geschlagen werden.

Den Rand der Stadt erreiche ich ohne besondere Mühe, indem ich zehn zwölf Querstraßen des Quartiers achtlos überspiele. Zugleich aber erreiche ich den Rand des Nachmittags und die unverdaute Rinde der Weltgeschichte. Die letzten Häuser der Stadt grenzen wie aktuelle Daten an einen brach liegenden Raum, und man glaubt ihnen nicht recht, dass sie unbedingt stehen müssen. Die Innenstadt, das ist was anderes, sie gehört zum Verdauungsapparat.

Ich blicke über die leeren Felder zu den Waldrändern hin. Dämlicherweise hat es zu schneien aufgehört. Bauzone, leere Bauzone sehe ich bis hinüber zum Forst. Der Schnee liegt nur risttief, aber es wird heute nochmals schneien. Wenn man genau hinsieht, entdeckt man die Spuren von Tieren, vielleicht diejenigen eines Menschen. Ich sehe nicht genau hin, nur die Zonen sehe ich, die Zonen. Jede Stadt hat eine Mauer, in Form einer Rinde, in Form von Zonen. Zonen, die drahtlos miteinander verhandeln. Wenn es wieder zu schneien anfinge, wären es Felder, Wachtelwiesen, und hinter dem Flockenschleier die Wälder wären stumme Urahnen. So aber der Schneefall aussetzt für kurze Zeit – Telegrafenstangen benützen solche Momente, ihre Abstände auszurichten –, stehe ich am Rande von Zonen und würde nie eine Bauzone betreten, auch wenn kein Stacheldraht gespannt ist.

Es ist jetzt die Zeit gekommen für den Traum, in dem ich gehe ohne Schuhe und ohne Fußbekleidung durch eine Winterlandschaft. In meiner Heimatgegend wandere ich mit einem Freund über Moränen. Ich weiß, dass es sehr kalt ist, trotzdem friere ich keineswegs an den Füßen, nicht einmal die Körnung des Pulvers spüre ich unter den Zehen. Wir kommen von weit her und haben dies und jenes besprochen, wie es so üblich ist während gemeinsamen Gängen. Wie wir nun in die Nähe meines Heimatortes gelangen, erblicke ich am Rande des Pfades einen blühenden Strauch. Es könnte Seidelbast gewesen sein oder Teerosen, ein höchst befremdliches Gewächs jedenfalls, das mir große Freude bereitet. Ich nicke dem Strauch lächelnd zu, mein Freund hat ihn auch bemerkt, blickt aber unentwegt geradeaus, als wollte er mich nicht stören bei mir wichtigen Gebärden. Ich beuge mich zu dem Busch hin und stelle meine Schuhe, die ich bei mir getragen habe, zu seinen Füßen. Darauf wandeln wir weiter, eine Art Religionsberg hinunter, ich fühle mich sehr heiter und beschwingt. Die Sonne steht im Zenit. Ein Gefühl von Heimwärtsziehen wird das Ende des Traumes gewesen sein.

Mir ist die Kälte jetzt doch unter den Mantel gekrochen. Die Schneedeltas auf den Schuhspitzen wachsen. Im Pärklein ist es grauer geworden. Das Krematorium blinzelt durch den schrägen Schneefall herüber, unten in der Bibliothek mussten sie bereits das Licht einschalten. Ich weiß heute, dass der erste Schnee mir gilt. Das Ende jenes Ganges, den ich tat meinen Abdrücken folgend bis an den Rand der Stadt, bleibt ungewiss. Zu lange habe ich Schnee gegessen, um noch etwas anderes registrieren zu können als meine Kälte und mich selber. Es wird ein Heimweg gewesen sein, denke ich, wie andere mehr; mit Stadtbussen, die einen überholen, mit Verszeilen vor den Lippen, die stanniolleicht abblättern.

In die Bibliothek hinuntersitzen, jetzt noch, hat keinen Sinn, man kann den Geist nicht auf Abruf konsumieren. Gehe ich also nach Hause in eines jener Häuser, gut gehaltene Häuser sind es, wo Studenten bei ihren Verwandten wohnen dürfen. Es wird noch eine Weile dauern, bis das Zimmer dunkel wird und weiß die Flocken vor den Scheiben. Der Schnee gilt mir, ich werde das abendfüllende Programm des ersten Schneesturmes nicht versäumen.

Zwei Künstler

Parabel

Zwei Künstler, ein Schriftsteller und ein Maler – nennen wir sie Vim und Vago –, bewohnten zusammen ein Atelier. Vim mit seiner Schreibmaschine hatte sich in die dunkelste Ecke zurückgezogen. Meine Gedanken brauchen kein Licht, sagte er zu Vago, dem er den ganzen Dachraum überließ, damit er sich ausbreiten konnte mit Staffeleien, Leinwänden und Papierrollen. Der Maler war ein Tag-, der Schriftsteller ein Nachtmensch, so störten sie einander kaum. Manchmal sagte Vim: Ich beneide dich um deine Farben. Benötigst du Cadmiumgelb, kannst du auf eine Tube drücken, und das Cadmiumgelb leuchtet auf, während ich die Vorstellung von Cadmiumgelb oder Neapelgelb mit schwarzen Buchstaben und schwarzen Händen erzeugen muss. Gewiss, sagte Vago, was die Farben betrifft, bin ich dir gegenüber vielleicht im Vorteil. Dafür beneide ich dich um deine Wörter. Meinst du einen Stuhl in einem leeren Raum, genügt ein Satz, und der Stuhl steht da, verlassen wie nur ein unbenützter Stuhl sein kann. Am selben Bild habe ich eine Woche zu arbeiten.

Gemeinsam war beiden, dass ihnen die Welt, wie sie sie vorfanden, nicht genügte. Beide wollten sie verändern. Die Fingerfarben, die der Liebe Gott gebraucht hat, stimmen nicht zueinander, sagte Vago, und Vim: Die Menschen, die der Liebe Gott zusammengepfercht hat in Häuser, Dörfer, Städte, Länder und Erdteile, haben einander nichts zu sagen. Sie leben wortreich aneinander vorbei, so wie die Natur, wenn man so will, farbenprächtig an ihr selber vorbeilebt. In einer Landschaft kümmert sich der See nicht um das Blau des Himmels und der Birnbaum nicht um die Form des Apfelbaums. Das ist sträflich, das kann ins Auge gehen. Wir, indem wir Gesetzesmäßigkeiten herausfinden, korrigieren in einem fort den Lieben Gott. Wir sind die Lektoren und Korrektoren und Translatoren, ja letztlich die Lehrmeister des Schöpfers. Nicht der Mai macht alles neu, wir, wir machen alles neu. So dachten beide und trieben ihr Werk voran, Vim in seiner Kistenbretterecke unter der Tischlampe, die den Satz beleuchtete, an dem er gerade feilte, Vago in den Sonnenstaubfahnen des großen Atelierfensters. Wenn der Schriftsteller nachdachte, war das Schaben der Pinsel und Kratzen der Spachtel zu hören; trat Vago von seinem Gemälde zurück, um mit zugekniffenem Auge den Sitz eines roten Zwickels oder die Erdigkeit eines Umbraschattens zu prüfen, das Hackballett der Schreibmaschine.

Wie gesagt, sie störten einander nicht, denn beide hatten Erfolg. Vagos Bilder wurden ausgestellt, in kostspieligen Katalogen reproduziert und verkauft; Vims Bücher erreichten hohe Auflagen, wurden gelesen und öffentlich diskutiert. Wildfremde Menschen beharrten darauf, zu seinen Figuren Modell gestanden zu haben. Es gab Prozesse, weil A. B. streitig machte, C. sein zu dürfen oder auch zu müssen. Vagos Bilder waren kühn in der Konzeption und in der Farbgebung, doch so kühn nun auch wieder nicht, dass sie die Käufer, die sie in der guten Stube aufhängten, aus dem Gleichgewicht gebracht hätten. Einen Vago zu besitzen, war kein Sicherheitsrisiko, eher ein Platzproblem; keinen Vago zu besitzen, dagegen eine Kulturlücke. Vim zu lesen war äußerst anstrengend, der vielen Fremdwörter wegen; Vim nicht gelesen zu haben, dürften sich allenfalls Professoren oder Redaktoren leisten, die über Bücher lesen beziehungsweise schreiben müssen. Viele hielten die beiden Künstler für Brüder, ja sogar Zwillingsbrüder. Und manch einer, der einen Vago über der Polstergruppe hängen und Vims Gesammelte Werke in der Bücherwand stehen hatte, erholte sich von der Lektüre der komplizierten Sätze beim Betrachten der kantigen Kompositionen. Ein Kritiker fand die Formel: Der eine ist des andern Komplementärfarbe im Menschlichen wie im Künstlerischen. Vim rief nach Vago, und umgekehrt, und das steigerte natürlich den Absatz sowohl der Bücher als auch der Bilder.

Während aber das Geschäft florierte, und beileibe nicht auf Kosten der Qualität, geschah etwas Schreckliches: Still und heimlich, sozusagen über Nacht, ohne dass sie sich dessen versahen, ging Vim der Stoff und gingen Vago die Motive aus. Eines Morgens musste sich der Poet eingestehen: Ich bin ausgeschrieben; und am selben Abend der Maler: Ich bin ausgebrannt. Das war das Unheimliche, dass beide zugleich von der Leere heimgesucht wurden, als ob sich die Krise des einen mit der Krise des andern verabredet hätte. Doch sie ließen sich nichts anmerken. Vim tippte stur weiter, schrieb ein fertiges Manuskript ab, an dem es nichts mehr zu verbessern gab; und Vago übermalte einen fertigen Schinken, der nur noch zu verderben war. Statt miteinander zu reden und zu fragen, was sie im Leben falsch gemacht hätten, dass in ihrer Kunst nichts mehr passiere, dachte Vim: Vago hat mir die Ideen gestohlen, sie standen ja förmlich im Raum; und der Maler glaubte, der Schriftsteller habe ihn der Inspiration beraubt. Aus Rache fand jeder einen vorläufigen Ausweg aus der privaten Wüste. Vim begann, ohne dass Vago es ahnte, einen Maler zu beschreiben, der am Ende ist; und Vago seinerseits porträtierte, ohne Vim etwas davon zu verraten, einen Schriftsteller im geistigen Konkurs. Jeder saß dem andern Modell für sein eigenes Debakel. Als die Novelle beendet war, rief Vim triumphierend aus: Vago, ich habe dich vernichtet. Kain hat sich wider seinen Bruder erhoben und ihn totgeschlagen. Beide können dem Herrn nicht opfern, ich will den Ruhm für mich alleine haben. Vago nahm das Porträt von der Staffelei und hielt es Vim mit gestreckten Armen entgegen wie einen Spiegel. Es sagte deutlicher, als Worte es zu sagen vermöchten: Du bist vernichtet, du! Das Bild war die vollkommene Illustration der Novelle, die Novelle der einzig mögliche Text zum Bild. Vim hatte Vago während der Arbeit an seinem Porträt beschrieben, also sich selbst. Und Vago hatte Vim während der Beschreibung seiner Situation porträtiert, also sich selbst. Erst stutzten, dann fluchten, dann lachten sie. Denn was ihnen gelungen war, war noch keinem Künstler gelungen: ein Selbstbildnis im Glauben, man pinsle seinen ärgsten Feind in Grund und Boden; eine Autobiographie im Frontalangriff. Eine neues Kapitel in der Kunst- und Literaturgeschichte war aufgeschlagen worden, es gab eine neue Gattung: die Gattung der sujetbezogenen Egozentrifugal-Reflexionen.

Damit wäre unsere Geschichte zu Ende, wenn sie hier nicht erst beginnen müsste. Beginnen damit, dass Vim und Vago begreifen lernten, warum sie als Künstler in eine Sackgasse geraten waren. Sie hatten sich nur noch um sich selber gedreht als Tanzfiguren des Kulturbetriebs. Sie hatten sich in ihr Dachatelier ein- und das Leben ausgesperrt. Sie waren wohl unter die Leute und in die Natur gegangen, aber nicht, um etwas Neues zu entdecken, sondern um zu kontrollieren, ob die Welt sich an die Vorschriften halte, die sie ihr mit ihren Werken setzten. Ihre Kunst kam wohl im höchsten Grade von Können, aber nicht, was die viel wichtigere Etymologie war, von Kennen. Landschaften, Gesichter, Begebenheiten hatten sich unter ihren Händen verwandelt, aber sie selber, Vim und Vago, waren die Gleichen geblieben. Es hatte nichts mehr geben dürfen, das größer war als sie.

Darum beschlossen der Schriftsteller und der Maler, das Atelier aufzugeben, die Leinwände und die Schreibmaschine verstauben zu lassen und sich im Leben umzusehen. Unsere Wege trennen sich, sagte Vim, wir begeben uns jetzt auf die andere Seite der Kunst. Und wenn wir uns nach vielen Jahren wieder treffen sollten, von der Öffentlichkeit vergessen, so dass sich der Ruhm vergeblich die Sohlen abgelaufen hat, uns einzuholen, dann werden wir vielleicht sagen können: Ein Glück, dass sich der Apfelbaum nicht darum kümmert, wie ein Birnbaum aussieht, ein Glück, dass das Meer sich erlaubt, azurblau zu schimmern, während der Himmel dilettantisch Indigo und Kobalt durcheinandermischt. Das Leben ist eine Kunst, rief Vim aus, und Vago pflichtete ihm bei, die einen höheren, ja höchsten Dilettantismus geradezu erfordert. Es darf, ob wir lieben oder hassen, keinen Goldenen Schnitt geben in der Wirklichkeit, die wir suchen, keine Symmetrien, keine Simultankontraste. Erst dann wird unsere Malerei und Schriftstellerei wieder einen Sinn haben, wenn in ihr aufgeht, was nirgendwo anders aufgehen kann.

So trennten sich Vim und Vago und holten lebend nach, was sie unautorisiert in ihren Bildern und Büchern vorweggenommen hatten. Und sie konstatierten: Große Kunst ist einfach, das kleinste Leben aber das Komplizierteste. Im Märchen heißt es: Und wenn sie nicht gestorben sind, leben sie heute noch. Wir entlassen die beiden Künstler aus unserer Geschichte in der Hoffnung, dass sie lebten, weil sie einmal so gründlich aneinander gestorben waren.

Das Mittagessen

Variationen auf ›Das Mittagessen im Hof‹
von J. P. Hebel
(für P. Bichsel)

Dann deckt sie die dampfende Schüssel mit seinem Teller. Sie vergisst immer wieder, dass ihn die Wassertröpfchen stören. Er hat es ihr einmal gesagt. Er esse ja gern in der Küche, aber ungern in einer Waschküche.

Anfangs hatten sie in der guten Stube gegessen und jeden Tag Mineralwasser getrunken, dann hie und da, dann nur noch sonntags. Die Möbel glänzten so ungewohnt, vor allem wenn die Sonne schien, und die Pendule tickte zu laut.

»Er kommt wieder einmal spät«, denkt sie, als sie seine Schritte im Treppenhaus hört. Die Uhr muss kurz vor zwölf stehengeblieben sein.

Wenn er schlechter Laune ist, löffelt er hastig und wortlos seine Suppe. Er will beim Essen seine Ruhe haben. Einmal ist sie plötzlich aufgestanden und hat gesagt, sie sei nicht sein Dienstmädchen, sie habe das Recht auf ein paar Worte bei Tisch. Jetzt sagt sie nur noch: »Iss nicht so schnell, du verdirbst dir den Magen«, oder

»Wart doch mit Essen, bis ich auch geschöpft habe!«
Manchmal lässt er den Löffel in den Teller fallen.

Leute, die schnell arbeiten, essen eben auch schnell.

Zum Siedfleisch vergisst sie immer den Senf. Dann geht er zur Schublade, zieht sie halb hervor und sagt: »Wo hast du diesen ewigen Senf!«

Wenn er fertig ist, schiebt er den Teller von sich, schlägt die Zeitung auf und raucht. Manchmal schimpft er über eine politische Meldung und liest ihr die Stelle vor. Sie blickt in den Inseratenteil vor seinem Gesicht und denkt »Männersache«. Vielleicht denkt sie »Es ist gut, dass er schimpft.«

Dann öffnet sie das Fenster, um den Dampf abziehen zu lassen, und blickt in den Hof hinunter. Ein Streifen Frühlingssonne fällt auf den Tisch mit den schmutzigen Tellern. Aus einem der gegenüberliegenden Wohnblöcke tönen heiser und überdreht Mittagsnachrichten. »Siehst du, wie der Apfelbaum treibt«, sagt sie schnell, als liefe er über den Hof davon.

»Frühling«, murmelt er, ohne aufzusehen.

Eigentlich sollte man das Geschirr zum Fenster hinausschmeißen, denkt die Frau.

Sie stellt seinen Teller in ihren Teller, schiebt die Messer quer unter die Gabeln, fasst die Teller mit den Handflächen so, dass sie die Schüssel mit den Fingerspitzen auch noch fassen kann, und trägt ab.

»Wann gehst du?«, fragt sie, obwohl sie weiß, dass er immer um Viertel nach eins geht. »Um Viertel nach«, sagt er und legt die Zeitung gähnend weg.

Die Uhr steht wieder einmal.

Bevor er den Hut nimmt und geht, sagt er: »Ich gehe jetzt.«

»Ja«, sagt sie, und »Heute Abend wie immer!«

Wie immer.

Ich will Pfarrer werden

Eine Episode aus einer Kindheitsschilderung

Jeden Sonntag muss ich mit der Großmutter zur Kirche gehen. Unter dröhnenden Glocken schreiten wir durch die Allee auf den Eingang zu. Die Großmutter kennt alle Frauen in schwarzen Gewändern. Sie grüßt sie nickend, und sie nicken zurück. Beim Portal steht der Sigrist, ein hagerer Greis. Er bückt sich jedes Mal, wenn wir die Schwelle überschreiten, und flüstert mir ins Ohr, so dass ich es im Geläute kaum verstehe: Ich werde dir die Glocken zeigen, wir klettern zusammen in die Glockenstube und hängen eine Glocke aus. Dazu macht er mit seinem Arm und der knöchernen Faust einen Klöppel und schlägt damit an die Innenseite der vorgewölbten Hand. Während der Predigt, die für mich unverständlich ist und die viel zu lange dauert, verfolgt mich die ausgehängte Glocke. Wenn ich die Augen schließe, sehe ich eine gestürzte Glocke vor mir, mit eingestauchten Wänden. Auf der Abbildung zu einem Märchen, das mir die Großmutter erzählt hat, ist ein Knabe mit furchtstarrem Blick zu sehen, der im Gebälk eines Glockenstuhls sitzt, rittlings, und mit dem Messer Rost von der Glocke kratzt. Mit dem Rost will er seine Schwester erlösen, das verzauberte Trudchen. Sie hat vom Kohl gegessen, den sie nicht mag, und ist in den Bann einer Hexe geraten. Ich überschlage die Seite mit dem Bild immer zu rasch aus Angst, die Glocke könnte zu läuten beginnen und den Knaben von seinem Sitz werfen.

In der Kirche ist es kühl, süßlich riechen die Steinfliesen. Meine Großmutter drängt mich in eine der hintersten Bänke unter der Orgelempore. Wie oft habe ich ihr schon erklärt, wie ungünstig, ja völlig aussichtslos dieser Platz für meine Beobachtungen sei! Aber die Großmutter bleibt schwerhörig. Man wolle sich doch nicht produzieren in den vordersten Rängen und die Frömmigkeit zur Schau stellen. Wo würde das denn hinführen, wenn alle Leute zuvorderst sitzen wollten. Es führt dahin, dass wir jedes Mal um zwei Plätze kämpfen müssen, weil alle zuhinterst sitzen wollen. Und vorne werden die dunkelbraun glänzenden Bänke nur dürftig besetzt, die mir freie Sicht erlaubt hätten. Denn während der ganzen Predigt gibt es nur einen einzigen spannenden Augenblick: wenn der Pfarrer, von der Orgel getragen, durch den Mittelgang schreitet und die Kanzel besteigt. Es ist ein rauschhafter Augenblick. Eingeklemmt zwischen alten Frauen, die ihre verwerkten Hände im Schoß ruhen lassen, warte ich auf jenen kühlen, mit Kampfergeruch vermischten Luftzug, der durch die Pendeltür weht, wenn der Pfarrer das Kirchenschiff betritt. Und dann schwebt er im Talar mit gesenktem Kopf durch den Gang, er schreitet auf Orgelklängen dahin wie übers Meer, die Bibel gegen die Brust gedrückt, er nimmt mit

Leichtigkeit die flachen Stufen zum Chor und fasst mit der freien Hand, die aus dem Talarärmel hervorgleitet, das Geländer der Kanzeltreppe, als lege er sie segnend auf ein bußfertiges Haupt. Der Aufstieg nun, den ich nicht sehen kann, weil die Treppe hinter einem Mauervorsprung angebracht ist, scheint mir das Entscheidende an seinem Beruf zu sein. Wegen diesem Augenblick des Verschwindens und wieder Auftauchens auf der Kanzel habe ich mich entschlossen, Pfarrer zu werden.

In unserer Kirche predigen abwechslungsweise zwei Pfarrer, jeder hat seinen eigenen Stil im Besteigen der Kanzel. Von hinten, wenn sie der Talar verbirgt und sie wie Raben aussehen, kann ich sie nicht unterscheiden. Sobald sie aber die Kanzel in Angriff nehmen, weiß ich Bescheid. Der eine, brave Pfarrer hält sich nicht lange auf der Treppe auf. Kaum ist er aus dem Blickfeld verschwunden, erscheint er auch schon oben auf der Kanzel und nickt der Gemeinde kurz zu, als wolle er sich für sein Wegbleiben entschuldigen. Dann lässt er sich auf dem Stuhl nieder und lauscht der Orgel. Er dürfte während diesem unbedachten, geradezu hastigen Aufstieg kaum bemerkt haben, dass der Treppenläufer purpurrot ist wie in meiner Phantasie und dass die Messingstängelchen verführerisch golden blinken. Der andere, hochmütige Pfarrer, der, wie ich es bei Napoleon auf einem Bild gesehen habe, immer eine Hand unter dem Talar auf den Magen drückt, kostet den Kanzelaufstieg bis ins Letzte aus. Er bleibt so lange auf der Treppe und hinter der Mauer verborgen, bis man fast nicht mehr an ihn glaubt, und wenn er endlich oben zum Vorschein kommt, zeigt er sich nicht auf einmal dem Volk, sondern ratenweise. Umständlich drückt er seinen Körper um die Mauer herum, betritt die Kanzel wie einen Aussichtspunkt, saugt tief Atem ein und blickt vernichtend in die Runde.

Sobald die Orgel verstummt und sich der Pfarrer auf der Kanzel erhebt, beginnt für mich das quälende Absitzen eines Arrestes, den ich nur durch Husten erträglich gestalten kann. Wenn ich huste oder hüstelnd auf stärkere Anfälle hindeute, klaubt meine Großmutter die silberne Bonbonniere aus ihrer Handtasche, lässt die Dose aufschnappen und streut mir Gabas auf die Zunge. Sich selber schüttet sie die Gabas in die Hand, beugt das Gesicht tief darüber und schlägt die Tabletten in den Mund. Meistens rückt dann eine der Frauen näher, imitiert ein kränkliches Räuspern und greift, Nächstenliebe beanspruchend, die vielleicht gerade auf der Kanzel behandelt wird, frech in die Dose, wobei einzelne Gabas über den Rand springen, die meine Großmutter später wieder vom Holzboden aufklaubt. In diesen Augenblicken fürchte ich um den Gabavorrat und huste so laut, dass sich in den vorderen Reihen die Köpfe nach uns umdrehen. Ich versuche, die Gabas zwischen dem Zahnfleisch und dem Backenfleisch zu speichern und die Tabletten einzeln auf der Zunge zergehen zu lassen. Gabas speichernd und lutschend, zähle ich dann die Deckenornamente, vertiefe mich in die dutzendmal abgeweideten Wandbilder, folge dem dornigen Gerank des

Kanzelschmucks und koste die brennenden Farben der Glasfenster aus, das Rubinrot und das Honiggelb, das Eukalyptusgrün und das Kardinalviolett. Während die Evangelisten stumm auf die Bibel deuten, spricht der Pfarrer eine Ewigkeit lang vor sich hin, strickt mit Sätzen eine Decke, unter der alle Kirchenbesucher bis auf den hintersten Schnapser Platz finden müssen, und mir bleibt nichts anderes übrig, als mich mit den Augen zu unterhalten, die meine Fassadenkletterer sind. Ich klettere die glatten Marmorsäulen hoch auf die Orgelempore, male die Wappenschilder in der geschnitzten Brüstung mit schräg schraffierten Blicken aus, ich schwinge mich affenartig von Lampe zu Lampe in schwindelnder Höhe über der andächtigen Menge, ich verklettere mich im Zierat der Orgel und verirre mich im Gebläse, werde zu Luft und in den Pfeifenröhren zu Ton, zittere als Akkord gegen die Buntglasfenster und lutsche an den glasigen Bonbonfarben – die Rosetten kratzen auf der Zunge –, ich verwandle mich in eine Zahl auf der Liedertafel und spreche mit den andern Zahlen über ihre Wohnungen. Die Vier bewohnt ein sonniges Zimmer, die Neun lebt im Schatten der Zehn, die Sieben steht unter goldener Abendsonne, die Elf wohnt gegen Morgen, die Zwölf hat immer Nobel, und die Dreizehn wird verregnet. Ich denke die Zahlen in Farben um: das Stahlblau der Acht, das Rostrot der Vier, der hellgelbe Emailton der Elf, das Kupfergrün der Neun. Und die angezeigten Lieder ergeben Farbakkorde, und wenn die Orgel spielt, ertönen die Glasfenster.

Und wenn ich müde bin vom Spielen, von den Verwandlungen, döse ich ein am Arm meiner Großmutter. Im Halbtraum verdüstert sich die Kirche, als zöge ein Gewitter herauf. Die Farben weichen aus den Glasfenstern, ein milchiges Regenlicht steht hinter den Scheiben. Zugluft weht, Kampfergeruch, das laute Schnaufen der Orgel. Und das kotgelbe Täfer an den Wänden öffnet sich lamellenartig, entlässt den Sigrist, der den Bankreihen entlangschleicht und nach mir Ausschau hält. Er versteckt sich unter der Kanzeltreppe. Im Chor stehen plötzlich schwarze Tuchkammern, und hinter den Kammern Babylonierzelte, ein Wald von Zelten. Der Sigrist irrt mit einer Kerze durch das Labyrinth der Kammern. Er sucht mich, um mir die Glocken zu zeigen. Der Pfarrer steht hoch über dem Lager und erzählt mit Donnerstimme von Schlachten und Rüstungen, die alten Weiber schaukeln hin und her. Plötzlich sitzt der Sigrist neben mir, wie ein Toter, mit großen, wächsernen Ohren. Eine Fliege kriecht ihm über die Backe und bleibt vor einer Narbe stehen, wetzt die Vorderbeine. Und über dem Sigrist hängt die Glocke. Er schlägt mit dem Kopf an die Wandung, zehnmal schlägt er; der Pfarrer sackt auf der Kanzel wie vom Schuss getroffen zusammen, die Orgel setzt mit dem Zwischenspiel ein, und es wird hell, die Zelte sind verschwunden.

Ich weiß, dass der Pfarrer, wenn er sich einmal gesetzt hat, nicht mehr gefährlich werden kann, dass die Ewigkeit ein Ende nimmt. Es folgen nur noch kleinere Qualen, Gebete, zu denen man aufstehen muss, Lieder, die zwar fünf endlose, aber immerhin abzählbare Strophen haben, und schließlich die Verlesung von Nachrichten. Die heimgegangenen Toten werden erwähnt, und wenn von Heimgehen die Rede ist, kann die Erlösung nicht mehr fern sein. Der Sigrist öffnet die Tür zum Vorraum und macht die beiden Flügel fest, der Kampfergeruch, der den Pfarrer ins Kirchenschiff entlassen hat, verlangt nach ihm zurück, das Gezwitscher der Konfirmanden, die draußen vor der Tür warten, fällt wie ein Spatzenchor in den Segen ein. Meine Großmutter hat die Gabadose verstaut, das Gesangbuch liegt zugeklappt auf der Bank, und die Orgel setzt zum brausenden Schlusschoral ein.

Zu Hause, im Flur, spiele ich Pfarrer. Meine Großmutter muss auf der Schuhtruhe Platz nehmen. Summend, die Orgel imitierend, trete ich aus der Küche in den Gang, das Gesangbuch gegen die Brust gepresst, und schreite voller Würde über den Teppich, indem ich wie der Pfarrer demütig vor die Füße blicke. Die Großmutter wird bei diesem Spiel stets ungeduldig und scheint vergessen zu haben, dass ich eine gute Dreiviertelstunde lang auf die Zähne beißen musste. Aber ich mache es kurz. Mir geht es einzig um das Verschwinden hinter der Treppe und das Auftauchen auf der Kanzel. Alles andere ist Nebensache. So zweige ich denn am Ende des Flurs ins Treppenhaus ab, setze mich, für die Großmutter unsichtbar, auf die zweite Stufe und warte eine Weile, wie ich es beim napoleonischen Pfarrer gelernt habe. Dieses Warten bringt die Großmutter zur Verzweiflung, sie verlangt energisch nach der Predigt. Die Stufe, auf der ich sitze, windet sich halbkreisförmig um den Geländerpfosten. Diese Plattform ist meine Kanzel, von da aus halte ich meinen Gottesdienst ab, verschwinde aber häufig hinter dem Pfosten, um meine Gegenwart rarer zu machen. Die Lieder werden nach Nummern angegeben, doch nicht gesungen, anstelle der Predigt erzähle ich eine haarsträubende Räubergeschichte, die zumindest mich als Zuhörer gläubiger gestimmt hätte als die gestrickte Decke des Pfarrers, und zum Abschluss spreche ich das Tischgebet. Die Großmutter läuft meistens aus der Predigt davon, um in der Küche das Futter für die Katze zurechtzumachen, setzt sich aber wieder nach dem Schlussgebet, wenn ich orgelnd die Kirche verlasse, weil sie weiß, dass ich auf diesen Abgang großen Wert lege.

Ich frage die Großmutter, wie man Pfarrer werde. Sie zögert, dann sagt sie, man müsse lang studieren. Was Studieren sei. Die Großmutter weiß es nicht genau, sie meint, man sitze jahrelang in einem kleinen Zimmer und lese Bücher über seinen Beruf. So stelle ich mir denn vor, man denke beim Studieren darüber nach, was man werden wolle, und da ich dies schon weiß, erscheint mir das Studium sinnlos. Ich begreife, weshalb die Pfarrer so endlose Reden halten: Sie haben zu lange darüber nachgedacht, was sie werden wollen.

Großmutter, glaubst du, ich werde ein guter Pfarrer?

Warte mal, bis du aus der Schule kommst, bevor du dich für einen Beruf entscheidest. Dein Onkel, der heute

Pfarrer ist, wollte auch immer Tramschienenreiniger werden.

Im Zimmer meiner Großmutter nimmt mich eine Welt gefangen, die voll ist von fremdartigen Gegenständen. Da ist das Bild über dem Bett mit dem finster blickenden Petrus, der den sanften Blick von Jesus verscheucht. Er gleicht dem bronzenen Tell auf dem weißen, geschliffenen Steinsockel, der den Arm um Walters Schulter legt und finster zu den Bergen hinaufblickt. Da gibt es eine Pfaff-Nähmaschine mit einem Schwungrad, eine Nähkiste und die hölzerne Strumpfkugel, ein Buffet mit gedrechselten Säulchen und rautenförmigen Glasscheiben, einen Aschenbecher aus Porzellan, auf dem zwei glasierte Vögel auf Futter warten. In der Ecke schnurrt die Katze, die Ketten der Wanduhr mit den Tannenzapfen rasseln. Da ist das Bild von den törichten Jungfrauen, die ihr Öl vergossen haben und mit schmachtenden Gesichtern auf der Treppe sitzen, während die klugen Jungfrauen, die Ampeln vor sich hertragen, in langen, durchsichtigen Gewändern zum Tempel emporrauschen.

Die Großmutter ist in ihrem Lehnstuhl eingenickt, ich liege zu ihren Füßen auf dem Bauch vor den Büchern. In der Kinderbibel begegnen mir die grausamen Geschichten des Alten Testaments. Kain drückt dem Abel sein Knie in den Bauch und schwingt das Beil über seinem Kopf. Tief hängt die Rauchsäule, ein flatternder Tuchwulst. Da ist die Sintflut, die Engel gießen mit Kübeln Wasser über den Felsen, auf den sich ein paar Weiber und Männer gerettet haben und die Hände ringen, während im Hintergrund, zwischen schrägen Schraffuren die Arche schwimmt. Lots Frau blickt zurück und erstarrt vor den Flammen Sodoms zur Salzsäule. Da ist das zornige Gesicht Abrahams, er hält das Messer in der Faust und drückt Isaak auf den Scheiterhaufen. Am längsten verweile ich bei Josef, weil ich zu wissen glaube, was es heißt, im Brunnen zu schmachten. Den Mantel Josefs stelle ich mir vor, purpurrot, mit goldenen Sternen übersät. Und ich sehe, wie Josef vor dem greisen König steht, die Traumbilder deutet, die als Medaillons über seiner Krone schweben. Das Gesicht Josefs ist dunkel, wie mit Nacht bemalt, und seine Haltung hat die Elastizität eines Seiltänzers. Dann das Bild, auf dem Moses die steinernen Gesetztafeln zerbricht und das Volk zwischen den Zelten um das Goldene Kalb tanzt. Die Scherben der Tafeln liegen da mit römischen Zahlen. Und Moses zeigt dem Volk eine Schlange, die an einen Pfahl genagelt ist, und wiederum, wie auf dem Bild der klugen und törichten Jungfrauen, scheiden sich die Guten und die Bösen. Die Guten schauen auf die Schlange am Pfahl, strecken ihre Hände nach ihr aus, dieweil die Schlechten sich am Boden winden im Kampf mit lebenden Schlangen, die sich in Lenden beißen und Waden einschnüren, und eine Frau ist zu sehen mit aufgelöstem Haar, der die Schlange an die Brust fährt. Gideon bricht Fackel schwingend und Horn blasend ins Lager der Feinde ein, sein Brustpanzer glänzt im Flammenschein. Simson reißt die Säulen ein, unter dem eingestürzten Gebälk liegen zerquetschte Leiber. Frauenköpfe hängen mit Haaren, die wie Wurzeln aussehen, von der Decke. Simson zertritt die Leier mit dem Fuß, bevor er unter Säulentrommeln begraben wird. Und David zittert vor dem Speer Sauls, David, der den Goliath mit der Schleuder getroffen hat. Der Stein liegt neben dem Auge des gestürzten Riesen, aus dem Auge quillt ein Sturzbach, und der geschuppte Leib liegt auf dem Schild. Ich drehe das Bild auf den Kopf, so dass Goliath mit dem spritzenden Auge aufrecht steht und den Speer schwingt. Die Stirn ist zerfurcht, und das andere Auge gleicht einer zugenähten Muschel, übers Gesicht wuchert der Bart, krause Locken, das Gebiss klafft offen. David hat das Gesicht eines zornigen Engels, seine Rockstöße stehen vom Rücken ab wie Flügel.

Ein Spiel, bei dem ich mich stundenlang verweilen kann und das mich mehr reizt als die Geschichten selber, ist das Vergleichen der Figuren und Motive, wenn sie mehrmals in verschiedenen Größen vorkommen. Ich zähle die Riemen an den Sandalen Moses und frage mich, weshalb er hier drei und dort nur zwei habe. Die Nachlässigkeit des Zeichners will mir nicht in den Kopf. Oder auf dem einen Bild hält Moses eine Doppeltafel empor, auf dem andern zwei Einzeltafeln. Auch kontrolliere ich die Genauigkeit der Einzelheiten im Hintergrund. Warum wird die Öffnung nicht mehr angegeben, wenn sich die Zelte verkleinern gegen den Horizont zu? Gerade auf diese Öffnung käme es doch an. Wie werden die Häuser gezeichnet und ferne Paläste, warum verdeckt bei der Sintflut die Schraffur des Regens einen hervorguckenden Engel ganz und die Arche nur halb? So weide ich die Bilder ab mit Fragen, und überall, wo mir etwas nicht gefällt, mache ich in Gedanken ein Kreuz, das ich beim nächsten Mal überprüfe. Ich komme zum Schluss, dass die Sandalen des Moses und die Nägel in der Arche wichtiger sind als der Inhalt der Geschichten und dass die Bilder nie den Vorstellungen entsprechen.

Ich habe längst aufgehört oder gar nie angefangen, die Dinge so zeichnen zu wollen, wie sie zu sein vorgeben. Ich zeichne die Kanzeltreppe mit dem roten Läufer und dem verschnörkelten Geländer. Meine Treppe soll die Lust des Verschwindens und Auftauchens steigern. Sie führt außen an der Kirchenwand hoch, windet sich um den Turm, zieht sich durch die Glockenstube hinauf in den Dachstuhl und fällt steil ab zum First, wird flacher der Dachtraufe entlang, spiralt sich ein und erschließt zuletzt eine Kanzel, die über dem Portal angebracht ist. Diese Kirche, die einem Kristall mit geschliffenen Flächen gleicht, lässt keinen Besucher ein. Die Kirchgänger können sich während der Predigt auf der Treppe vergnügen, hören bald nah, bald fern die Stimme des Pfarrers, der eng an die Kanzelbrüstung gedrückt steht, damit die Leute an ihm vorübergehen und die Leiter hinunterklettern können. Neben dem Pfarrer auf der Kanzel gibt es Unterpfarrer auf verschiedenen Abschnitten der Treppe, ich zeichne sie nur schematisch, als schwarze Kreuze, die stumm auf das hinweisen, was der Hauptpfarrer sagt, damit es im Gedränge auf der Treppe nicht untergeht und nicht vom Vergnügen an den

Stufen ausgelöscht wird. Und dann zeichne ich eine Kirche, die nur noch aus Treppen besteht, schmalen und breiten, sanften und steilen, gewellten und verdrehten, schwungvollen und verkehrten, ein Treppenhaus ohne Dach, und die Treppen führen auf Podeste, und die Podeste sind zu Kanzeln ausgebildet, von denen man auf andere Treppen und Kanzeln blickt. Am Eingang des Labyrinths steht der Pfarrer, verlangt Eintritt, und am Ende ist man wieder dort, wo man am Anfang war.

Ein Ort zum Schreiben

Einer meiner Vorgänger hat das Gartenhaus Tusculum genannt. Ein guter Name. Ich würde ihn übernehmen, wenn ich nicht, wie jeder Mensch, einen Hang zum Benennen besäße. Mörikes Lustgemach fällt mir ein, das Pressel'sche Gartenhaus von Waiblinger, Kerners Turm und all die romantischen Klausen, in denen man sich für Mußestunden vom Alltag zurückzog. Ich hatte ein treffendes Wort für mein Gartenhaus, da fiel es mir auf den Boden, aus Unachtsamkeit, und ich suchte es stundenlang mit der Pinzette. Man stellt sich kaum vor, wie viel Zeit ich damit verliere, auf dem Boden herumzukriechen und nach entfallenen Wörtern zu suchen. Vielleicht habe ich das Wort zertreten. Es ist deshalb nicht einfach, einen Namen zu finden, weil das Haus verschiedene Gesichter hat. Ein Gesicht für den Garten und eines für die Straße. Innen sieht es nicht so aus, wie man es von außen erwartet hat, und umgekehrt. Die reich verzierte Stuckdecke passt nicht zum Wort Gartenhaus, auch nicht das breite Portal und der Goldene Schnitt, der, wie mir mein abgebrochenes Architekturstudium einflüstert, trotz symmetrischer Anordnung der Fenster überall im Geheimen waltet. Die rechteckige Form spricht gegen die Bezeichnung

Pavillon, obwohl die südliche Verschlafenheit der Gar-
tenfassade dafür wäre. Der kühl nüchterne Innen-
raum ist zu klassisch für den Ausdruck Atelier und
zu atelierhaft für das Wort Gartensaal. Tusculum gibt
wohl die vornehme Klassizität wieder und die Abge-
schiedenheit, wenn man durch den Garten hinunter-
steigt, aber nicht den Lärm der Straße und die zer-
schlissenen Vorhänge. Ich halte mich an die Pinzette
und an die Schreibmaschine. Ich werde weitersuchen.

Kommt man vom Land in die Stadt der schönen Giebel,
hat man sich an den Giebeln sattgesehen, dann sucht
man vielleicht die Aare auf, biegt vor der Brücke rechts
ab, ist enttäuscht, keine Allee und keine Promenade zu
finden, wird bald müde auf der hässlichen Asphaltstraße,
die schnurgerade und ewig weiterzulaufen verspricht,
verirrt sich womöglich in einem Industriequartier, das
mit der Aare gar nichts zu tun haben will, kommt an
einem Garagenplatz und etwas weiter vorne an einem
Ziegeldepot vorbei, ohne zu beachten, dass dazwischen,
zwar erhöht, abweisend wie eine kleine Bastion und getarnt durch eine Plakatwand, aber dennoch nicht ohne
den prüden Charme einer verschlossenen kleinen Som-
mervilla, mein Gartenhaus thront.

So sieht es am Sonntag aus, am Sonntagnachmittag.
Im Schachen ist nichts los, die Bahnhofstraße träumt
von Verkehr, Frauen schieben im Zeitlupentempo ihren
Kinderwagen der Aare entlang, Autos, vollgepfropft mit
hemdsärmligen Fans, suchen vergeblich den Sportplatz;

der FC Aarau verliert auf fremdem Terrain. Der Besucher, der mein Gartenhaus nicht übersehen hätte, würde vielleicht über die Ziegel steigen, die paar Tritte in der Böschung nehmen, durchs Loch im Zaun schlüpfen, mit vorsichtigen Schritten das Wiesenstück überqueren, durch die blinden Scheiben und weißen Vorhänge in einen dämmrigen Raum spähen und bei sich denken: romantisch! Dieser Besucher ist mein Freund. Er möbliert in Gedanken das Atelier so um, dass ich mich am Montag nicht mehr zurechtfinde. Später schlendert er durch die Stadt, wird giebelmüde und denkt noch auf dem Perron an mein Gartenhaus. Er hängt es hinten am Zug an, stellt es zu Hause in seinem Garten auf und vergisst es vermutlich erst im Winter, wenn er es in Gedanken heizen müsste.

Eine Seminaristin arbeitet an einem Vortrag über das Thema »Schreiben in dieser Zeit«. Sie spricht mit mehreren Schriftstellern darüber. Der Zufall will es, dass ich zu den Opfern gehöre. Die Seminaristin ist hübsch, wie sich das für Seminaristinnen gehört. Sie besucht mich an einem mild gesalzenen Nachmittag im September. Beide Flügel der Tür stehen offen. Der Donner von Düsenjägern verliert sich am Himmel. Sie legt mir einen Apfel auf den Tisch in der Annahme, ich sei bibelfest, setzt sich geschmeidig, schlägt die Beine übereinander und findet mein Atelier ganz toll, einfach wunderbar, unerhört chic. Ich lege Schumann auf, Carnaval, und erzähle aus meinem Innenleben. Die Seminaristin notiert, ihre Augenaufschläge sind gekonnt. Würden Sie meinen, dass der

Schriftsteller auch heute noch romantische Wurzeln im Industriegelände ausstrecken darf? Ich würde meinen. Müsste der Schriftsteller nicht die Welt verändern wollen, um jeden Preis? Um jeden Preis. Schreiben Sie auch zutiefst aus der rationalen Erkenntnis, dass das Irrationale der Brunnen ist, zu dem der Krug der Form geht, bis er bricht? Zutiefst. Sind Sie engagiert? – Engagiert von wem? Ach, wie geistreich, entzückend! Der Vortrag wächst. Ihre Beine werden mit jeder Frage länger. Das Haar glänzt matt-seidig rötlich. Schumanns Davidsbündler marschieren triumphal gegen die Philister. Sie möchte immer dableiben, hat aber in einer Viertelstunde Klavierstunde. Was spielen Sie?, höre ich mich fragen. Schumann, Carnaval. Entschuldigung! Ich nehme die Platte vom Teller. Sie trägt ihre Unterschrift ein am Kamin, wo ein schmieriges Durcheinander von Namen herrscht. Welches müsste ihr Name sein, dunkel, geschmeidig, schlank, verschleierte Augen? Sie tut mir den Gefallen und heißt Ursula. Ihre Hand beim Abschied ist leicht und feucht, vom Notieren. Sie gibt mir durch einen unmissverständlichen Druck der Hand zu verstehen, dass dieser Besuch nicht der letzte gewesen sein könnte. Sie hat mich in ihr Repertoire aufgenommen. Ich wünsche Ihr viel Glück zum Vortrag und einen unbestechlichen Deutschlehrer. Nach ihrem Weggehen ist der Raum noch erfüllt von ihrer kühlen Geschmeidigkeit. Widerwillig krame ich in den Papieren. Der Nachmittag ist goldstaubhell. Tief leuchten die Zinnien und Dahlien in der Gärtnerei. Während die Seminaristin

Ursula in der Klavierstunde (beneide ich den Klavierlehrer?) ihre zehn gelenkigen Finger zum Maskenfest
kommandiert, habe ich Deutschstunde im Zweifinger-
system, die sechste des Tages. So sähe mein Gartenhaus
vom Seminar her aus, wenn es Ursula gäbe. Aber es gibt
sie natürlich nicht.

Der Mann, der mich jedes Jahr einmal erschreckt, indem er von der Straße aus einen Stein durch die offene
Tür unter meinen Schreibtisch wirft und dabei meistens
meine Zehen empfindlich trifft, hat im Gegensatz zu mir,
der ich Handwerker bin, einen musischen Beruf: er ist
Stromableser. Er notiert die Energie, die ich verbrauche.
In der Ecke neben dem lavendelblau gestrichenen Wand-
schrank befindet sich die Tafel mit den Sicherungen und
dem schwarzen Kästchen. Vielleicht schreckt ihn das Ge-
klapper der Schreibmaschine davon ab einzutreten. Bier
wäre da. Ich schreie hinaus: »Bier wäre da!« Er schreit
zurück: »Nicht nötig.« Ich überlege, ob etwas konjunk-
tivisch Umschriebenes und dennoch faktisch Vorhande-
nes der Notwendigkeit entbehren kann, und komme zu
dem Schluss, dass man den Satz in die Befehlsform um-
setzen müsse: »Trinken Sie ein Bier!« Und nun zeigt sich
der musische Charakter des Stromablesers. Er hat keine
Zeit. »Keine Zeit«, schreit er, »vielleicht das nächste
Jahr!« Schade, ich hätte gerne über Kilowattstunden
diskutiert. Leute, die von Kilowattstunden etwas verstehen, faszinieren mich. Ich gebe noch nicht auf, trichtere
die Hände vor dem Mund, da ein Lastwagen vorbeiras-
selt: »Bin ich das nächste Jahr noch da?« Er überlegt.

Es dauert. Ein Motorrad und zwei Autos durchkreuzen seine Gedanken. Und dann kommt die verblüffende Antwort mit der Tür ins Gartenhaus gefallen: »Wenn das Haus noch steht, sind Sie noch da, so wie ich Sie kenne!« Der Stromableser kennt mich. Erstaunlich. Woher? Von den Kilowattstunden. Sie verraten alljährlich, dass mir das Gartenhaus besonders nachts ans Herz gewachsen sein muss. Ich resigniere ob des Verrates meiner Kilowattstunden und gebe ihm die Zahl preis, aber nicht, bevor ich ihn noch einmal auf die Probe gestellt habe: »Was ist schwerer, ein Kilogramm Watte oder ein Kilogramm Blei?« Das Schimpfwort bleibt nicht aus: »Sie sind ein Idealist!« Ich hätte dem Stromableser gerne ein paar Kilowattstunden abgekauft, pralle, energiegeladene Kilowattstunden. Wenn ich die Kilowattstunden in Prosa umrechne oder besser in Lyrik, denn die Prosa wird ja bei Tag geschrieben, komme ich nicht um die Feststellung herum, die Herstellung sei sehr kostspielig. Im Papierverbrauch, im Stromverbrauch, im Blutverlust. Eine Kilowattstunde kann man in die Hand nehmen, sie elektrisiert nicht wie die Mußestunde, das Gegenteil der Kilowattstunde. Eine Kilowattstunde ist ein Kilogramm wattierter Glühbirnenstunden.

Wickelt man sie um den Finger, schmeckt sie wie rosarote Zuckerwatte. Wenn die Schulstunde nach Kreide riecht, die Turnstunde nach Ledermief, die Morgenstunde nach Zahnarzt, die Abschiedsstunde nach Kaugummi, die Autostunde nach Achselschweiß, die Klavierstunde nach Gewitterschwüle und die Konfirmationsstunde nach Kampfer, so riecht die Kilowattstunde eindeutig zuckermandelsüß nach gebrannter Zeit. So sieht das Gartenhaus von der Elektrizität her aus.

Obwohl der Mann, der Kilowattstunden einsammelt, mich jedes Jahr einmal tüchtig zu erschrecken vermag, ist er harmlos, verglichen mit jenem Gespenst, das seltener, unregelmäßiger kommt und ohne anzuklopfen eintritt. Ich meine den Mann, der nur aus Wörtern besteht. Meistens kommt er gerade dann, wenn ich im Wörterbuch lese. Wie andere Telefonbücher lesen vor dem Einschlafen, um in den Zahlen und Adressen jene Ruhe zu finden, die ihnen das Gedächtnis nicht erlaubt, lese ich Wörterbücher, denn nichts ist so anregend wie nackte Wörter, wenn man sie mit den Fingerspitzen fassen und mitsamt den Wurzeln ausziehen kann. Ich bilde mir immer ein, mich an seine Erscheinung gewöhnt zu haben, dabei bekomme ich jedes Mal Gänsehaut. Der Mann, der nur aus Wörtern besteht, ist so schwer zu beschreiben wie Wörter, und alles, was schwer zu beschreiben ist, macht uns Angst. Wenn er lächelt, gleicht er mir, wenn er bekümmert dreinschaut, gleicht er mir auch, und ebenfalls, wenn er zornig ist, aber als Ganzes gleicht er weder mir noch irgendjemandem, nicht einmal dem Wort Mensch, vielleicht am ehesten dem Wort Wort. Sein Gewand ist zusammengeflickt aus Adjektiven, Substantiven und Verben. Es glitzert wie Stanniol. Sein Schuh ist das Wort Schuh, seine Schritte tönen wie das Wort Schritt, seine Beine sind beinern wie das Wort Bein, die Arme dünn wie das Wort Arm, der Hals ist eng wie das Wort

Hals, die Augen zucken wie das Wort Auge, die Finger sind brüchig wie das Wort Finger, die Nägel kratzen wie das Wort Nagel, die Zunge ist gelbviolett wie das Wort Zunge, die Nase schleimig wie das Wort Nase. Der Mann, der nur aus Wörtern besteht, gleicht einer Vogelscheuche, wenn man die Assoziationen, die sich üblicherweise zu den Wörtern einstellen, mit aufgeschreckten Vögeln vergleichen darf. Sein Gerüst ist das Wort Mann, und daran hängen Tausende von kleinen Buchstabenflicken, die knistern, wenn er sich bewegt. Unter dem metallenen Oberkleid trägt er ein braunrot schimmerndes Unterkleid, das aus Wörtern wie Blut, Lunge, Niere, Herz und Leber gewoben ist, und unter diesem Gewebe von Innereien schillert ein seidenes Gewand. Ich ahne darauf den Brandfleck des Wortes Gewissen. Der Mann, der nur aus Wörtern besteht, raucht das Wort Zigarette, zündet es an mit dem Wort Streichholz, und was er mir ins Gesicht bläst, ist das Wort Rauch. Er hat kein Gedächtnis, sondern nur das Wort dafür. Er hat auch keine Sprache. Wenn er sprechen könnte, tönte das so wie unsere Vorstellung von Sprechen, also etwa so wie eine leer drehende Kaffeemühle. Und wenn er sich verletzen könnte, müsste schwarze Tinte aus der Wunde rinnen.

Gestern war er da. Er trat ein, was man so eintreten heißt, nahm Platz, und dabei muss man sich vorstellen: Er riss den Platz an sich, den er haben wollte. Er blickte mich an von hinten, durchbohrend. Ich weiß aus Erfahrung, was dieser Blick zu bedeuten hat: Komm mit! Mit wohin? Komm mit ins Reich der Wörter! Werde ein

Mann, der wie ich nur aus Wörtern besteht! Ich beuge mich über die Schreibmaschine, stütze die Stirn auf die kühle Metallverschalung, dicht vor den Augen die Tasten mit den unschuldigen Buchstaben, und der Mann weiß, dank dem Wort Erfahrung, diese Gebärde heißt nein. Ich möchte dieses Nein hinausschreien, in sein vierteiliges Herz schleudern, denn ich weiß, dass es Wörter gibt, die für ihn tödlich sein könnten. Ich tue es nicht, mir graut vor einer gigantischen Wortleiche. Und jetzt folgt die Strafe, die ich noch jedes Mal überstanden habe, die ich aber ebenso gut einmal nicht überstehen könnte. Er verflucht mich. Ich stelle mich mit dem Gesicht zur hellgrünen Wand, und er schleudert die Pfeile nach mir. Es sind kleine, silberne, spitzige Wörter, die um meine Ohren sausen und federnd steckenbleiben. Alle Flüche dieser Welt tönen harmlos, verglichen mit seinem Geschoßhagel. Doch nie, so oft sie meine Haut auch ritzen mögen, treffen mich die Pfeile wirklich. Der Mann, der in diesem Augenblick nur aus Pfeilen besteht, hat den Auftrag, mich einzuschüchtern, nicht, mich umzubringen. Der Zorn der Wörter, der sich über mir entlädt, ist zugleich ihre Hoffnung.

Nun kann der Mann auch sehr schmeichelhaft um mich werben. Dann beginnen die Wörter an ihm zu singen. Von Skeletten, die im Wind hängen, sagt man, dass sie plötzlich zu schlockern aufhören und singen können. Der Gesang der Wörter besteht aus einem einzigen, schneidend intensiven Ton, wie er entsteht, wenn man den Rand eines Kristallglases mit feuchtem Finger umfährt und es zum Klingen bringt. Dieser Ton, dem ich hingegeben lausche, vermittelt jenes seltene Glücksgefühl, das einen überfällt, wenn sich alle Wörter gleichzeitig und unglaublich locker anbieten, man jedoch nicht die Kraft hat, sie aufzunehmen. Es gibt Frauen, die so lachen können, dass man glaubt, ihnen auf der Spur zu sein. Der Wörtermann beherrscht dieses Lächeln im gläserklingenden Ton seiner Buchstabengefäße, und es ist so verlockend, dass ich immer wieder vergesse, wem ich mit dem Rücken gegenübersitze. Denn ein Gespräch mit dem Mann ist unmöglich, ja sogar gefährlich. Ich habe es mehrmals versucht. Der Inhalt der Wörter löste sich auf der Zunge auf wie Tabletten, und dieser gelbe Belag ließ die Zunge immer schwerer werden. Doch auch die Buchstaben zersetzten sich. Zurück blieben kleine Haken und Dorne, Gräte, die mir im Hals steckenblieben. Und das nur, weil er mich anstarrte mit seinen Wörteraugen, weil er die Bewegungen meiner Lippen nachahmte mit seinem Wörtermund. Ein Wesen aus Wörtern kann nicht sprechen, es kann nur das Gesprochene vorwegnehmen in fürchterlicher Gelassenheit und dadurch vernichten. Ich spürte körperlich, wie sich meine Sätze in ihm krümmten vor Lachen. Ein solches Wesen kann aber auch Sätze anlocken, die noch nie gebildet worden sind, und diese Sätze künden sich in einem lustvollen Juckreiz auf der Zunge an, obwohl sie nie ausgesprochen werden. Sie wären viel zu süß. Man müsste sie erbrechen.

So wäre jedes Gespräch ein Kampf zwischen Erbrechen und Ersticken, und ich beschränke mich in den seltenen Augenblicken, da er bei mir auftaucht, immer darauf, seine Erscheinung zu erfassen, die sich ständig verwandelt. Eigentlich ist es sehr ungenau, ihn einen Mann zu nennen. Der Wörterschmuck an den Ohren und Handgelenken und die weichen Bewegungen geben ihm etwas Weibisches, ebenso der Geruch, der wörtlich an den Geruch in Kleiderschränken voll überwinternder Pelzmäntel gemahnt. Vielleicht müsste man ihn ein Neutrum nennen, ein uraltes und zugleich kindlich herrisches, weiblich nachgiebiges und patriarchenhaft strafendes Neutrum. Was immer er ist, man beleidigt ihn, wenn man ihm auf die Finger schaut. Deshalb drehe ich ihm schon den Rücken zu, bevor er eingetreten ist, und während seines Besuches bin ich nie ganz sicher, ob er wirklich da ist. Man sagt ihm nach, dass alles zu Asche werde, was er mit seinen Wörterhänden berühre, dass er durch seine bloße Anwesenheit die Umgebung in Sprache verwandle. Und so ist es: das papierdünne Wort Wand trägt das feiste Wort Decke, das Wort Decke verziert im Sinne von Verzieren das mockige Wort Stuck, am Wort Stuckverzierung hängt das läppische Wort Lampe, im Wort Lampe sitzt festgeschraubt das Wort Glühbirne, und das Wort Glühbirne hält sein Wort, indem es Kilowattstunden verspeist. So sieht das Gartenhaus von der Sprache her aus.

Der Anruf

Zum ersten Mal leistete ich Dienst in einem Stabs-Büro und wusste über manches noch nicht recht Bescheid. Eines wurde mir von Anfang an eingeschärft: Das Telefon muss immer bewacht sein, die Ordonnanz schläft im Büro, wäscht sich im Büro, verpflegt sich im Büro. Ich gehörte zum Inventar. Da ich in den ersten Tagen von der Küche vergessen wurde, ließ ich mir Wurst und Brot von der Wirtschaft heraufbringen, und selbst beim Kauen starrte ich auf den schwarzen Apparat. Das Schlimmste aber war, dass gar keine Anrufe kamen. Ich hypnotisierte das Telefon: Bitte, klingle doch endlich, damit mein Arrest einen Sinn bekommt.

Meine Matratze hatte ich, da sonst nirgends Platz war, unter den Arbeitstisch gelegt. Ich schlief wie in einer Koje, mit den Akten über dem Kopf. In der dritten Nacht klingelte es endlich. Ich schreckte auf, glaubte, es sei der Wecker, und schlug mit dem Kopf an die Tischplatte. Bis ich wusste, wo ich war, vergingen einige Sekunden, denn ich hatte vom Meer geträumt, von einem heißen, leeren Strand mit Knochen im Sand. Da ich das schrille Läuten mit dem Druck auf den Weckerknopf nicht abstellen konnte, kapierte ich: natürlich, das Telefon, eine wichtige Meldung. Ich kroch aus den

Wolldecken – es war stockfinster – und tastete nach dem Hörer.

»Hallo?«, sagte ich, noch ganz schlaftrunken. Zuerst vernahm ich nur ein lautes Schnaufen, das, wie ich später merkte, als fassungslose Wut zu interpretieren war. Barfuß klopfte ich eine geistige Achtungstellung und meldete mich an mit dem vollen Namen. Auch den Ort nannte ich und die Einheit und meine Funktion. Die Stimme des Sprechers überschlug sich zu einem singenden Sopran. Ein Oberst Hartmann oder Kahlmann oder Glanzmann vom Kommando irgendeiner mysteriösen Division: »Sie unwahrscheinlicher Trottel, Sie. Wissen Sie denn noch nicht, dass man sich nur mit der Telefonnummer anmelden darf? Was fällt Ihnen ein, Einheit und Standort preiszugeben? Welche Nummer haben Sie?«

Wie immer in solchen Situationen ließ mich das Gedächtnis im Stich. Ich hatte mir die Nummer gemerkt, doch jetzt wusste ich keine einzige Zahl mehr. »Augenblick, Herr Oberst«, sagte ich, »ich muss zuerst Licht machen, dann kann ich Ihnen die Nummer sagen.«

Ich legte den Hörer auf den Tisch und suchte den Schalter, den ich in der Aufregung natürlich auch lange nicht fand. In der Hörmuschel fluchte es weiter, aber dieses Fluchen tönte aus der Distanz so mickrig, dass es fast mit dem Geschnatter einer Mickey-Mouse-Figur zu verwechseln war. Ich machte Licht und eilte zum Apparat zurück. »Sind Sie noch da, Herr Oberst?«

Er hatte aufgehängt. Ich sagte die Nummer trotzdem her, langsam und deutlich, und wiederholte sie mechanisch. Als ich den Hörer auf die Gabel legte, war der Raum ausgefüllt von meinem Versagen, jeder Gegenstand eine Anklage. Ich räumte den Schreibtisch ab, schob die Matratze darauf, so dass ich den Apparat neben dem Kopfkissen hatte, und ließ die ganze Nacht das Licht brennen. Sollte der Oberst noch einmal anrufen, würde ich ihm nach dem ersten Klingelzeichen die Nummer ins Ohr schreien.

Der Oberst rief den ganzen WK nie mehr an. Ich weiß nicht, wie er heißt, was er wollte; ich bin nicht einmal sicher, ob es ihn überhaupt gibt. Was mir geblieben ist: Bei jedem Telefonanruf elektrisiert es mich, bevor ich meinen Namen sage, und ich blicke automatisch auf das Nummernschildchen.

Skizzen zu einer Kleinstadt-Fest-Prosa

Kadettenmanöver im Schachen

Um die Kadettenmanöver überhaupt verstehen zu können, schreibt Lokalredaktor Heuberger, muss man zurückblicken auf die Badische Revolution von 1849. Damals wurde ein Teil der von Bleuker geführten und auf Schweizer Boden übergetretenen Aufständischen von der schweizerischen Miliz über Aarau in die Innerschweiz in Gefangenschaft geführt. Dieses Ereignis bewog die Aarauer, am Jugendfest von 1852 erstmals eine Kadettenschar gegen ein »lebhaftes Conterfey des Bleuker'schen Frei- und Raubkorps«, so Heuberger, antreten zu lassen. Seither besteht eine Freischarenkommission, in der verschiedene Aarauer Stadtvereine vertreten sind: von der Schützengesellschaft über den Damenturnverein bis zum Kulturkreis Zschokke. Diese Vereine stellen die Freischärler, die den Kadetten programmgemäß zu unterliegen haben. Ein Höhepunkt des Aarauer Maienzugs, zu dem sich das Festpublikum zeitig einfindet. Der Schachen brütet in der Mittagshitze. Das Städtchen als Ausschneidebogen am Horizont. Fernher das Gedudel der Budenstadt. Ab und zu ein hohlhäusiger Schnellzug oder ein rappelnder Güterzug auf dem Damm. In der Badeanstalt hängen weiße Röcke in der

Mädchengarderobe. Der Himmel wäre um diese Zeit preußischblau zu nennen. Der fernwirkende Obertorturm trägt eine sinnlos gewordene Schönwetterfahne, nimmt aber im Halbschlaf an den Manövern teil. Die Stadtkirche dagegen überdenkt ihre letzte Innenrenovation. Punkt drei Uhr ertönen die ersten Gewehrsalven vom Hungerberg. Dort, wo am frühen Morgen die Artilleristen den Tag eingeschossen haben, drängen die Kadetten vorderhand noch supponierte Freischaren den Hang hinunter ans linke Aareufer. Die Schüsse bringen Bewegung in das Schachenpublikum. Die Divisionäre beschirmen die Augen und tun so, als sähen sie bereits, was sich abzeichnet. Wer den Präsidenten der Maienzug-Kommission beobachtet, kann feststellen, dass er befriedigt auf die Uhr schaut, und über das Gesicht von Lokalredaktor Heuberger huscht morgenfrische Knabenröte. Sonnenschirme werden aufgespannt, und unwirsche Handbewegungen Richtung Hals und Beine lassen vermuten, dass die einzigen echten Freischaren des Tages, die Mücken, die einzigen auch, die den Mut zum Blutvergießen haben, eifrig am Werk sind. Auf dem Kugelfang an praller Sonne hocken dicht bei dicht die Ehrengäste, imaginäre Feldstecher ansetzend, mittenmang der Stadtammann Geratewohl, und am Rande des Schlachtfeldes tummeln sich Pfadfinderinnen in Rotkreuz-Zelten. Dieweil setzen die mutigen Kadetten unter kundiger Leitung des Pontoniervereins über die Aare und lassen stolz vorausmelden: eine Schwadron berittener Matrosen abgesoffen. Heureka! Hufdonnern erfüllt den Schachen. Eine Staubwolke hinter dem Lindenring, in dem sonst die Regimentsspiele üben, verrät flüchtige Freischaren. Das Donnern schwillt an, Pferdeleiber werden sichtbar. Nicht die Rennbahn meinen sie, sondern das Schlachtfeld. Hulahula schreiend, nähern sich die Indianer, rasen unter Applaus in gestrecktem Galopp in die Arena. Die alten Mörser werden vor der Burg aus Pappe aufgefahren, die den ehemaligen Stammsitz der Kyburger darstellen soll und als letztes Reduit der Freischaren gilt. Grüne Kosaken mit rotlederner Gesichtshaut und blitzenden Eiweißaugen stöpseln das Pulver, zünden die Lunte und eröffnen das Feuer mit ohrenbetäubenden Krachern, die sowohl die Kanonen als auch die Zuschauer zurückweichen lassen. Wer Plätze für die Musikfestwochen in Luzern reserviert hat, deckelt seine Hörmuscheln ab. Andere staunen säuglingshaft in den Pulverdampf. Das Piffpaff der Kadetten ist lauter geworden. Nach und nach reiten sämtliche Freischarentrupps ein: die Tiroler Spitzbuben und die Lützow'schen Jäger, Kradschützen, Kürassiere und berittene Landsknechte in blaurot gestreiften Pluderhosen, feistbauchige Rothäute und versprengte Überreste der Bourbaki-Armee, ulanische Trompeter und Musketiere, ein Manipel römische Legionäre und eine Rotte heruntergekommener Korvettenkapitäne, kaltblütige Harakiri-Kandidaten und vertrottelte Reisläufer, Fremdenlegionäre und eine Delegation des Schweizerischen Unteroffiziersvereins, Marodeure, Raubgesindel, Partisanen und Terroristen. Kurz: Wer je mit Zinnsoldaten gespielt hat, wer je von versenkten Bruttoregistertonnen, verheerten Fluren und gesprengten Brückenköpfen träumte, wer im Geschichtsunterricht, statt zu schlafen, Winterfeldzüge miterlitten und Drahtverhaue zerschnitten hat, ist im Schachen dabei. Und die armen Kadetten, welche lieber ihren Schulschätzen auf der Schanz nachlaufen würden, müssen siegen. Sie halten ihre Gewehre vorschriftsgemäß schräg in die Luft und stoßen, ponte facto, in geschlossener Phalanx contra adversarios vor. Sie schicken legatos ad eos, um ihnen im Akkusativ mit Infinitiv zu melden, dass sie auf dem Vormarsch seien und in einer Viertelstunde die Kapitulation entgegenzunehmen hätten. Zum Zeichen, dass sie nicht mehr fern ist, wird die Burg in Brand gesteckt. Durch den blutigen Opferrauch, der sich an biblische Vorbilder hält und tief über den Schachenboden qualmt, sprengen mit gespenstischer Berserkerwut auf violetten Gesichtern die Romanfiguren Karl Mays. Und während die Kasematte lichterloh brennt, während verbeulte Hifthörner grimmige Laute von sich geben, während Pickelhauben, Tschakos und Indianerfedern bunt durcheinanderwirbeln und männiglich nur noch auf die Hauptattacke der Feldgrünen wartet, deren Major soeben die Anweisungen des Kadetteninstruktors entgegennimmt, taucht ein transparentbewehrtes Grüppchen hinter dem Kugelfang auf und weitet die Nasenlöcher von Lokalredaktor Heuberger zu geblähten Nüstern: Stoff bahnt sich an für seine Seite, eine Konfrontation. Die Alt-Aarauer lassen sich ihren Maienzug kurz vor dem Höhepunkt nicht vermiesen und ignorieren die Antileute, die an den zottigen Frisuren schon von weitem erkennbar sind. Doch die flotten Demonstranten haben mehr im Sinn, als nur oppositionelle Zierde an einem Volksfest zu sein. Sie durchbrechen die Abschrankung und wollen sich kühn zu den Ihren gesellen, zu den Freischärlern. Auf einem weißen, quergespannten Band tropft in blutroter Schrift der Spruch: Hier beginnt der Krieg. So ist es, basta. Keine Diskussion, wie im Militär. Doch die Mao-Partisanen haben ihre Rechnung ohne den Wirt gemacht. Nämlich: Die Freischärler vergessen ihre historische Herkunft vom Bleuker'schen Freikorps und scheuchen unter Applaus mit aufgebäumten Hengsten den hier beginnenden Krieg kurzerhand auf den Robinsonspielplatz der Infanterie, ins Gelände der Hindernisbahn. Das Transparent wird den Störenfrieden in einer Reiterattacke entrissen und in die Flammen geworfen. Etwas haben die geistigen Widerstandskämpfer trotzdem erreicht: Sie fließen in die Maienzug-Berichterstattung ein. Lokalredaktor Heuberger zückt den Bleistift und notiert sich die ersten Sätze seines Artikels: Nicht nur die Kadetten und die Freischaren hatten sich auf die Manöver vorbereitet, auch einige Jünglinge von Aarau, die zu diesem Zweck daheim Farbe und Pinsel aus der Schublade gekramt und Transparente gemalt hatten. Dergestalt ausgerüstet, marschierten die kühnen Recken aufs Schlachtfeld ...

Der Obertorturm befiehlt: Helm ab!

Es war einmal ein hohler Zahn, genannt Obertorturm, der sich an einem strahlenden Maienzug-Nachmittag, während vom Schachen herauf Schlachtgetöse an seine stocktauben Ohren drang, in brütendem Halbschlaf seine Geschichte durch den Kopf gehen ließ, weil er eine historische Rolle zu spielen hatte. Da die beflaggten Altstadthäuser um diese Zeit nichts zu tun wussten, ließen sie sich vom alten Sagen-Peter willig in eine mittelalterliche Biographie verstricken.

Ich, der Obertorturm, ein entfernter Verwandter des Danziger Stockturms, muss der mythischen Vorgeschichte nach mit der Stadtgründung zusammenhängen. Ich reichte ursprünglich nicht höher als die heutigen Buckelquader. Von Beruf bin ich ein Wahrzeichen oder Symbol. Dank eines glücklichen Verhältnisses des unteren zum oberen, zurückspringenden Teil und zum spitzen Zeltdach mit dem aufgesetzten Glockentürmchen eignet mir trotz aller Wehrhaftigkeit etwas Schlankes und Hochgemutes. Zehn Stockwerke zwangen den Turmwächter, der bis anno 1876 seinen Dienst versah, neunmal zu verschnaufen, bis er seine schmucke Wohnung erreichte. In der Kugel unter der Wetterfahne findet ihr, sofern euch das interessiert, Tageszeitungen vom 11. Oktober 1935, Fotos eurer viel gerühmten Giebelfassaden, Briefmarken, Münzen und alte Dokumente, darunter einen versiegelten Brief des Inhalts: Es war einmal ein hohler Zahn ...

Liebe, dumme Altstadthäuser. Ihr träumt jahrhundertelang davon, ein Turm zu sein, dabei ist eine Turmexistenz wahrlich kein Schleck. Wehrturm, Wachtturm, Wahrzeichen und Gefängnis in einem zu sein ist ein undankbares Geschäft. Kritzeleien an den Wänden zeugen von meinem früheren Innenleben. Ein Ungemach erlaubte den Gefangenen weder zu kauern noch aufrecht zu stehen, noch ausgestreckt zu liegen. Diese Geisteshaltung hat sich, scheint mir, und es ist ja eine Geisteshaltung, auf alle Alt-Aarauer übertragen. Verquere Gedanken, lauter verquere Gedanken. Das Wahrzeichen dieser Stadt ist ein Ungemach. Meine bossierten und randgeschlagenen Quader, meine kunstvollen Schartenfenster, die von Meister Hans Leu gemalte Sonnenuhr und letztlich auch das Carillon: alles rustikale Schönfärberei. Dass man das Ungemach zu einer unterirdischen Toilette umbaute, machte es nicht wohnlicher. Im Übrigen hatte ich während sieben Jahrhunderten nicht viel zu tun, denn man fand es nur selten nötig, die erbärmliche Stadt Aarau zu erobern. Außer den unvermeidlichen Renovationen musste ich kaum eine Schmach über mich ergehen lassen. Immerhin sei meinem Denkmalpfleger, dem Lokalhistoriker und Lokalredaktor Heuberger zuliebe, gestanden, dass wir, das Städtchen und ich, im Sommer 1653 ein paar bange Tage erlitten. Die Bauern murrten wieder einmal, weil unsere Herren, die Berner, abgewertet hatten, und drohten mit einem Dreschflegelaufstand. Weil Aarau damals noch kein Stadtzentrum, noch keine Kaserne besaß, beschlossen die Herrschenden, den Unterdrückten eine Besatzung vor die Nase zu setzen und wählten dazu eine strategisch höchst bedeutsame Nase: den Felskopf. Die Bauern rochen Lunte und läuteten mit ihren Kuhglocken Sturm, bevor das Häuflein Basler und Elsässer noch die Aarebrücke erreicht hatte. Ringsum auf den Höhen loderten die Wachtfeuer, und mein armer Turmwart musste ununterbrochen ins Horn stoßen. Der in Permanenz tagende Stadtrat blickte Hilfe suchend nach oben, das heißt: zu mir herauf. Wenn das Korn in jenem Sommer nicht so voll gestanden wäre, was wiederum nur ich sehen konnte, hätte Aarau ein unfreiwilliges Schützenfest erlebt. Doch nach getaner Feldarbeit wurden wir trotzdem regelrecht belagert, in den Stoppelfeldern wimmelte es von kriegslustigen Bauern. Schon sah ich sie das Schlachtgebet verrichten, als ich meiner ruppigen Reputation gerecht zu werden versprach und mit verwandtschaftlichen Beziehungen auftrumpfte. Mein kleiner Neffe unten an der Stadtmauer, der zum heutigen Maienzug einen neuen Helm aufgesetzt bekommen hat – Redaktor Heuberger hat dieses Ereignis in seiner Glosse ›Helm auf!‹ gewürdigt –, erhielt in dieser historischen Stunde von mir den unmissverständlichen Befehl: Helm ab! Der Knirps dachte zuerst, er habe nicht recht gehört, denn die Stadtwache war eben daran, das Pulver sackweise in den Wehrgang hinaufzutragen. Helm ab, rief ich ihm zu, verstehst du denn nicht! So unlogisch dieser Befehl kurz vor dem Ansturm der Bauern klingen mochte, so richtig war er in der Turmlogik. Ich nahm ein paar Sonnenstrahlen, die sich gerade an meiner Sonnenuhr vergreifen wollten, bündelte sie und warf sie durch das hängende Monokel des Pulvermeisters derart intensiv werbend auf einen Papierwisch, dass nicht nur das Monokel, sondern auch der Pulvermeister mit seinen Mannen ihrer Funktion enthoben wurden und der obere Teil des Turms mit einem Mordskrach in die verblüffte Luft flog. Die Bauern, solches hörend, trauten den Knall den Mörsern der Elsässer zu und machten sich buchstäblich aus dem Staub. Doch die Rauchwolke vernebelte die umliegenden Fluren dergestalt, dass sie in ihre eigenen Sensen und Sicheln liefen und, da sie den Feind auf den Fersen glaubten, sich gegenseitig selber niedermetzelten. Der Pulverturm und ich, wir ließen den Rauch nicht eher abziehen, als bis sich die Bauern mit Stumpf und Stiel ausgerottet hatten und die Landschaft rund um Aarau ein rotes Leichenfeld war.

Aber, lieber Onkel Obertorturm, klagten nach dieser Mär die schönen Giebel, warum erzählst du uns am Maienzug solche Schauergeschichten. Der Blutbann tropft ja ab von unsern Flaggen! Der Obertorturm wackelte gutmütig mit dem spitzen Zeltdach: Damit ihr begreift, weshalb es am Maienzug bei uns knallen muss. Weil sich die Alt-Aarauer sehnsüchtig an die gute alte Zeit erinnern, als man noch richtig töten durfte, Aug um Auge, Zahn um Zahn, und den Totentanz nicht als Wunschbild an meine Fassade zu malen brauchte.

Solche Weisheit von sich gegeben habend, sank der Obertorturm wieder in seinen mittelalterlichen Dämmerschlaf zurück und gab mit der Schönwetterfahne dem Fest ein lässiges Zeichen: Seinesgleichen geschehe weiter!

Variante zu: Helm ab!

Redaktor Heuberger, der den Lokalteil unserer Tageszeitung betreut, um dessentwillen sie lesenswert sein soll, hat sich wieder einmal eine Nummer geleistet. Da erhält die Stadt der schönen Giebel zu ihren viel geknipsten Ründen ein neues Fotosujet. Eine Baufirma, die ihren hundertsten Geburtstag feiert, rekonstruiert nach alten Plänen den Pulverturm der Stadtbefestigung an der Ecke Ziegelrain-Asylstraße, mauert den runden Trutzfried selbstlos bis auf seine ursprüngliche Höhe von achtzehn Metern auf, zackt ihm Schießscharten ein und schenkt ihm einen Kegelhelm, der am Boden zusammengezimmert und mit einem Kran in einem kaum zehn Minuten dauernden Manöver technisch perfekt aufgesetzt worden ist, und da wählt Lokalredaktor Heuberger, bald mit rb, bald mit Hb zeichnend, für seine Reportage sage und schreibe den militärischen Befehl »Helm auf!« als Titel. Ein Pulverturm, der wehrhafte Charakter ist ihm nicht zu bestreiten – obwohl er lieber auf der Stelle explodieren als wehrhaft sein möchte –, soll also wieder symbolische Pflichten übernehmen und jedem Reisenden, der, über den Schachendamm rollend, die mittelalterliche Stadtansicht bewundert, bevor er für eine erlösende halbe Minute in den Schanztunnel taucht, unmissverständlich klarmachen, dass im Stadtkern eine Kaserne und kein Einkaufszentrum, geschweige denn ein Kulturzentrum steht. Der Reisende, dieser Zeichensprache mächtig, wird weder aus- noch umsteigen, sondern nach kurzem Halt zwischen Großstadtleben vortäuschenden Perrons den Gruß des Vorstandes, der nicht ihm gilt, unerwidert lassen und in Richtung Güterschuppen, Industriequartier davonrollen. Heuberger hat sich wohl nicht überlegt, dass jeder Soldat, der dem gehässigen Befehl »Helm auf!« gehorchen muss, nur einen Wunsch kennt: Helm ab! Und der Pulverturm wird diesem Wunsch nicht ohne die Hilfe der Baufirma nachkommen können. Spätestens nach dreitägigen Manövern wird er nach dem befreienden »Helm ab!« verlangen. Die Firma wird ihren Geburtstag verlängern und das Kegeldach auf jene Stelle setzen müssen, wo es gezimmert worden ist. Das Beispiel wird Schule machen, andere Türme, allen voran der Obertorturm, werden sich sagen: Warum nicht einmal Helm ab! Sie werden nach jubilierenden Baufirmen, nach girrenden Kränen stumm trotzig schreien. Der Obertorturm wird sich seinen jahrhundertelang getragenen Pyramidenhelm mitsamt den Schleppgauben abheben lassen und einen braun verschwitzten Holzschopf zeigen. Der Dachreiter auf der Stadtkirche wird sein geschweiftes Helmchen eigenhändig in die Luft schießen. Die katholische Kirche, unbehelmt, wird nichtsdestotrotz, aus purer Solidarität tiefglockig läutend nach Erleichterung von ihrem Flachdach verlangen. Und kaum haben sich alle ihrer Behaubung entledigt, will schon wieder einer der Erste sein mit Helm auf, es beginnt ein endloses Strafexerzieren unter sämtlichen Türmen der Stadt, kommandiert vom herrschsüchtigen Obertor-turm: Helm auf, Helm ab, Helm auf, Helm ab. Und der Lokalhistoriker Heuberger wird vom einen zum andern rennen müssen, insbesondere die Stadtkirche inständig bittend, nicht auch noch mit dem Unsinn anzufangen und ihren Käsbissen mit den Ziergiebeln aus Muschel-kalk vom Scheitel zu reißen. Von grünspanigen und kup-fergleißenden Helmen jeder Bauart mehr verspottet als begrüßt, wird Redaktor Heuberger endlich einsehen, wie weit ein Satz, vor allem ein Befehlssatz, führen kann, und stehe er auch nur im Lokalteil einer kleinen Zeitung, die über kleine Tage in einer kleinen Stadt Wissenswer-tes zusammenfasst.

Lokalredaktor müsste man sein!

Ab und zu stelle ich mir die Gewissensfrage: Wen be-neidest du am meisten in der Stadt? Keine Frage, weil die Antwort täglich in der Tageszeitung erscheint. Lokal-redaktor zu sein ist ein Traumberuf. Aus südlicher Dis-tanz liest sich der Lokalkram einer Kleinstadt wie der spannendste Kriminalroman mit 365 Fortsetzungen im Jahr. Die Fortsetzung folgt bis in alle Ewigkeit. Lokalre-daktor Heuberger ist in meinen Augen der glücklichste weil unbewussteste Schriftsteller der Welt. Er trägt ein

riesiges Mosaik aus kleinsten, buntesten Steinchen zusammen, ohne an die Illusion eines Gesamtplans zu
glauben. Mal schreibt er über die Jahresversammlung
der Philatelisten, mal über die Neuinstrumentierung der
Blechmusik; Kulturelles verträgt sich neben Informationen über den Stand der Kaninchenzüchtung. Er sam-
melt Splitter und Anekdoten, schiebt eine Betrachtung
über unsere Eidechsen ein, wärmt alte Bräuche auf, und
immer findet sich im Archiv ein malerisches Altstadtbild.
Eine wischende Frau verführt zur Legende: Morgen-
toilette in der Pelzgasse. Seinen alten Reiz behalten hat
der Blick von der Zinne auf die Giebel der Haldenhäuser.
Dann wieder nackte Gegenwart: Unzucht im Pissoir des
Obertorturms, dreistündige Sitzung des Einwohnerrates,
erste Vorboten des Maienzugs. Fragen an die Zukunft:
Wie werden die Kadetten in zehn Jahren durch die Rat-
hausgasse marschieren? Wer wird nach Annahme der
Überfremdungs-Initiative die Tiere im Wildpark Rog-
genhausen füttern? Wohin mit dem Schützendenkmal?
Also ein Durcheinander, Charivari, Gewurstel, Misch-
masch, Potpourri, Tohuwabohu, Sammelsurium, eine
Menkenke? Nach der Theorie des modernen Romans
nicht mehr und nicht weniger als ein ebensolcher mit
allen Raffinessen: Häufiger Wechsel des Standorts, He-
rumturnen in allen Zeitformen, Anführungszeichen-Stil,
der sich selber nicht ernst nimmt, kollektive Autorschaft.
Denn Heuberger schreibt natürlich nicht alles selber.
Darüber hinaus hält sich dieser Roman an modernste
Erscheinungspraktiken. Er erreicht täglich mindestens

30'000 Leser, ohne dass sie in die Buchhandlung laufen müssen. Die Druckfehler sind einkalkuliert, und alle Rechte liegen beim Publikum. Er wirbt mit Schlagzeilen aus Politik und Sport unauffällig für sich. Er ist sein eigenes Inserat. Er braucht nicht interpretiert zu werden. Er ist wegwerfbar, der erste echte Wegwerfroman. Die Leserbriefe werden eingebaut. Man kann ihn ignorieren und ist trotzdem über seinen Inhalt informiert, weil er sich tagtäglich auf allen Gassen und Plätzen ereignet. Kein Schlüssel-, ein Dietrich-Roman. Er berührt alle großen Themen der Zeit, von der Militärdienstverweigerung bis zur Zifferblattrenovation der Stadtkirche. Kinder falzen Schiffchenmützen aus seinen Blättern und tragen ihn nicht im, sondern auf dem Kopf. Er ist Liebes- und Ehe-Roman ohn' Unterlass, Nachttischlektüre für sie und für ihn. Kurz: Redaktor Heuberger schreibt und lässt schreiben den Universalroman, der jedem Epiker in seinen kühnsten Träumen vorschwebt. Er braucht nicht auf die Suche nach dem verlorenen Stil zu gehen, er kennt keine Hürde mit der Aufschrift: So kann man heute nicht mehr schreiben. Seine Kunst hat es nicht nötig, von ›können‹ zu kommen, sie leitet sich in höchst eigenwilliger Etymologie von ›kunterbunt‹ ab. Wissen Sie, fragt der Duden, dass ›kunterbunt‹ etwas mit ›Kontrapunkt‹ zu tun hat? Heubergers Kunst ist die Kunst des Kontrapunkts, wörtlich: gegen den Punkt. Sie ist überhaupt gegen Satzzeichen, sie ergießt sich endlos wie der Strom des Lebens: die Geschichte, die das Leben schreibt.

Großväter sind unberechenbar

Weder meinen Großvater väterlicherseits noch meinen Großvater mütterlicherseits habe ich gekannt, und die beiden Urahnen dürften sich ihrerseits nie begegnet sein. Es gibt spärliche Bilder im Fotoalbum. Erstaunlich ist, dass meine Mutter, wenn ich sie darum bat, sich sehr anstrengen musste, um überhaupt etwas von ihrem Vater erzählen zu können. Sie sagte: Damals wussten die Generationen noch nicht so viel voneinander wie heute. Wenn du etwas von deinem Großvater erfahren willst, gehst du am besten im Nebel spazieren, denn er ging immer nur im Nebel spazieren, weil er beim Denken nicht gestört werden wollte und keinen zu grüßen brauchte. Das war alles, fast alles. Dank den Ölbildern im Salon, die seine Signatur tragen, bin ich auch auf die Idee gekommen, er könnte Maler gewesen sein. Gütige, blassgraue Augen muss er gehabt haben. Oft stelle ich mir vor, dass die Augen seine Nebelquellen waren, dass er auf seinen Spaziergängen die Landschaft einnebelte mit sanften Blicken. Weshalb ein Maler, der so leuchtende Vogelfedern malte wie er, ausgerechnet den Nebel liebte, bleibt mir ein Rätsel.

Der andere, eigentliche, väterlicherseitige Großvater war Wirt gemäß seiner Devise: Wer nichts wird, wird

Wirt. Er handelte mit Rohtabak, galt als leidenschaftlicher Jäger, schoss auch gern auf Scheiben, war ein Meister im Lochbillard, hielt nicht gerade viel von der Religion, liebte den Wein, hatte von morgens früh bis abends spät einen Stumpen im Mundwinkel, kannte die Berge und die Pilze, kochte den besten Hasenpfeffer im oberen Wynental und war oft schlechter Laune, besonders nach einer feuchten Nacht. Er starb mitten im Aktivdienst an einem Loch in der Speiseröhre. Noch auf dem Sterbebett verschenkte der gutmütige Ätti das Föhrenwäldchen seinem jüngeren Bruder, der zehn Jahre lang darum gebettelt hatte und deswegen nicht mehr in die Wirtschaft gekommen war. Das konnte ich meinem Großvater so lange nicht verzeihen, als ich Einsiedler werden wollte. Auf einem verblichenen Foto hält er mich auf den Knien und soll laut Überlieferung gesagt haben, ich werde ein tapferer Soldat. In der Tat verhielt ich mich in der Rekrutenschule den Umständen entsprechend tapfer, als sich mein Gruppenkamerad auf der Distanztrommel um ein paar Striche täuschte und mit der Panzerkanone jene Skihütte unter dem Zielgebiet anvisierte, in der ich, halb erfroren, Schießwache hielt. Als ich das Geschoß, eine Panzergranate, Kriegsmunition, durch die Luft pfeifen hörte, dachte ich während eines Sekundenbruchteils an das Foto. Die Granate fällte indessen Holz, das noch nicht gezimmert war, und ich konnte zurückfunken: Schießwache lebt.

Von meinem sanften Großvater weiß ich ferner, dass er sich jeden Herbst einmal eine Dampferfahrt auf dem Vierwaldstättersee leistete, aber nur, wenn ihm die Schifffahrtsgesellschaft garantieren konnte, dass sich der Nebel nicht vor dem Mittag lichten werde. Berge, die man nicht sieht, braucht man nicht zu kennen. Mein Großvater, so nehme ich an, hasste die Berge, die ihm sein stilles Dasein nachmachten. Auf seinen Bildern sucht man die Alpen vergeblich im Hintergrund. Die Geschichte, dass er von einem befreundeten Offizier einen ausgedienten Nebelgenerator geschenkt bekommen und damit die Gegend vor seinen Spaziergängen eingenebelt habe, dürfte erfunden sein wie auch das Gerücht über jene alte Frau, die des beißenden Rauches wegen unter Lebensgefahr ins Kantonsspital eingeliefert worden sei. Mit solchen Geschichten wollte man meinen Großvater zum Nebel-Kauz stempeln.

Dagegen dürfte zutreffen, dass der damals noch junge Dichter Hermann Hesse, der in seiner Gaienhofener Zeit viel mit Malern und Musikern verkehrte, meinem Großvater eine handschriftliche Kopie seines Gedichtes ›Im Nebel‹ gewidmet hat. Er muss das berühmte Bild ›Bäume im Nebel‹ gekannt haben, das eine einzige Astgabel auf einer grauen Fläche zeigte. Leider ist das Gemälde ebenso verschollen wie die Gedichtabschrift, und von der Widmung weiß ich eigentlich nur durch Zufall, durch den Sohn des Dienstmädchens, das mein Großvater mit dem Orangenpapier erschreckt haben soll.

Fräulein Birner, wie sie damals geheißen haben könnte, roch strenggläubig. Sie brachte meinem Großvater jeden Nachmittag eine Orange auf einem Tellerchen ins Atelier. Einmal soll er die Papierhülle zu einem Rohr geformt, auf den Teller gestellt und angezündet haben mit der Bemerkung, wenn sich die Asche erhebe, komme ihre Seele in den Himmel, andernfalls sei sie des Teufels. Fräulein Birner starrte gebannt auf das lohende Papier, und als der Aschenkranz liegen blieb, stürzte sie entgeistert aus dem Zimmer. Ihr Onkel, Oberst Béguin, muss der besagte Offizier mit dem Nebelgenerator gewesen sein, und vermutlich wollte Fräulein Birner sich mit dem Gerücht der erstickenden Frau an meinem Großvater rächen für das kleine Fegfeuer. Sie könnte auch die verschollene Gedichtabschrift Hermann Hesses vernichtet haben. Frage ich allerdings meine Mutter danach, so behauptet sie, ihre Eltern hätten, soweit sie sich erinnern könne, nie ein Dienstmädchen eingestellt, und ihr Vater habe wenig oder gar nichts gelesen, sicher nicht Hermann Hesse, weil er sich als Maler nicht leisten konnte, die Augen zu verderben. Ich nenne ihn auch den melancholischen Großvater.

Der andere, eigentliche Großvater war gesellig, hatte einen goldenen Humor und auch Sinn für Witz, wenn er sich gegen ihn richtete. So sträubte er sich jahrelang dagegen, ein Badezimmer einrichten zu lassen. Als ihn die Großmutter im Sommer 1934 für zehn Tage auf den Pilatus in die Ferien schickte, hatte er nicht den geringsten Verdacht, dass der Spengler bereits bestellt sein könnte. Und wie er an seinem 50. Geburtstag in der besten Laune vom Pilatus zurückkehrte, zeigte ihm die Großmutter das Geschenk im ersten Stock: ein hellblau gekacheltes Badezimmer. Der Großvater schlug die Türe zu und wusch sich sechs Tage nicht mehr. Doch am Samstagabend saß er pfeifend in der Badewanne und soll zu seiner Frau gesagt haben: »Weißt du, ich habe mich die ganze Woche auf den Samstag gefreut.«

Einmal jedoch freute er sich zu früh auf den Samstag. Eine Hochzeit war angemeldet, auf der Menükarte stand: Poulet nach Hausart. Die Großmutter stand vom frühen Morgen an in der Küche, rupfte Hähnchen, schnitt Kartoffeln und rüstete Salat. Als das Essen für vierzig Personen bereit war, wollte die Hochzeitsgesellschaft einfach nicht anrücken, der Großvater konnte noch so oft von der Wirtschaft auf die Straße und zurück patrouillieren. Gegen drei Uhr nachmittags schaute er in der Agenda nach. Das rot angestrichene Datum war leider nicht identisch mit dem Datum jenes Samstags. Mein Großvater besaß so viel psychologisches Feingefühl, dass er den Irrtum für sich behielt. Innert einer halben Stunde saß der vollzählige Männerchor, der sich im »Frohsinn« zu einem Ausflug besammelt hatte, im festlich geschmückten Saal, und der Großvater meldete durchs Sprachrohr hinauf in die Küche: »Du kannst auftragen lassen, Mutter, sie sind zu Fuß gekommen und haben sich verspätet.« Der Männerchor griff wacker zu, und meine Großmutter erfuhr den Schwindel erst, als sie gegen Abend die Schürze losband und das Brautpaar besichtigen wollte. Von den Folgen ist mir nur bekannt, dass sie den Austritt aus dem gemischten Chor gab und dass der Großvater eine Woche später selber kochen musste. In der Fleischsauce soll ein Stumpenkadaver geschwommen sein. Ich nenne ihn auch den humorvollen Großvater.

Doch konnte er, wie gesagt, übelster Laune sein, und wenn ich mir eine Begegnung beider Großväter vorstelle, ist der eine immer schlecht aufgelegt, der andere dagegen immer besonders einsilbig. Sie treffen sich stets auf der schnurgeraden Straße oberhalb der beiden Feuerweiher, unweit des Gasthofes. Natürlich herrscht stockdicker Nebel. Mein eigentlicher Großvater schaufelt zur Zeit der Begegnung Rossmist in die Harassen auf dem Leiterwagen. Rossmist war als Dünger für die Brombeeren besonders gefragt, und es gab keine bekanntere Spezialität in der Wirtschaft als die hausgemachte Brombeerglace. Nehmen wir also an, der humorvolle Großvater stehe im Nebel, ziehe am Stumpen, der in der feuchten Luft nicht recht brennen will, und reche Rossäpfel aus dem Kies in der Straßenmitte. Da kommt der melancholische Großvater daher, vermutlich ebenfalls in der Straßenmitte, damit er im Nebel den Weg nicht verfehlt. Auf dem Rücken trägt er den Ranzen mit aufgebundener Staffelei, unter dem Arm die Leinwand. Es ist denkbar, dass der Maler, obwohl er nicht viel von Hesse gehalten hat, für sich und die unsichtbaren Bäume rezitiert: »Voll von Freunden war mir die

Welt, Als noch mein Leben licht war; Nun, da der Nebel fällt, Ist keiner mehr sichtbar.« Dabei tritt er, sehr ungeschickt, mitten in einen dampfenden Haufen. Und mein eigentlicher Großvater, solches instinktiv vorausahnend, ruft ihm zu, bevor er ihn richtig sieht: He, Sie da, trampeln Sie doch nicht auf meinem Dünger herum! He, Sie da, in den Nebel gerufen, das hört mein sanfter Großvater gar nicht gern. Wenn er schon keinen grüßt, will er auch nicht gegrüßt werden. Und er könnte zurückrufen: Was fällt Ihnen ein, Sie unhöflicher Mensch, Sie! Unhöflicher Mensch, das ist nun einem Jäger, Jasser und Billardspieler zu viel, und ich könnte mir vorstellen, dass nun ein blind gezielter Pferdeapfel durch den Nebel fliegt und auf der Leinwand des Malers einen umbrafarbenen, keineswegs in ein Nebelgemälde passenden Flecken hinterlässt. Der sanfte Großvater ist kein Kämpfer, er geht dem Streit aus dem Weg, wo immer er kann. Folglich murmelt er höchstens: Das ist der Gipfel, macht rechtsum kehrt und wandert die Straße zurück, auf der er gekommen ist. Der humorvolle Großvater aber pirscht sich als guter Jäger im Glauben, das Opfer weiche zurück, um ihn von hinten zu überraschen, mit einer voll beladenen Schaufel langsam durch den Nebel vor. So dürfte er dem Maler eine Zeit lang nachgeschlichen sein, bis er endlich in die graue Suppe ruft: He, Sie da, wo sind Sie eigentlich? Mein sanfter Großvater versucht um diese Zeit im Atelier, die kostbare Leinwand zu retten und denkt, statt zu fluchen, über die letzte Strophe von Hesses Nebelgedicht nach, sofern er es tatsächlich gekannt hat. Dem eigentlichen Großvater indessen gibt die Literatur keinen Halt. Er schüttelt den Kopf: Nein, so ein Feigling! und trägt die dampfende Ladung zum Leiterwagen zurück, immer noch befürchtend, der Unbekannte habe ihm inzwischen die Harassen ausgeleert.

Etwa so, stelle ich mir vor, könnten sich die beiden Großväter begegnet sein, können Nebelpoesie und Rossmist-Realismus einen ersten Versuch zur Synthese unternommen haben. Hätten sie sich tatsächlich zu Lebzeiten getroffen, wer weiß, ob jene eheliche Verbindung zustande gekommen wäre, dank der meine beiden unberechenbaren Großväter die Aufgabe, Nebelpoesie und Rossmist-Realismus unter einen Hut zu bringen, auf ihren Enkel und somit auf weißes Papier abgeschoben haben.

Zeichnen in der Altstadt

Aus dem Tagebuch

Die Altstadtarchitektur von Alt-Aarau war für uns Ober-realschüler verzwickt genug, um eine Ahnung davon zu bekommen, wie viel Begabung in der Kunst notwendig sein würde, wenn man nicht nur Häuser abbilden, sondern tatsächlich etwas darstellen wollte. Unser Zeichenlehrer aber glaubte, dass es keine bessere Schulung für das Auge gebe als Dachhimmel, Erker und Lukarnen, und so klatschte er uns bei schönem Wetter regelmäßig wie eine Schar Hühner aus dem Zeichensaal. Zwei Stunden im Freien genügten dann, um die Illusionen einer insgesamt amusischen Klasse zunichtezumachen. Es gab damals noch zwei Fächer an der Kantonsschule, in denen man nichts lernen konnte: das Turnen und das Zeichnen. Man war ganz einfach begabt oder unbegabt. Hätten die geborenen Leichtathleten auf der Weitsprunganlage und auf der Aschenbahn ein ähnliches Erbarmen mit mir gehabt wie ich im Zeichnen mit ihnen, wären wir uns bestimmt nähergekommen.

Die Erinnerung an diese frühen Morgenstunden in der Altstadt verbindet sich mit dem Geruch von frischem Brot und mit einem grünlichen Licht in den Gassen. Noch sehe ich die angehenden Ingenieure unserer Klasse mit unsicheren Schritten über das Kopfsteinpflaster schlendern, den Zeichenblock schief unter dem Arm, auf der verzweifelten Suche nach einem harmlosen Motiv. Hier, im Herzen von Alt-Aarau, begann für die armen Radiobastler das Irrationale. Sie scharten sich, meist in Gruppen, vor einer belanglosen Fassade, schlugen ihre Klappstühle auf und verbrachten den Morgen geduckt über dem eigenen und über dem Block des Nachbarn. Immer wenn sie sich vom Lehrer beobachtet fühlten, radierten sie eifrig, dass die Krümel flogen. Der Gummi wurde zur zweithöchsten Instanz. Natürlich gab es nur einen Gummi, der von Hand zu Hand ging, aufs Pflaster sprang, unter parkierte Autos kollerte – damals existierte noch keine Fußgänger-Zone in Aarau – und umständlich gesucht werden musste. Tauben flatterten auf, beleidigt durch so viel Unverständnis für ihre geliebten Mauernischen.

Diese in mühsamer Gummiarbeit entstandenen Radierungen, die mit verkrampften Fingern unschuldigen Kreuzstockfenstern mit spätgotischer Profilierung abgerungen wurden, habe ich zum Teil gesammelt, nicht aus Schadenfreude, sondern aus Liebe zur abstrakten Kunst. Ohne es zu wissen, schufen die Helden im Integrieren und Differenzieren phantastische Werke, sozusagen contre-main. Ich kann die Blätter, auf denen zahllose Bleistiftnarben von der schwierigen Entscheidung zeugen, ob ein Dachabschluss einen Millimeter weiter oben oder weiter unten anzusetzen sei, nicht genug bewundern, diese arg verzeichneten, nach unten konisch verlaufenden Häuserprismen, diese abrutschenden Walmdächer mit gebogenen Firsten, welche jeden Augenblick aufzuschnellen drohen wie eine Rute, diese kniefälligen Kamine, diese unbeschreiblichen Stichbogen aus der Froschperspektive, mehr Stich als Bogen, und all das in hartnäckiger Verleugnung des Prinzips, dass eine einzige Linie zwei Flächen voneinander trenne.

Ich versuche, mir den weißhaarigen Zeichenlehrer vorzustellen, wie er, an seiner Pfeife saugend, die verlorenen Söhne zu sich rief und ihnen auf einem Klappstühlchen, für das er viel zu massig war, sein schlichtes Handwerk demonstrierte. Zuerst wurde das begonnene Schandblatt beseitigt, nicht ohne die übliche professorale Höflichkeit erwachsenen Menschen gegenüber. Die Schuldigen standen hinter seinem Rücken, wohl wissend, dass sie nun einem Prozess beiwohnten, von dem sie hinterher genauso viel kapiert haben würden wie zuvor. Zeichnen konnte man eben, oder man konnte es nicht. Sie blickten gebannt auf die kleine, nussbraune Hand, die vorderhand nichts anderes tat als das Papier streicheln. Ganz locker, den ruhenden Stift zwischen Daumen und Zeigefinger, kreiste sie auf der weißen Fläche, während zwei zusammengekniffene Augen unter buschigen Brauen dem Motiv eine kunstwürdige Seite entlockten. Dieser Akt, der eigentlich schöpferische, kam einem Ritual gleich: Die kreisende Hand, der Knasteruch der Pfeife, das Sauggeräusch der Lippen, die einen Musenkuss nach dem andern einzuschlürfen schienen, ein paar waagrecht und senkrecht aus der Luft geholte Proportionen, und in regelmäßigen Abständen ein mehr affirmatives als fragendes »Nicht?« Dann folgte der erste Strich, mit dem schon alles gewonnen war, ein genialer, raumaufteilender Strich, auf dem Papier vorgestreichelt und souverän hingesetzt. Mit dem zweiten begann er in einer ganz andern Ecke unerwartet ein Detail, flüchtig, skizzenhaft. Keiner wollte glauben, dass der angedeutete Blumentopf mit der ersten Linie zusammen je ein Ganzes ergeben würde, doch jeder wusste es, aus Erfahrung. Ein dritter Ansatz ließ perspektivische Absichten erkennen. Der Strich lebte, war weder Draht noch Haarriss, keine Süßholzfaser und kein Gestrichel, nicht eingraviert, nicht ausgezogen oder hingehaucht; ein organischer Strich. Aus dem Weiß sprang die vertrackte Altstadtarchitektur hervor, die Gassen verjüngten sich nach hinten, Dächer griffen ineinander. Schattierungen kamen hinzu, die der Zeichnung plötzlich Morgenlicht gaben, Plastizität. Sie bekam »Mauer«, wie sich der Lehrer ausdrückte. Sobald er in seinem weißen Mantel, der die Werkstattatmosphäre auf das Pflaster hinaustrug, den Stift niederlegte und sich eine neue Pfeife stopfte, verflüchtigte sich die Muse des Architekturzeichnens. Die verlorenen Söhne hatten nun alles oder nichts gesehen. Das wertvolle Blatt zirkulierte, gab Anlass zu ratloser Bewunderung, bekam Eselsohren und Knitterfälze und bewirkte insgesamt das Gegenteil der pädagogischen Absicht unseres Lehrers. Denn nun wurde das Motiv überhaupt nicht mehr angeschaut. Im dröhnenden Elfuhrgeläute versuchte man, noch rasch einen Pilaster oder einen Schwibbogen aufs eigene Blatt zu kopieren, um wenigstens in einer Ecke die Ahnung von der Existenz zweier Fluchtpunkte aufkommen zu lassen.

Da ich mit der Perspektive weniger Mühe hatte – ein Privileg, für das ich am Reck teuer genug bezahlen musste – und die Häusergruppen, ohne vorzuskizzieren, mit der Füllfeder hintuschte, verweilte der Lehrer gern ein halbes Stündchen bei mir. Er erholte sich von den pädagogischen Strapazen im Kreis der Radiobastler und mochte denken: Wenigstens einer, der etwas begriffen hat. Ich hatte gar nichts begriffen, im Gegenteil. Unter seinen Fittichen verlor ich das Vertrauen in die Phantasie. Meine Bilder wurden zusehends korrekter, naturgetreuer, und wenn ich damals die Malerei nicht aufgegeben hätte, wäre ich einer jener erfolgreichen Landschaftsgärtner geworden, welche die Revolution Cézannes in die Sprache der Kleinbürger übersetzen und so malen, als käme ›Kunst‹ vom gleichnamigen Kachelofen, in dem man ihre Schwarten verheizen sollte. Der Lehrer gab kollegiale Ratschläge: Hier ein bisschen mehr Druck, dort ein bisschen mehr offen lassen; immer fragmentarisch bleiben, damit der Betrachter zur Ergänzung gezwungen wird, nicht! Im Übrigen unterhielten wir uns über Paul Klee, *Das bildnerische Denken*: Die gestufte Akzentuierung der Linie, die außenräumliche und die innenräumliche Behandlung von Flächen, die formalen Grundverschiedenheiten, aktiv, passiv, medial. Nicht, dass mein Lehrer viel von dieser

Theorie gehalten hätte, doch er wusste, wie alle ›guten‹ Lehrer, dass die richtigen Fachausdrücke im richtigen Moment den kritischen Schüler von unbequemen Fragen abhalten. Trotzdem stritten wir uns über den Satz: »Kunst gibt nicht das Sichtbare wieder, sondern macht sichtbar.« Er war der Ansicht, sichtbar machen könne jedes Kind, da gebe es keine Maßstäbe mehr zur Beurteilung, weil die Vergleichsbasis der Natur wegfalle. Irgendwo und irgendwie müsse das Kunstwerk an der optischen Realität messbar sein. Ich glaubte und glaube es heute noch, dass die Wiedergabe des Sichtbaren eine Frage des Handwerks ist. Ein Künstler muss ein guter Handwerker sein, aber ein guter Handwerker ist deswegen noch lange kein Künstler. Wie soll einer ein Innenleben darstellen können, wenn er gar keines hat? Die Fähigkeit, Unsichtbares sichtbar zu machen, ist sowohl eine Frage des Handwerks als auch der seelischen Produktivität. Auf Ihren Bildern, sagte ich meinem Lehrer, kommen immer wieder dieselben Bäume vor. Dies soll kein Vorwurf sein, sondern ein Beweis dafür, dass Ihre Bäume Zeichen sind, also Abstraktionen. Sie geben Ihre Anschauung des Baumes wieder, nicht den wirklichen Baum. Das gemalte Zeichen hat nur dann einen künstlerischen Wert, wenn es etwas zum Ausdruck bringt, was am wirklichen Baum nicht erkennbar ist. Weshalb soll ein Maler nicht das Recht haben, seine Bäume bis auf Buchstaben oder Astgabeln zu reduzieren oder zum Beispiel nur Wurzeln oder Jahrringe darzustellen? Solche Zeichen sagen mehr aus über seine Psyche als über die Bäume, einverstanden, doch über Apfel- und Birnbäume wissen wir genug, über die menschliche Psyche dagegen herzlich wenig. Die Kunst, sei sie nun abstrakt oder gegenständlich, beginnt dort, wo ihre Zeichen eine persönliche Innenwelt sichtbar machen, die vor dem betreffenden Maler nicht erfahrbar war. Der Rest ist Wandschmuck. Mein Lehrer entgegnete, die Kunst höre auf, sobald sich alles nur noch in der Fläche abspiele. Der Künstler sei schließlich kein Psychiater. Ich wiederum meinte, die Kunst sei kein Schrebergarten, was mich regelmäßig eine halbe Note kostete. Erst im Maturzeugnis bekam ich eine 6, weil ich Architektur studieren wollte. In den ersten Semestern zeigte sich dann allerdings, dass die Vorbereitungen im Herzen von Alt-Aarau doch nicht ganz genügt hatten, und die 6 half mir wenig beim sozialen Wohnungsbau.

Zum Abschluss unserer Streitereien erzählte mir der Lehrer gewöhnlich eine versöhnliche Chagall-Anekdote, welche die moderne Malerei in Verruf bringen sollte. Da kam doch einmal, sagte er schmunzelnd, ein Käufer in das Pariser Atelier von Chagall und erkundigte sich nach dem Preis für ein bestimmtes Bild. Chagall verwarf die Hände, er wolle nichts zu tun haben mit Geld, das erledige seine Frau. Also fragte der Mann Frau Chagall. Sie zog die Brauen hoch, und zufällig sah der Käufer in einem Spiegel, dass der Meister hinter seinem Rücken seiner Gattin Zeichen gab. Fünfmal streckte er alle zehn Finger in die Luft. So weit die Anekdote. Die Bilder meines Lehrers kosteten zwei- bis fünftausend Franken. Da ich ihn ein paarmal an die Aare begleitet hatte, wusste ich, dass eine Landschaft in Öl in fünf Stunden fix und fertig war. Rechnete man die Auslagen für Rahmen und Leinwand dazu, resultierte ein recht hübscher Stunden- lohn, und ich denke heute noch oft, obwohl ich damals die Malerei aufgegeben habe: Landschaftsmaler müsste man sein!

Kurzgefasster Lebenslauf

Im fünften Altersjahr verlangte mich das Kantonsspital, in dem ich zur Welt gekommen war, noch einmal zurück. Doktor Auer operierte den Leistenbruch. Während der Operation ließ die Narkose nach. Ich erwachte kurz, verspürte aber keine Schmerzen und fragte mich, ob die Operation oder nur dieses Erwachen Traum sei. Der Arzt legte mir ein neues Äthertuch auf und sagte, wenn ich mich richtig erinnere: Er wird ein tapferer Soldat. Dies war mein Orakel, und ich war froh, dass ich gleich darauf wieder einschlief. Heute kann ich mit dem besten Willen nicht sagen, ob ich jemals aus dieser Narkose erwacht sei, ja ich glaube, dass ich den richtigen Augenblick des Aufwachens verpasst habe. Auf jeden Fall erwachte ich nicht im Spital, denn jene Zeit, die ich zur Erholung in einem Kinderheim verbrachte, das wacker hielt, was sein Name versprach, kann niemals, darf niemals Wirklichkeit gewesen sein. Das stundenlange Kauern auf dem Kiesplatz zwischen Haus und Tannenwald, in dem meine Peiniger sich versteckt hielten und mit Steinen nach mir warfen, sobald ich mich bewegte; der Teddy-Bär, der Morgen für Morgen urindurchtränkt im Nachttopf lag, die Nadel, die sich in meinen Hintern bohrte, die Hütte unten im Wald, worein mich die Buben sperrten, damit mich die Hexe fresse, die Wanderung zu einem abgebrannten Heuschober, wo wir in das rauchende Gebälk starrten – wenn dies lebendige Wirklichkeit gewesen sein soll, verzichte ich gerne darauf. Ich frage: Wann könnte ich denn aufgewacht sein aus meiner Dauernarkose? Die Schulzeit war ein dumpfer Schlaf, die Pubertät ein brennendes Gespinst, das Studium ein süßes Nickerchen, und das sogenannte Berufsleben, der Lebenskampf, die Bewährung? Dafür hätte ich mir allenfalls die Erfüllung meines Orakels gewünscht. Doch es hat nicht sollen sein. Ich schlief und träumte weiter in meinem Ätherrausch, ich liege noch immer in meinem weiß lackierten Spitalkinderbett und warte darauf, bis man mich hinausschiebt aus dem Operationssaal. Gelegentlich träume ich auch, dass ich an einer Kinderschreibmaschine mit farbigen Tasten sitze und etwas Verrücktes tue, dass ich aus Buchstaben Wörter herstelle und aus Wörtern Sätze und aus Sätzen Seiten. Da bin ich jedes Mal froh, im Traum genau zu wissen: Du träumst ja nur. Wie lange dieser Traum nun schon dauert, davon habe ich allerdings keine Ahnung. Vielleicht hat Doktor Auer soeben die Nähte eingezogen, vielleicht ist er auch längst tot und lebt nur noch auf einem verblassten Schild an einer Parkmauer. Wie dem auch sei, einmal wird diese Narkose wohl enden müssen. Ich habe keinen Grund zur Annahme, dass mir Doktor Auer für das saftige Honorar kein Retourbillett, sondern nur eine Hinfahrkarte gelöst hat. Oder doch? Den Ärzten wäre alles zuzutrauen. Wenn ich also tatsächlich

noch am Leben sein sollte, dann wäre ich Ihnen dank-
bar, Herr Doktor, Sie würden die Operation endlich be-
enden und den Ätherlappen lüften. Falls ich aber schon
dieser Erdenwelt entflohn, dann, bitte, sagen Sie's doch
gleich!

Beantwortung eines Kuss-Gesuches

Erotische Phantasie

Sehr geehrte Frau Doktor Lanfranconi! Lanfranconi ist, wenn ich dies vorwegnehmen darf, einer jener Namen, die mich immer an schmächtige Renaissance-Orgien erinnern, obwohl ich nicht im Geringsten weiß, wie es an einer Renaissance-Orgie zu- und herzugehen pflegte. Leider ist damit das Vorwegzunehmende bereits erledigt, und ich muss mich dem Inhalt Ihres zitronengelb gefütterten Kanarienbriefes stellen, der mir nun bereits seit Tagen und Wochen aus der entferntesten Ecke meines Schreibtisches entgegenduftet. Ich ertappe mich dabei, dass ich ziemlich unverschämt von einem Brief spreche, während Sie, Gnädigste, Ihr Schreiben ausdrücklich als Gesuch aufgefasst haben wissen möchten. Ihre werten Schriftzüge verraten, soweit dies meine graphologische Banausenhaftigkeit zu beurteilen erlaubt, nichts von der Ungewöhnlichkeit Ihres Begehrens, und die sportliche Eleganz Ihrer Sätze, welche gleichsam in den Fußgelenken wippen, verwischt den Gesuchscharakter zugunsten einer kameradschaftlichen Dringlichkeit ersten Grades.

Wenn ich Sie richtig verstanden habe, was ich immer noch bezweifle, geht es letzten Endes darum, dass ich, der Abfasser dieser in Klammern errötenden Antwort, im Rahmen des von Ihnen angeregten Experimentes mich dazu entschließen müsste, in Leidenschaft für Sie zu entbrennen und meine – ich wiederhole Ihre Formulierung – heldenhaft nach innen verbissenen Lippen auf die Ihrigen zu schlüsseln, wobei die Zungenspitzen eine gewisse Rolle zu spielen hätten, über die man sich küssenderweise noch einigen könnte. Sie haben sich sodann die Mühe genommen, mir sowohl die Form als auch die Tönung Ihres Lippenpaares des Genauesten zu beschreiben, welchem Steckbrief ich mit Erleichterung entnehme, dass Sie, sehr geehrte Frau Doktor Lanfranconi, über ein Kusswerkzeug von seltener Anschmiegsamkeit verfügen. Hingegen gestehe ich Ihnen, der ich Gelegenheit hatte, Sie an diversen Vernissagen und Konzerten heimlich zu bewundern, ganz offen, dass ich nie im Traum daran gedacht habe, mich Ihrer bartlosen, hochgepflegten Oberlippe zu nähern. Nein, meine inoffizielle Werbung bezog sich immer und ausschließlich auf Ihre Schlüsselbeinpartie, die ihresgleichen suchen dürfte. Leider aber steht diese sehr ausgeprägte, fast byzantinisch zu nennende Schlüsselbeinpartie, der ein echtes Perlencollier die Würde eines matt bekränzten Flügelaltars aus Haut und Knochen verleiht, nicht zur Diskussion, zur Diskussion steht ein Kussunternehmen, das Sie mithilfe meiner Idealpartnerschaft bei passender Gelegenheit zu realisieren wünschen.

In einer Sprache, die darauf schließen lässt, dass Sie aus purem Familienstolz eine Maturität vom Typus C erworben haben, weisen Sie auf Ihre große quantitative Kusserfahrung hin, ziehen aber die Qualität der bisher empfangenen Küsse in Zweifel, weil Sie in den meisten Fällen dazu gezwungen worden sind, »den Kuss noch während der Lippendauer innerlich abzubrechen«. Das labial-seelische Dilemma war somit perfekt. Ihre mit farbiger Tusche ausgezogene Statistik sagt alles. Am meisten scheint Sie zu verwundern, dass die Männer im Allgemeinen dieses Dilemma als Aufforderung betrachten, den Druck ihres Kusses zu verstärken und die Zungenarbeit zu intensivieren, was zu einer grotesken küsslichen Dissonanz führt. Sie erwähnen, vielleicht eine Nuance zu herb, die typische »Bergsteigermentalität« männlicher Lippen. Während Sie den Kuss innerlich längst abgebrochen hätten, sei der Küssende durchaus imstande, zwischen Ihren Lippen zu biwakieren. Reizend, diese Metapher! Ihr erotisches Gesuch mündet dann, nachdem Sie gleichsam einen Schlussstrich unter Ihre bisherige Kussbiographie gezogen haben, in die höchstpersönliche Frage, ob ich mich in das »Experiment eines ästhetischen Idealkusses von unerhauchter Zartheit« einlassen würde, wobei Sie mir die diskrete Zurückhaltung aller übrigen Körperteile, insbesondere der Extremitäten, garantieren. Um mich nicht auf den Verdacht kommen zu lassen, Sie hätten die Absicht, Ihren Körper unter Ausnutzung des Lippenkontaktes ins Spiel zu bringen, schreiben Sie im Postscriptum, seien Sie durchaus bereit, eine auf den Mann in jedem Falle unerotisch wirkende »Umstandslibelle« anzuschnallen.

Zunächst haben Sie mit dieser ominösen Umstandslibelle das Gegenteil dessen erreicht, was Sie zu erreichen
vermutlich nicht einmal unbedingt hofften, denn die Tatsache, dass ich mir unter einer Umstandslibelle nichts,
aber auch gar nichts vorstellen kann, zwingt mich zu
einer Auseinandersetzung mit Ihrem nackten Körper
bezüglich dieses Kleidungsstückes. Ich bin zum vorläufigen Schluss gekommen, dass Sie es sich mit dieser
sogenannten Umstandslibelle vermutlich zu leicht machen, dass es einen Kuss ohne Körpereinsatz schlechter-
dings nicht geben kann. Doch lassen wir das vorerst. Die
Frage heißt ganz einfach, ganz lapidar, fast archaisch,
um nicht zu sagen banal: Küsse ich Sie prinzipiell oder
küsse ich Sie nicht.

Noch vor Kurzem, eigentlich noch zu Beginn dieses
Briefes, wenn Sie es genau wissen wollen: bis tief in
den dritten Abschnitt hinein war ich der Ansicht, dass
eine schlankweg positive Beantwortung Ihres Gesuches
nichts anderes bedeuten würde als Kusseulen nach
dem Athen Ihrer Selbstsicherheit zu tragen. Doch dann
regte sich meine Samariterlichkeit. Ich glaube sogar
mit an tödliche Wahrscheinlichkeit grenzender Sicherheit sagen zu können, dürfen und müssen: Sie brauchen
dringend einen Kuss von mir. Sie wissen gar nicht, wie
schlimm es bereits um Sie steht, wie exakt die Tage und
Nächte gezählt sind, die Sie, ohne dass ich küssend ein-
greife, überhaupt noch überleben. Die Frage ist nur, ob
die Stilisierung meiner Begierde, die sich ja bekanntlich
ganz auf Ihre Schlüsselbeinpartie konzentriert, zu einem

Idealkuss, dessen erotische Transparenz an die ver-
haltene Glut gotischer Chorfenster zu gemahnen hätte,
meine Kräfte nicht völlig übersteigt. Was würden Ihre
zweifellos samtenen Lippen dazu sagen, wenn die meinigen kurz vor der Kussperipetie abgleiten, ja abstürzen
würden, um sich in der Halsgegend, in der Schlüssel-
beingrube besinnungslos auszutoben? Ich glaube mit
meiner Vermutung richtig zu liegen, dass Sie, sehr geehrte Frau Doktor Lanfranconi, davon wenig erbaut wären. Hingegen muss ich zum Voraus Ihren potentiellen
Verdacht entkräften, die Schlüsselbeinpartie diente im
Falle dieser Entgleisung lediglich als »Biwak« – wenn
Sie die Güte haben, die Wiederholung Ihrer Metapher
zu gestatten –, als Ausgangsposition für einen General-
angriff auf Ihren einer gewissen Attraktivität nicht ent-
behrenden Busen. Die Attribute Ihrer längst zum Zuge
gekommenen Mütterlichkeit vermöchten mich nie und
nimmer von Ihrem dämonischen Hals abzulenken, eher
noch die Handgelenke, Fußknöchel oder Schulterblätter.
Eigentlich alle jene Partien, die Ihren skelettösen Unter-
bau, die Konstruktion, wie der Architekt sagen würde,
zum ästhetischen Prinzip werden lassen.

Ich frage Sie jetzt ganz verblümt. Hand aufs Schlüs-
selbein. Wähnen Sie sich in der Lage, meinen Kuss im
Rahmen des von Ihnen abgesteckten Experimentes dergestalt zu erwidern, dass er gleichsam in den Gelenken
knirscht, dass die Konjunktionen, die den Hauptkuss mit
den Nebenküssen verbinden, das ganze Gebilde kna-
ckend übertönen? Ihre Lippen scheinen mir, ehrlich ge-

sagt, nicht besonders geeignet zu sein, diese meine Bedingung zu erfüllen. Sie haben, bei aller Anmut, etwas enorm Abstraktes. Im Grunde genommen habe ich von Ihren Lippen trotz ihrer viel gerühmten Anschmiegsamkeit innerlich schon längst Abstand genommen. Eine Begegnung unserer Zähne, das wäre freilich etwas ganz anderes! Ist Ihr Gebiss noch intakt, ich meine, könnte ich mich darauf verlassen, dass Sie sich tüchtig in meine Lippen einfleischen würden?

Sie haben mittlerweile gemerkt, dass unsere Vorstellungen eines esoterischen Idealkusses beträchtlich voneinander abweichen, und Sie befürchten zu Recht, Ihr Projekt werde daran scheitern, dass Sie von mir behaucht, ich aber von Ihnen zerfetzt werden möchte. Während sich bei Ihnen als erste Assoziation vermutlich ein Heißluftballon meldet, der im kühlen Äther um seiner selbst willen herumschwebt, denke ich zuallererst an die Raubtierfütterung beim Zirkus Knie. Ich könnte mir vorstellen, dass Sie in einem gemieteten Leopardenfellmantel – gemietet deshalb, weil ich ihn zwar der Brieftasche Ihres geschätzten Gatten, nicht aber Ihrem hochkultivierten Geschmack zutraue –, dass Sie also in einem Mietobjekt dieser Art auf mich zuschreiten würden, darunter womöglich splitternackt – das müsste aber nicht sein, wenn Sie an der Umstandslibelle festhalten möchten –, dass Ihre Lippen während dieses Einherschreitens nach dem Muster ägyptischer Göttinnen auf eine hinterhältig wollüstige Art versiegelt wären, dass Sie dann, etwa einen Atemzug von mir entfernt, plötzlich mit den

Zähnen fletschen würden, als seien Sie mit nackten Füßen in einen Blechzuber voller Eissplitter getreten, dass
Ihre feuerrote Zunge ähnlich wie jene Papierschlangen,
die man an Marktständen kaufen kann, vor- und zurück-
schnellen würde, eventuell auch einer Chamäleonzunge
vergleichbar, und dass es alsdann zu einem wutschnau-
benden Überfall Ihrer grinsenden Brunst auf meine gesamte Kieferpartie käme.

Einzig und allein dergestalt aus sich herausgehend,
könnten Sie von mir, so paradox es klingt, jene Zurückhaltung erwarten, die Ihnen zur vollkommenen Kuss-
gestaltung notwendig zu sein scheint. Denn während
Sie sich in meine Lippen verbeißen und Ihre meergrün
lackierten Fingernägel in meinen Rücken krallen, werde
ich die ganze Konzentration, zu der mein Gehirn fähig
ist, dafür aufbieten, Ihnen eine mathematisch exakte
Kussformel einzuhauchen, werde ich gleichsam die Quadratur des Kusszirkels am Innenrand Ihres Zahnflei-
sches ausführen oder, wenn Ihnen dieser Vergleich mehr
zusagt, die kussmäßige Wurzel aus -1 ziehen. Da staunen Sie! Im gleichen Kusszug soll es möglich sein,
fleischfressende Gier und die Zartheit imaginärer Zahlen unter einen Hut zu bringen, gleichzeitig ein Kuss-i
zu bewahren und ein Kussgeschwür aufbrechen zu
lassen.

Es gibt ein Wort Schillers, das ich Ihnen in leicht ab-
gewandelter Form zu bedenken geben möchte: Leicht
beieinander wohnen die Küsse, doch hart im Raume
stoßen sich die Lippen. Sie müssen jetzt einen klaren

Kopf behalten und sich alles noch einmal in Ruhe über-
legen, sehr geehrte Frau Doktor Lanfranconi. Scheint
es Ihnen sinnvoll, dass wir uns auf dieser Basis zu einem
ersten Tête-à-Tête unserer Münder treffen, schlage ich
Ihnen das Kongresshaus-Café vor. Das Tischchen neben
der Jugendstiltreppe wäre besonders geeignet. Ich er-
suche Sie höflich, Ihre Schlüsselbeinpartie so unge-
schminkt als möglich zu präsentieren und Ihre Frisur
auf das beachtliche Niveau der Vierzigerjahre zu bringen. Übertreiben Sie nicht von vornherein mit Bracelets.
Bedenken Sie, dass freie Handgelenke der natürlichste
Schmuck einer Frau sind. Wenn Sie auf Strumpfhosen
verzichten könnten, wäre mir dies angenehm. Ein auf-
dringliches Parfum würde Ihre Person in ein schiefes
Licht rücken. Der Aufwand, den Sie sich an Körperpflege
leisten, sollte in einem angemessenen Verhältnis zu
unserem Kussexperiment stehen. Am besten bewährt
sich immer noch die Faust-Regel von Odette Claire: Den
Mann wissen lassen, dass man gepflegt ist, ihn aber
nicht in den Glauben versetzen, man habe es nötig, sei-
netwillen gepflegt zu erscheinen. Und bitte keine un-
nötigen Accessoires wie Schirme, Handschuhe et cetera,
die man nach der Besprechung im ganzen Café zusam-
mensuchen muss. In der Wahl des Büstenhalters möchte
ich Ihnen, zumindest für die erste Kontaktnahme, freie
Hand lassen, vertrauen Sie auf Ihre Hausmarke. Geben
Sie sich so natürlich, so skeletthaft wie möglich und
überlassen Sie die Kompliziertheit mir, dann kann es
nicht schiefgehen.

Ich erwarte ein zitronengelbes Billett von Ihnen und verbleibe mit vielversprechenden Grüßen Ihr ergebener, designierter Küsser.

PS: Gibt es eigentlich bereits spezielle Salons zur Pflege von lohnenden Schlüsselbeinpartien?

Bork

Prosastücke

Der glücklichste Tag eures Lebens

Im verdunkelten Wohnzimmer surrt der Projektionsapparat. Auf der Leinwand, im kleinen, flimmernden
Rechteck, bewegen sich die Figuren. Aus Versehen habe
ich den Film rückwärtslaufen lassen. Doris findet das
beinahe pervers. Ich verspreche ihr, unser Glück nicht
verkehrt zu betrachten. Die Figuren schreiten mit un-
glaublicher Sicherheit rückwärts, und wenn sie vor-
wärtsgehen, merkt man, dass sie es mühsam tun, als
bewegten sie sich in einer zähen, durchsichtigen Masse.
Es ist eine festliche Schar von ausgestopften Erwachsenen. Lange Roben fallen auf, Damen in wehenden Ho-
senkleidern. Die Herren in dunklen Anzügen, eine Rose
im Knopfloch, die älteren Semester noch in grauschwarz
gestreiften Hosen. Wenn es ein Tonfilm wäre, müsste
man nun die Witze von Onkel Max hören. Überspannte
Herzlichkeit auf den Gesichtern, vielleicht blendet auch
nur die Sonne. Es dürfte ein strahlender Oktobertag
sein, die Kirschbäume brennen. Die Turmuhr zeigt zehn
Minuten nach vier. Einige Gäste stehen steif am Rande
des Rasenstückes, auf dem sich eine Sechsergruppe for-
miert. Der Fotograf kommt ins Bild, der soeben geknipst
hat, und dirigiert kniend seine Opfer: noch ein wenig
vortreten, noch ein wenig auseinanderrücken, bitte

recht künstlich! Die Leute werden immer unruhiger. Man blickt in alle Richtungen, nur nicht auf die Kamera. Hat der Fotograf die Grabsteine im Hintergrund übersehen? Oder gehören sie zu den Requisiten des Glücks, das sechs kodakbraune Gesichter blendet? Man wird sie später bemerken, wenn das Bild unter den Enkeln die Runde macht. Aber zum Glück ist die Aufnahme rückgängig gemacht worden. Der Hut des Schwiegervaters, der vor dem Bauch eine Weile ausgeharrt hat, weiß plötzlich nicht mehr recht, wohin. Erst wandert er hinter den Rücken, dann kommt er wieder zum Vorschein, und einen Augenblick lang sieht es aus, als würde er seitlich wegschiefern. Nun löst sich die Gruppe auf, Eltern und Schwiegereltern treten rückwärts weg. Sie scheuen das Brautpaar, das allein in der Sonne steht, gleißend das lange Kleid aus weißer Seide. Bald wird Onkel Max die Zigarre aus dem Mund nehmen und in der Schachtel versorgen, auf der in Stichworten die Rede über das Glück aufgezeichnet steht, nachdem ihm das Streichholz vom Rasen in die Hand gehüpft ist. Onkel Max ist doch immer der Gleiche.

Doris findet sich unmöglich, aber die übrigen Damen auch. Ein Pelz passe doch nicht zu melissenrotem Chiffon und einem Rüschenkragen. Und das Kleid von Tante Lisbeth sei abscheulich. Wie eine schillernde Schlangenhaut voller Kaffeeflecken liege es am Körper. »Doris«, sage ich, »du bist die schönste Braut, die ich je gesehen habe, ich wäre stolz auf dich gewesen. Gib mir einen Kuss!« Aber Doris kommt sich auf dem Film zuvor.

Wie sie sich über den heißen Projektionsapparat zu mir herüberbeugen will, drückt sie dem Bräutigam einen zärtlichen Filmkuss auf die Wange. »Weißt du noch?«, sagt Doris seufzend. »Aber Doris, im zweiten Ehejahr weiß man noch nicht.« »Du hast gar nichts zu meckern, wenn du jedes Jahr den Hochzeitstag vergisst!« Soeben treten die Gäste in ungeordnetem Zug rückwärts ins Bild hinein, um uns vor der Kirche zu gratulieren zum glücklichsten Tag unseres Lebens. Und ausgerechnet diesen Tag vergesse ich immer wieder. Zur Strafe dafür muss ich den Hochzeitsfilm anschauen. Männer vergessen eben Hochzeitstage. Heiraten sie nicht den Frauen zuliebe? Dafür vergessen die Frauen die Namen der Berge.

Der siebte Oktober. Ein goldenes Datum, wie geschaffen für den glücklichsten Tag. In meinem Kalender ist nichts eingetragen unter dem siebten Oktober. Alle andern Seiten strotzen von Terminen, die siebte ist weiß. Wo war ich am siebten Oktober? Doris behauptet, ich hätte sie geheiratet, und sie hat noch nie eine Wette verloren. Der Film gibt ihr recht. Ich komme darin vor, als Bräutigam verkleidet, etwas linkisch in den Bewegungen, etwas unbeholfen, wie man dem Glück gegenüber sein müsste, etwas zu kurz geschoren. Ich sehe mich besorgt herumstehen und rückwärtsgehen wie auf Eiern. Die Hosen sind mir zu lang. Ich kratze in den Haaren, um die beißenden Schuppen loszuwerden. Wenigstens am Hochzeitstag könntest du die Bewegungen deiner Hände kontrollieren! Was denken wohl die Verwandten, die uns jetzt Glück wünschen? Das heißt, sie ziehen ihren Glückwunsch zurück und verschwinden vorsichtig im Halbdunkel des Kircheneinganges. Ich kann aber jederzeit den roten Hebel an der Kamera umschalten, dann wünschen sie uns wieder Glück, ich kann ihn sogar auf Zeitlupe stellen, wenn wir das Glück ganz genau beobachten wollen. So viel Glück auf einmal, erträgt das einer überhaupt?

Ich weiß nicht, wie dieses Loch in mein Gedächtnis gekommen ist. Der siebte Oktober existiert nicht in meiner Erinnerung. Besäßen wir nicht den Hochzeitsfilm und das Fotoalbum, ich könnte nicht glauben, dass wir verheiratet sind, Doris und ich. Ich soll ein begeistertes Ja gesprochen haben, hat mir meine Cousine bestätigt, die im Nerzjackett nach hinten ausweicht. Komisch, dass man ein so wichtiges Ja sagen kann, ohne dabei zu sein. Wo war ich am siebten Oktober? Man freut sich ja so sehr auf diesen Tag, den großen Tag, den Tag, der ganz dem Brautpaar gehört. Man hat Angstträume, die mit Schweißausbrüchen enden. Die Frauen träumen davon, dass sie nein sagen im letzten Augenblick oder die Stufen zum Altar hinaufstolpern oder den Schleier verlieren. Mir träumte nicht einmal, ich sei dabei gewesen. Noch so gern wäre ich im Traum zu spät zur Trauung gekommen, wenn ich am siebten Oktober hätte dabei sein dürfen, als ich in der öden Kirche unserer Heimatgemeinde ein trockenes, aber dennoch begeistert klingendes Ja zu einem durchaus hellen Schicksal in Gestalt eines protestantisch gekleideten Pfarrers gesagt haben soll.

»Typisch, deine Phantasie«, sagt Doris immer, wenn

ich sie bitte, mir unsere Hochzeit zu schildern. »Wie du dir einbildest, an Orten gewesen zu sein, wo du mit Sicherheit nie warst, bildest du dir ein, am siebten Oktober nicht dabei gewesen zu sein. Dabei warst du so rücksichtsvoll, wie du mir den Schleier befreitest, als ich ihn mit dem Rücken an die Lehne drückte. Du warst ein perfekter Bräutigam.« Im Film stehe ich tatsächlich wie das Glück in Person vor der Tür und schüttle Hände, die Sonne im Nacken. Doris gibt meiner Phantasie die Schuld – wie könnte es in der weiblichen Logik anders zugehen! – für einen fehlenden Tag im Gedächtnis. Ebenso gut könnte ich diese Hochzeit der Phantasie unserer Verwandten zuschreiben. Wenn ich die Linse unscharf einstelle, sind wir nur noch zwei Flecken, verschwimmend in einem bunten Fleckenmeer. So müsste man Hochzeit feiern, ohne das Glück zu programmieren, denke ich, leuchtende Farben, die lautlos ineinander übergingen. »Du stellst dir immer alles viel zu lebhaft vor«, sagt Doris, »so dass du nachher nicht mehr die Kraft hast, es wirklich zu erleben. Vermutlich warst du an unserem Tag schon auf der Hochzeitsreise, irgendwo im sonnigen Süden.« Ich gebe ihr nicht unrecht. Doch an die Hochzeitsreise erinnere ich mich genau: Als wir bei Nacht und Nebel in Venedig ankamen und die Kapelle noch spielte auf dem Markusplatz, als wir die ganze Nacht eine Glocke bimmeln und das Kanalwasser glucksen hörten. Auch Venedig habe ich mir intensiv vorgestellt, und dennoch erlebte ich es als Gegenwart. Wir waren glücklich, ohne es zu wissen.

Was machte eigentlich Hans im Glück mit seinem Glück? Er hatte keine Ruhe, bis er es los war, bis er den Stein im Brunnen versenkt hatte. Das Glück kann man nicht reiten und nicht melken, nicht schlachten und nicht schleifen, man kann es bloß vergessen, um es möglichst nicht zu stören. Doris ist anderer Meinung. Onkel Max habe in seiner Tischrede gesagt, das Glück müsse man nur ergreifen lernen, es sei immer da. »Da haben wir's«, sage ich. »Damit du mich nicht ergreifen konntest, war ich am siebten Oktober abwesend.«

Doris wünscht, dass ich die Gratulationscour nochmals in Zeitlupe ablaufen lasse, vorwärts, denn anstelle der Trauung hat sich der Kameramann ein symbolisches Oktobermotiv ausgesucht: fröstelnde Pappelzweige. Ich wäre nicht erstaunt gewesen, wenn der ganze Film in den Bäumen gespielt hätte. Erstaunlich, wie viele Tanten wir zusammen haben! Und alle strahlen wegen uns, tragen kostbare Toiletten. Spieglein, Spieglein an der Wand, wer ist die Schönste im ganzen Land? Die Braut natürlich, sie hat ein Recht darauf. Oder doch Tante Vera? Wie kann man nur so viel Busen offerieren! Unverschämt von Tante Vera, sich immer zu bücken im Film, als sei ihr etwas auf den Boden gefallen.

Es war nicht unser Tag, es war euer Tag, liebe Tanten. Unsere Heirat war Nebensache. Hauptsache, ihr konntet das Schauspiel erleben, wie zwei junge Menschen sich die Hand fürs Leben reichen und glücklich werden. Vielleicht war ich nicht dabei, weil ich Angst hatte, auf Kommando glücklich sein zu müssen. Schon früher konnte ich nie Geschenke vor den Augen der Erwachsenen auspacken. Ich wollte mich nicht zur Lüge zwingen lassen, zu einem strahlenden Lächeln für ein Buch, das ich schon gelesen hatte, oder für ein Paket Schienen mit falscher Spurweite. Sollte man nicht wenigstens am glücklichsten Tag seines Lebens einmal nach eigenem Ermessen glücklich sein dürfen oder sogar unglücklich? Auch die Glückwunschtelegramme schreiben einem das Glück vor: Ein Glück kommt selten allein. Denn das Glück geliebt zu werden ist das höchste Glück auf Erden. Jeder ist seines Glückes Schmied. Wer das Glück hat, führt die Braut heim usw.

Der Film ist gerissen. Blendende Helle auf der Leinwand. Das Glück streikt, es ist auf und davon. Doris besteht darauf, dass ich ihn sofort zusammenleime, den glücklichsten Tag unseres Lebens. Ich schlage Schattenbilder vor: Der Wolf frisst das Rotkäppchen, oder: Der Elefant verliert seinen Rüssel. Streiten wir doch nicht am Hochzeitstag! Ich krame die Utensilien hervor, spanne die beiden Zelluloidstreifen ins Apparätchen ein, schleife die Rissstellen rau, schneide die Enden grad, tupfe Leim auf mit dem Pinselchen und lasse den Drücker zuschnappen. Welche Bewegung ist verlorengegangen, welcher Händedruck?

»Weißt du noch«, sagt Doris, »wie der Pfarrer zu spät kam, weil wir in der Hitze des Gefechtes vergessen hatten, ihn abzuholen? Weißt du noch, dass Klara wegen ihrer Darmgrippe nicht orgeln konnte? Weißt du noch, wie mir der Schuh im Rasen steckenblieb, als wir auf die Kirche zuschritten? Weißt du noch, wie die Kinder nach den Feuersteinen haschten?« Nein, Doris, ich weiß es noch nicht. Wir werden den Tag nachholen müssen in meiner viel strapazierten Phantasie, ohne die Verwandten zu alarmieren, ohne einen Tischplan aufstellen zu müssen mit einem Onkel Max, den man nicht neben Tante Vera setzen darf, weil er ihr sonst ins Dekolleté schielt, ohne Feuersteine, Glückwunschtelegramme und Produktionen, ohne Fotografen, die auf Bildern festhalten, was sich nicht festhalten lässt. Das Glück, das sich nicht an den Kalender hält, wird da sein ohne Aufgebot, und es braucht nicht in die Kamera zu lächeln. Es wird ein Tag sein, der ganz uns gehört, ein Tag wie alle andern, so weiß und hell wie das flimmernde Rechteck auf der Leinwand.

Der Film ist wieder eingefädelt, wir können im Dunkeln weiterheiraten. Längst ist die Trauung rückgängig gemacht worden, der Pfarrer hat die ersten Worte verschluckt, die Töne haben in die Orgelpfeifen und ins Gebläse zurückgefunden. Die Kirchentür öffnet sich, und das Bild wird dunkel von den vielen Rücken. Zuletzt das Brautführerpaar, die Mutter mit dem Bräutigam und der Vater mit der Braut. Die Verpackung in bändergeschmückte und auf Hochglanz polierte Limousinen folgt. Alle fahren viel zu rasch rückwärts, ein Wunder, dass es keine Unfälle gibt.

Bork

An die gestohlene Rose erinnere ich mich genau, obwohl sie eigentlich nicht gestohlen war. Eher kam ich mir selber als Dieb vor.

Bork, Mündel meines Vaters, der bei uns leichtere Gartenarbeiten ausführte, schlurfte gegen Mittag über den Kiesplatz vor der Terrasse. Ich beobachtete ihn durch die halb aufgeklappten Brettchen der Jalousien. Da ich es vorübergehend allein bewohnte, war das große Haus wie ausgestorben, die Türen verriegelt. Bork hatte nur Zugang zum Keller und zum Schopf. Ich wollte mich nicht mit ihm einlassen, deshalb war ich nicht an die Haustür gegangen, als es schon früh am Morgen geklingelt hatte. Man merkte es sofort, wenn Bork an der Haustür war. Erst hörte man lange nur sein Schlurfen. Immer wieder überlegte er von Neuem, welchen der beiden Klingelknöpfe er drücken solle, obwohl der obere gar kein Knopf, sondern der Lichtschalter für die Eingangsbeleuchtung war. Zuerst hörte man also nur das Schlurfen und Scharren. Er stieß mit den Schuhen an den Eisenbeschlag der Haustür, an den Teppich, dann klingelte er mehrmals, betätigte auch den Klopfer, dass es widerhallte im leeren Haus. Ich war noch im Pyjama. »Bevor etwas getan ist im Garten«, sagte ich mir,

»braucht er weder Geld noch Schnaps.« Bork musste annehmen, das Haus sei wirklich menschenleer, als er über den Kiesplatz schlurfte, die Freitreppe hinunterhumpelte und vor dem tönernen Frauentorso stehenblieb, der, halb im Gebüsch versteckt, auf einem Backsteinsockel in der Mittagshitze thronte. Ein Riesenkerbel warf löcherige Schatten auf die prallen Schenkelstümpfe, den Bauch und die angesägten Oberarme. Man hörte nur das müde Plätschern des Springbrunnens und den verrückten Hahn im Nachbarhof, der im Sommer den ganzen Tag krähte, als gäbe es dauernd etwas zu verraten. Amseln hüpften über den Rasen, hackten nach Würmern und zogen sie aus dem Boden wie Gummischnüre. Bork hatte den Wetterhut tief ins Gesicht gezogen, trotz der Hitze. Er trug wieder das schwarze Bräutigamsgilet mit der dünnen weißen Lineatur unter der Strickjacke. Möglich, dass er von der kanadischen Silberpappel her kam, die seit fünfzig Jahren bei jedem Sturm einen Ast verliert, sonst aber kerngesund ist. Bork beklopfte immer wieder die Rinde und meinte, der Riese müsse gefällt werden. So wie andere ihr Leben lang glauben, sie seien krank und hätten stets einen Arzt nötig, so dachte Bork an die Pappel, sie war seine Hauptsorge. Einmal hatte er sogar Sprengstoff und altmodische Werkzeuge herbeigeschleppt. Mein Vater musste Bork den Baum verbieten. Aber er ließ ihm keine Ruhe. Wenn er an der Pappel vorüberging, murmelte er unverständliche Schimpfwörter, schüttelte drohend die Faust. Die Pappel war kerngesund.

Bork stand vor dem Torso, blickte mehrmals um sich, langsam, gebrochen. Er kam mir vor wie ein Greis auf dem Friedhof, der sich schämt vor dem Grab einer früheren Geliebten und allein sein will. Ich sah, wie er, nachdem er ein paar Gräser gerupft und sie weggeworfen hatte, mit seinen klobigen Händen am Bauch der Statue herumtastete, ihr an die tönernen Brüste griff. Früher, so ging das Gerücht, hatte Bork den Bauern und Wirten, bei denen er hauste, Schwierigkeiten gemacht. Er war in die Kammern der Mägde und Serviertöchter geschlichen, meist in angetrunkenem Zustand, und hatte ihnen Wäsche aus dem Schrank gestohlen, als Andenken. Woher Bork später in unsere Gegend gekommen war, weiß niemand. Er solle einmal in den Vereinigten Staaten gewesen sein und Gold gesucht haben. Während Jahren arbeitete er als Handlanger auf Baustellen, trieb sich dann herum und verfiel immer mehr dem Alkohol. Einmal, als mein Vater schon sein Vormund war, kam eines Morgens eine zerknitterte Postkarte ins Haus aus einem teuren Kurort im Gebirge. Bork hatte ein Zimmer mieten wollen und konnte natürlich nicht bezahlen. Er war einfach ausgerissen, zu Fuß, hatte wie ein Landstreicher in Scheunen und Ställen übernachtet und den Hochzeitsfrack in einem Packpapier mit sich geschleppt, dessen Gilet er an diesem Morgen trug. Ich glaube, Bork wollte heiraten, eine Serviertochter. Die Postkarte war in zittriger Schrift geschrieben, keine Sätze, nur Wörter voller Orthographiefehler. Er wünschte sich und uns viel Glück. Wir hatten nicht gewusst, dass Bork schreiben konnte.

Dann brachten sie ihn völlig betrunken zurück, mit dem Gemeinde-Jeep. Ich sehe ihn noch vor mir, in seinem verlausten Frack, wie er stampfte und tobte. Offenbar hatte er Schlägereien gehabt. Seither blieb er im Dorf und wechselte nur noch die Scheunen und Lagerräume. Ein Versuch, ihn ins Altersheim einzuliefern, scheiterte. Bork konnte nicht in einem Bett schlafen. Er beklagte sich über Rheumatismus, weil er nachts die Leintücher nässte, über das Schnarchen seiner Zimmergenossen und zog in den Keller, wo er seine Lumpen auf dem Boden ausbreitete. Von der Hausordnung ganz zu schweigen. Er ärgerte sich, weil die Landwirte im angrenzenden Bauernhof alles verkehrt machten. Sie gruben die Kartoffeln zu spät aus, rupften die Lindenblüten zu früh von den Ästen, rotteten als Unkraut aus, was gegen Magenbrennen gut war, und hunderterlei Dinge mehr. Man musste ihn ausquartieren, es ging nicht anders. Bork war überglücklich, wieder in seinen Schuppen ziehen zu dürfen, wo er in einem Lattenverschlag hinter durchlöcherten Scheiben hauste.

Ich schob die Lädchen der Jalousien hoch, um Bork besser beobachten zu können. Er stand noch immer beim Torso, hatte sein Gesicht den Schenkeln genähert und murmelte unverständliches Zeug. Dann wandte er sich plötzlich ab, verwarf die Arme, drohte mit der Faust und latschte quer über den Rasen. Die Amseln flatterten auf. Er verweilte bei den Rosenbäumchen, stand mit einem Fuß in der zimtbraun gedüngten Erde der Rabatte, roch da und dort, blickte wieder mehrmals um sich, zeigte sein böses Gesicht über der verwachsenen Schulter und brach dann kurzerhand eine Rose ab, wobei er sich gestochen haben musste, denn er schleuderte die Rose sogleich in den Rasen, gestikulierte wild und sog an seinem Finger. Dann bückte er sich, den Hut festhaltend, als könnte er ihm vom Kopf rollen. Bork bückte sich nach dieser Rose so umständlich wie ein Clown. Es sah aus, als vollführe er einen Balanceakt auf dem Seil. Vermutlich war er schon wieder angetrunken. Das Fläschchen in seiner Jacke hatte ich zwar noch nie gesehen. Dann kam er langsam, hinkend oder torkelnd, auf das Haus zu, die Rose mit baumelndem Kopf in der Hand. Ich dachte keinen Augenblick, Bork habe nun eine Rose gestohlen, eher kam ich mir selber als Dieb vor, da ich ihn beobachtet hatte ohne sein Wissen. Oder wusste er es doch? Er scharrte wieder vor der Haustür und klingelte dreimal, viermal. Es war kurz vor Mittag. Bevor ich öffnete, ging ich ins Büro, das verdunkelt war wie alle übrigen Zimmer, holte die Zigarrenschachtel aus dem Schrank, worauf in Blockschrift »Bork« geschrieben stand, und klaubte einen Fünfliber aus den Noten und Münzen hervor sowie einen Mahlzeitencoupon. Borks Geld, alles war Borks Geld, und dennoch kam ich mir splendid vor. Zwar hatte die Mutter eine Pfanne voll Hafersuppe vorbereitet, für den Fall, dass Bork einmal über den Mittag dableiben wollte. Aber ich war viel zu faul, sie aufzukochen.

Bork bezog seit Langem eine Invalidenrente. Mein Vater bewahrte als Vormund das Geld auf. Man gab es Bork in kleinen Raten, fünfliberweise, damit er nicht alles verschnapste. Für die Mahlzeiten hatte man den Coupon erfunden. Mit diesen Coupons konnte Bork in jeder Wirtschaft des Dorfes essen gehen, im »Kastanienbaum«, im »Letzten Batzen«, in der »Quelle«. Die Rechnungen wurden monatlich bezahlt. Seinen Fünfliber mochte er verschnapsen, aber gegessen musste er schließlich haben, dafür zumindest wollte man verantwortlich sein. Ich nahm also den Coupon und den Fünfliber, genau nach Anweisung, ging zur Tür und öffnete das Rundbogenfenster. Durchs schmiedeeiserne Gitter streckte ich Bork die Hand entgegen, während ich gleichzeitig die Post aus dem Briefkasten fischte. Bork ging nicht darauf ein, sondern begann über seinen Rücken zu schimpfen – er hatte Hexenschuss – und über die Schramme an der Stirn. Ich wollte das Geld loswerden und sagte zu allem jaja, sehr laut, denn er war schwerhörig, ich schrie ihn geradezu an. Aber Bork wollte nichts von Coupons wissen. Er ertrage die Wirtshauskost schlecht, müsse erbrechen, alle Wirte seien Schelme, der Landjäger sollte mal dahinterkommen. Ich verstand nur einzelne Brocken aus seinem Gestammel. Bork schimpfte und fluchte, ächzte und lallte. Wenn er von einer Idee überzeugt war, etwa von der absterbenden Pappel, drückte er dies so aus, dass er sein Gegenüber gar nicht beachtete, sondern abgewandt für sich in den Bart brummte, und erst wenn der Fluss langsam im Unterkiefer versickerte, kam er wieder die Granittreppe herauf bis nah vors Fenster, stierte unter dem Wetterhut hervor mit wässrigen, blutunterlaufenen

Augen, sabberte und geiferte, krächzte und hakte mit dem gekrümmten Zeigefinger in der Luft herum. Dann stützte er sich plötzlich in den Rücken, lehnte zurück und schimpfte über Ärzte, Salben, Spritzen. Ich sagte zu allem laut jaja und las unterhalb des Fensters in einem Luftpostbrief. Bork fragte jedes Mal he, wenn ich jaja sagte, weil er glaubte, ich hätte etwas anderes gesagt. Zwischendurch nickte ich wieder anerkennend, worauf er sich abkehrte, die Stufen hinunterstieg, bis ihn ein neuer Zorn überfuhr. Es wurde mir zu dumm, und ich wollte das Geld und den Bon einfach fallen lassen, das Fenster zuschlagen, als ich eine Veränderung in seinem Gesicht bemerkte, eine groteske Verzerrung wie bei einem stechenden Schmerz. Ich glaubte, er mache schlapp, und öffnete rasch die Tür. Aber Bork lachte. Zum ersten Mal sah ich ihn lachen. Es war kein menschliches Lachen, eher ein Ausdruck des Schmerzes, ein verschmitztes Grinsen, ein säuerliches Welken des Gesichts, als hätte er in eine Zitrone gebissen. Er schmatzte, schob den Unterkiefer vor und zurück und fuchtelte mit seiner Rose vor meinem Gesicht herum. Ich entnahm seinem Geklöne, dass es eine Serviertochter gebe, in der »Quelle«, dass er die Rose ihr bringen wolle und dass wir ja genug Rosen hätten, auf eine mehr oder weniger komme es nicht an. Bork erklärte mir auch des Langen und Breiten, wo er die Rose gebrochen habe, was ich schon längst wusste, und er verstand gar nicht, dass ich immer nickte. Meine Bemühung, ihm den Namen der Rose ins Ohr zu brüllen, scheiterte natürlich. Bork meinte, es sei etwas nicht in Ordnung, und verteidigte in langen Lalltiraden seine Serviertochter. Dann versuchte ich, ihm anhand des Coupons klarzumachen, er solle nun zur »Quelle« gehen und dort essen, dann könne er seiner Serviertochter die Rose schenken. Aber Bork fragte wieder dreimal he, schimpfte über den Rücken, die Pappel und die Wirte, die ihn offenbar ausnutzten und ihm zu wenig Schnaps gaben. Er verlangte seine Hafersuppe und den Tee-Schnaps bei uns im Keller, wie er es von der Mutter her gewohnt war.

Mir blieb nichts anderes übrig, als die Suppe aufzu-kochen, die für Bork in einem Topf bereitstand, bevor ich selber zum Essen ging. Ich hantierte am Herd, wäh-rend Bork ums Haus herum in den Keller schlurfte. Die Naht über seinem Auge war mir nicht entgangen, sie stammte aus dem letzten Winter. Das war eine schlimme Geschichte. Bork hatte, als er wieder auf den Beinen war, von jenem Abend im »Bellevue« erzählt, in seiner be-kannten Art, kauderwelschend, von einer Wette, die er aussaufen musste, weil ihm ein Tischkumpan den Bier-schaum vom Glas weg haargenau ins Auge gespritzt hatte. Man wusste längst, wie sich die Gäste ihren Spaß mit Bork verschafften. Sie zahlten ihm Runde um Runde, ergötzten sich an seinem Geschwätz, und wenn er kaum mehr aufrecht gehen konnte, warf ihn der Wirt hinaus, um Scherereien zu vermeiden. Bork musste auf der ab-schüssigen, vereisten Straße ausgerutscht sein, weil er nicht vor die Füße, sondern hinter sich schaute und gegen die Wirtschaft schimpfte. Eine sehr steile Straße, die im Winter selten von Fußgängern, kaum von Autos benützt wird. Bork, der seine Achse zünftig geschmiert hatte, glitt aus und blieb an der Böschung liegen, fluchend und stöhnend, bis er in der Bärenkälte allmählich steif wurde. Nach der Polizeistunde fanden ihn ein paar Wirtshausbrüder, winselnd, halb tot. Der Unterkiefer war eingefroren, Bork konnte kaum mehr lallen. An den Haaren hatten sich Eiszäpfchen gebildet. Die Brauen und der Backenbart waren verharscht, Eiskristalle glitzerten. An der Stirn, über dem rechten Auge, klaffte die Schramme. Wenn er atmete, pfiff und ächzte es wie bei einem gebremsten Wagen. Knie, Armgelenke, Füße, alles steif, weiße Ohrläppchen, und natürlich die ersten Frostbeulen im Gesicht. Nicht viel hätte gefehlt, er wäre erfroren. Man muss sich vorstellen: Borks Kopf in der Tiefkühltruhe. Ein bärtiges Zwergenhaupt mit einem schiefen Grinsen, erstorbene Flüche auf den blauen Lippen, die Augen hart wie Marmeln.

Einer von der Feuerwehr wusste unsere Telefonnummer. Mit Hilfe meines Vaters schafften sie den halb toten Bork in den Lattenverschlag auf dem Dachboden seines Schuppens. Man hätte ihm die Knie nicht strecken können, ohne sie zu brechen. Sogar die Lunge schien vereist zu sein, so tönte es, wenn er röchelte, die Bronchien halb zugefroren. Mit vereinten Kräften hievten sie ihn die Leitertreppe hoch. Bork stöhnend und Schneekristalle speiend. »Hoffentlich gerät er nicht unters Eis«, soll einer im Scherz gesagt haben. Borks Lattenverschlag war alles andere als ein Krankenlager. Es

war feucht und kalt. Durch die zerbrochenen Fenster-
scheiben blinkte der gläserne Nachthimmel. Alles, was
Bork je an Kleidern und billigem Ramsch zusammen-
hausiert hatte, lag hier am Lager, zu Füßen der geplatz-
ten Matratze. Das Bett, ein weiß lackiertes Rohrbett für
Kinder, lehnte zerlegt an der Lattenwand. Den Eingang
versperrte ein Veloständer, Ovomaltine. An einer Latte
festgebunden baumelte eine rostige, ehemals schwarze
Taschenlampe. Seifenkisten voller Socken und Hemden
standen herum, die Bork nie anzog, weil sie ihm zu neu
waren. Zwei ungebrauchte Anzüge hingen an rostigen
Kleiderbügeln. Auf einem umgestülpten Harass, der als
Nachttisch diente, häufte sich allerhand Gerümpel: Zi-
garrenstummel, ein roter Wecker, das verbeulte Katzen-
auge eines Velos, Werkzeuge, Sardinenbüchsen, militä-
rische Gradabzeichen, eine Kasperlefigur mit halbwegs
abgetrenntem Kopf, alles staubig und rostig. Es roch
nach feuchten Klamotten und Schnee. Sie legten ihn hin
wie eine verrenkte Marionette mit hölzernen Gliedern,
deckten ihn mit Jutesäcken, mit Pappkartons, Schürzen
und Kitteln zu und überließen ihn seinem Schicksal. Die
Schramme sah bös aus, hatte aber aufgehört zu bluten.
Am andern Morgen wollte man ihm eine Thermosflasche
mit heißem Aronentee bringen, nicht ohne die geheime
Angst, Bork sei über Nacht krepiert. Aber von Bork keine
Spur. Man fand nur die feuchte Matratze mit dem zu-
rückgeschlagenen Wust von Säcken, Kitteln und Decken.
Bork war aufgetaut und davon. Im »Kastanienbaum«
nebenan bohnerte er den schwarzbraunen Boden, mun-

ter und vergnügt, also schimpfend und knurrend. Er wusste von allem nichts. Das Pflaster über dem Auge ärgerte ihn, er zupfte immerfort daran. »So kann es mit Bork nicht weitergehen«, sagte mein Vater, der Vormund. Am selben Tag nähte der Viehdoktor die Schramme, weil die andern Ärzte Bork nicht zuließen.

Ich brachte Bork die dampfende Suppenschüssel in den Keller, dazu Schöpflöffel, Löffel und Teller, Brot, einen Krug voll Tee, die Flasche mit dem Aronenschnaps. Bork hatte sich schon eingerichtet am Tisch in der Waschküche, der mit dreckigen Schuhen und Putzzeug verstellt war. Ich sah Borks Greisenarme, da er die Ärmel seines Hemds und der Jacke zurückgekrempelt hatte, wächserne, dünne Arme mit rostbraunen Flecken und rötlichen Haarborsten. Dicke, geschwollene Adern wurzelten wie Efeu im Gelenk und kletterten den Unterarm hoch zum Ellbogen. Bork knurrte die Gegenstände an wie Menschen. So war er schon ins größte Palaver verstrickt, als ich ihm die Suppe vor die Nase stellte, er bemerkte mich kaum. Der Tisch bot einen erbärmlichen Anblick, indes konnte ich Bork nicht auch noch ein Tischtuch bringen. Er zog zum Essen die Schuhe aus, den Wetterhut mit dem eingesteckten Büschel Kräuter im Band behielt er auf. Die Socken stanken käsig. Bork witterte und stocherte mit dem Löffel im Krug, als wollte er den Schnaps anstechen, der noch gar nicht drin war. »Kommt«, sagte ich, »kommt!« Ich weiß nicht mehr, in welchem Anflug von falscher Großzügigkeit ich die Flasche mit den schlappen Aronenblättern im Bauch kurzerhand auf den Tisch stellte, als es Bork zu wenig war, was ich ihm in seinen Tee schüttete. So nimm dir halt selber, dachte ich. Es war eine schlanke Flasche mit hellblauem Plastikdeckel auf dem Zapfen, gut zur Hälfte voll. Bork war fast jähzornig geworden wie ein Kind und beruhigte sich erst allmählich wieder. Er beugte sich über die Suppe, ich ließ ihn sitzen. Es war kühl im Keller, von den Leitungen tropfte Wasser, ein Schlechtwetter-zeichen. Durchs vergitterte Fenster sah ich Bork noch einmal von außen, bevor ich zum Essen ging. Er saß über den dampfenden Teller gebeugt, umstellt von Schuhwichse, Turnschuhen, Schnurrollen, zerfledderten Zeitschriften, auf denen nackte Filmstars posierten. Als Unterlage und Serviette dienten verschmutzte Zeitun-gen. Bork musste einen bellenden Magen haben, denn frühstücken konnte er ja nirgends. Sein rostfleckiges, runzliges, bärtiges Gesicht wirkte wie eine grobge-schnitzte Maske im grauen Suppendampf, unten in der Waschküche. Er führte den Löffel mit zittriger Hand, verschüttete die dünne Hafergrütze auf die Zeitung, blies mit dem bösen Mund in den halbleeren Löffel und schlürfte ihn aus. Die Suppe mümmelte er wie heiße Kartoffeln mit ruckartigen, kreisförmigen Kieferbewe-gungen. Dazu brach er Weißbrot, indem er die Scheibe wild zerriss, so dass die weichen Brocken auf den Boden fielen. Der Rand des Tellers war schon längst mit Suppe übergrützt. Bork wischte sich den Mund mit der Zeitung, die er in den Halsausschnitt geknüllt hatte. Den Tee und die Flasche rührte er noch nicht an. Beim Kauen blickte er stier auf die Gerätschaften. Eine Fliege summte um das leere Glas. Die Rose lag neben den Socken auf dem Tisch. Dies war mein letztes Bild vom lebenden Bork: Blick durchs Waschküchenfenster auf die Bühne eines Kellertheaters. Man sollte Bork in die Blechbadwanne tauchen, dachte ich, und für Augenblicke sah ich ihn nackt in der dampfenden Küche herumhumpeln, schreiend nach Luft, keuchend, ein Stück lebendiges Holz, sein knorriger Körper, der Körper eines Riesenzwerges, eines Hofnarren.

Dann fuhr ich in die Stadt, um etwas zu essen.

Es war schon spät am Nachmittag, ich saß in einem Café an einer belebten Straße der Innenstadt und las in einem Buch, als mir das hastige Treiben der Passanten auffiel. Das Glöcklein einer entfernten Kirche bellte schrill. Ein Gewitter drohte über der Stadt. Ich atmete auf, denn ich wartete schon lang auf den Regen; in meiner Stirn hatte sich der schmerzende Druck wie eine Ringmauer aufgebaut. Die Schwärze war plötzlich, geschwürartig hinter den Häusern aufgestiegen. Die Stadt schrumpfte zu einem Kulissendorf zusammen. Wolkentürme, Wetterwände schoben sich vor, und zwischen den Dächern, Kaminen und Lukarnen war der Himmel schwefelgelb. Der steinerne Hirsch auf der obersten Zinne eines Treppengiebels drohte jeden Augenblick aufzuspringen in die brodelnde Wolkenjagd. Die Leute drängten sich mit vollen Einkaufstaschen aus den überfüllten Geschäften auf die überfüllten Straßen. Autos hupten nervös. Hartnäckig fegte der Wind durch den Park, trieb Blütenblätter aufs Trottoir, wirbelte sie durch die Gassen mit dem üblichen Unrat. Eine Konservenbüchse klöterte dem Rinnstein entlang. Einzelne Lichtreklamen brannten schon stechend intensiv, in kitschigem Rot und Lilablau. Fensterläden knallten gegen Hauswände, es hallte von zugeschlagenen Türen. Das Unwetter nahte wie eine Faust, die langsam auf einen zukommt. Die Leute hatten auf einmal Schirme in den Händen und zeigten nach dem Himmel, als er sich glattgelb zu färben begann. Eine matronenhafte Frau hastete auf dem Velo vorbei, ihr Regenmantel war am Rücken ein aufgeblasener Ballon. Mit einer Hand drückte sie den Saum des Rockes an die Knie. Die Leute an den Nachbartischen zahlten, rafften eilig ihre Mäntel von den Stuhllehnen. Als einzige Serviertochter hatte das hübsche Mädchen im Lokal alle Hände voll zu tun. Dann klatschten die ersten Tropfen auf den Asphalt, jeder hinterließ ein dunkles Muttermal. Es roch nach Regen, Abgasen und Staub. Ich drückte meine Zigarette aus. Sekunden später goss es wie aus Kübeln. Menschen, die noch auf der Straße waren, huschten als Schattenschemen durch den Wasservorhang, der zwischen den Häusern hindurchfegte. Noch nie hatte ich einen ähnlichen Wolkenbruch erlebt. Die leicht abschüssige Gasse war im Nu in ein Bachbett verwandelt. Töpfe fielen von den Fenstersimsen und zerscherbten auf dem Trottoir. Ein orkanartiger Wind peitschte den Regen gegen die Scheiben. Aber am unheimlichsten war ein leises Trommeln, das man durch den Sturmwind hörte, als renne eine Büffelherde in der

Ebene auf die Stadt zu. Ein einfach gekleideter Mann im Café, vermutlich ein Landwirt, kannte dieses Trommeln genau. »Es hagelt«, sagte er leise, beinahe flüsternd, »keine zehn Minuten von hier.« Dabei strich er mit der Hand durch die Luft, als wolle er ein Kornfeld streicheln oder andeuten, dass alles dem Erdboden gleichgemacht würde.

Es war jener heiße Augustnachmittag, an dem ein Hagelwetter über unserer Gegend niederging wie seit Jahrzehnten keines mehr. Nur unser Landstrich wurde betroffen, die Stadt kam glimpflich davon. Zerfetzt und zerschlagen standen die Fruchtbäume, in den Kornfeldern sah man breite Nester zu Boden gepresster Halme, als hätten sich Saurier darin gewälzt. Die Leute bewahrten eiergroße Schloßen in ihren Tiefkühltruhen auf, um sie den Nachbarn zu zeigen. In den Zeitungen erschienen wenig tröstliche Statistiken und grafische Darstellungen über die Hagelhäufigkeit. Der Schaden ging in die Millionen. Von den Treibhäusern einer Gärtnerei standen nur noch die Metallgerüste. Autos, die vor den Häusern parkiert waren, zeigten kunstvoll beschlagene Dachflächen und Kühlerhauben. Ein Aufgebot von Dachdeckern aus dem ganzen Kanton bevölkerte unser Dorf. Die durchlöcherten Dächer waren mit Plastiktüchern und Plachen notdürftig gedeckt. Es blinkte von hellen Flächen im Dorfbild. Man hörte tagelang das Scheppern von Ziegeln. Mancher Hausbesitzer wechselte bei dieser Gelegenheit auf Kosten der Hagelversicherung von Biberschwanz- auf Falzziegel. Sogar, schrieb die

Lokalzeitung, sogar die Buntglasfenster in der westlichen Kirchenwand seien durchlöchert. Man sprach vom Schreckensabend in unserem Tal.

Als ich gegen Abend aus der Stadt nach Hause fuhr, erkannte ich unsern Garten nicht wieder. Herbst und Winter waren gemeinsam eingebrochen. Kiesplatz, Rasen, Wiesen, Rabatten, alles über und über mit Zweigen, Blättern, Blumenfetzen, unreifen Äpfeln, Birnen und grauweißen Hagelkörnern bedeckt. Die Luft war kühl. Mich fröstelte in meinem Sommerhemd. Die Sonnenstore, die ich vor dem Weggehen nicht eingeholt hatte, hing in rotweiß gestreiften Fetzen von der Stange. An allen Ästen baumelten geknickte Zweige. Die Silberpappel erschien mir lichter als sonst. Ich weiß nicht, weshalb ich von der Silberpappel auf Bork kam, vermutlich, weil er sie immer fällen wollte. Plötzlich hatte ich nur noch Bork im Sinn. Ich eilte zum Hühnerhof, der seit Jahren leer stand, überschattet von der Pappel. Auch hier alles weiß. Die Brombeeren hingen zerfetzt am Drahtgeflecht. Der Boden war ein winterliches Schlachtfeld: ein Salat von zerrissenen Zweigen und Blättern, lehmige Tümpel, Mahden weißer Hagelkörner und Kieselsteine, nussgroße, eiergroße Schloßen darunter, Ziegelscherben, Geranienblüten, zermatschte Fruchtknoten, alles verkrautet und zerzaust. Borks Werkzeug lag gebraucht herum, seine Axt mit dem geflickten Stiel, Eisenkeile, die Säge, ein alter Holzrechen. Aufrecht stand noch der Sägebock, ein angesägtes Stück Birkenholz auf den Gabeln. Er musste bis vor Kurzem hier gearbeitet haben. Die Pappel war nicht angesägt, wie ich halbwegs vermutet hatte, weil Bork im Rausch sich manchmal an den Riesen heranmachte, sie stand, mit schlaffen Zweigen. Ein großer Ast lag quer über den Weg. Täuschte ich mich, oder roch es wirklich nach Schnapsatem in der eisigen Luft?

Bork fand ich auf dem von silbernen Zweigen überdeckten Komposthaufen zwischen Pappel und Schafstall, unter weißen Schloßen begraben. Der Hahn aus dem Nachbarhof krähte. Borks Wetterhut lag auf dem Weg, voller Eiskörner, und es sah aus, als hätte ein Bettler den Himmel um ein Almosen gebeten. Die Rose hing zerschlissen in der leblosen Faust. Bork musste, bevor ihn der letzte Schlag getroffen hatte, sein Fleisch in die Dornen gepresst haben, denn er blutete an der Hand. Die Schläfe über dem rechten Auge war zerschlagen, rote Eiskörner lagen herum.

Ich stand vor Borks Totenbett, fröstelnd, die Hände nutzlos in den Hosensäcken vergraben. Ich sah ein Stück Mensch, weggeworfen wie Abfall.

Und noch einmal stand Bork auf, um sich hinzulegen, während ich frierend dastand, mit offenen Nüstern, offenem Mund, und mir der Tod für Sekunden blitzschnell unter die Haut fuhr. Ganz genau sah ich ihn am schwülen Nachmittag, wie er aus dem Keller mit den tropfenden Röhren schlurfte, den Teekrug in der Hand, die Schnapsflasche unter den angewinkelten Arm geklemmt. Vielleicht war der Krug auch schon leer, und er hatte nur noch die Flasche. Umständlich richtete er sich ein im schattigen Winkel zwischen Schopf und Hühnerhof, der seit Jahren verrostet, leer und verwildert war, voll staubiger Brennnesseln. Die Brombeeren hatten den Käfig überwuchert. Vermutlich schleppte Bork die Rundhölzer vom Stapel auf den Sägebock, umklammerte ein Holzstück mit der klobigen, dickgeäderten Hand und trieb die Säge ins weiße Mark. Die Säge klemmte, Bork zerrte fluchend daran, mit dem einen Fuß sich gegen das Gerüst stemmend, während ihm der Nasenschleim durch den Schnauz auf die Lippen sickerte. Er schimpfte mit dem Holz, und es verstand ihn besser als Menschen, er redete ja die Sprache der Strünke, Wurzeln, Scheiter, der knorrigen Äste, Knebel und Prügel. Jeder Axthieb war ein Wort, jeder Sägeschnitt ein Satz. Und Bork war selber aus Holz, ein Wurzelstrunk mit Armen und Beinen, verwittert und alt, uralt.

Eine Stunde oder zwei mochte Bork gearbeitet haben. Die Hitze drückte ihn, der flüssig gläserne Treibhausglast. Die feuchte Schwere, die in der Luft lag, hockte auf Borks verwachsenem Rücken, der vor Anstrengung glühte. Er schob den Wetterhut auf seinem Schädel zurück und kraulte sich das rote Haar, in das der Rand des Hutes einen Schweißstriemen gedrückt hatte, schleppte sich zur Bank mit den verwitterten Sitzholmen, wo die Flasche stand, ohne den blauen Deckel, goss sich Schnaps in die Kehle, Schnaps gegen das Geschwür am Himmel, das langsam und drohend aufwucherte, Schnaps, Schnaps, Schnaps, bis die hölzernen Glieder locker wurden und er das Herz im Holz spürte, das knorrige Herz. Bork ertränkte es im Branntwein, um es zu spüren.

Der Hahn krähte verschlafen. Es war August, ein Nachmittag im August, kurz vor einem Gewittersturm. Die Mücken stachen. Die Bremsen stachen. Das Herz wurde rot im Schnaps und blätterte zu einer Rose auf. Die Rose stach Bork. Er dachte an die Serviertochter in der »Quelle«, nicht in geradlinigen Gedanken, vielmehr so, wie Holz denkt, in Kreisen. In seinem Gehirn kreiste es, bläulich, violett, Gedankenstücke schwammen, Treibholz, Rindenstücke, losgelöst von Bork, der seine Sohlen kaum mehr spürte auf dem Kies und doch immer gebückter herumhantierte, schimpfte gegen das Holz auf dem Sägebock, das nicht wollte, wie er wollte, gegen das Geschwür am Himmel. Der Rücken stach. Als es immer schwüler wurde und die Flasche hohl war, schwankte Bork mit der Rose in der Hand zum Komposthaufen neben der Pappel, in der schon der Wind wühlte, zu jener Unterlage aus Zweigen und feuchter Erde, wo er schon manchen Rausch ausgeschlafen hatte. Das Werkzeug ließ er liegen, vielleicht stolperte er darüber. Ich hatte mir oft vorgestellt, Bork träume von Werkzeugen, nicht von neuen, von uralten, hundertmal geflickten und geschliffenen, von Werkzeugen aus der Steinzeit, von Steinäxten. Aber Borks letzter Traum war der Baum, sein Baum, die kanadische Silberpappel. Sie rauschte auf, schwoll ab. In den Brombeeren nistete klebrig die Augusthitze. Bork kniete vor den Erdhaufen, ließ sich fallen, mit Schulter und Kopf auf den Kittel, den er ausgebreitet hatte. Die Füße zog er vom Kiesweg zurück, als hätte er kein Anrecht mehr auf diesen Weg. Nach kurzer

Zeit war er in knorrigen Schlummer verfallen, und das Gewitter, das finster über seinem Kopf brodelte, ging ihn nichts mehr an. Er schnarchte nicht, aber beim Atemlassen blies er die Backen auf wie eine Kröte den Hals. Die Gesichtshaut war rosig, von rostbraunen Flecken und Stoppeln durchsetzt. Das rötliche, krause Haar, dunkel vom Schweiß, glich feuchtem Zunder, der nie mehr brennen wird. An der Schläfe zeichneten sich Runzeln und geschwollene Aderbäume ab. Unterhalb des Haaransatzes wurde die Stirn wächsern. Der Hals legte sich in dicke Falten. Die Augäpfel zuckten hinter den runzligen Lidern. Der Mund war eine rosige Kerbe im tabakfarbenen Schnurrbart und bewegte sich kaum. Unter der Strickjacke trug Bork das Gilet mit dünner weißer Lineatur. Das verwaschene Hemd quoll über dem Hosenbund hervor. Er steckte in Militärhosen, Ausgangsuniform. Mit den Beinen machte er einen Kletterverschluss. Auf den Oberschenkeln waren die Bügelfalten verschwunden, unterhalb der Knie noch schwach angedeutet. So lag Bork, in harzigen Träumen. Die Leiber der Schafe standen tönern in der Hitze. Der Garten war ein verwunschener Park. Bork fällte im Traum die Pappel, unter der er lag, den zwar alten, aber kerngesunden Baum. Oder er kreiste um die Serviertochter in der »Quelle«. Pappel und Serviertochter waren eins. Er, Bork, der Zwerg, kniete vor dem Baumriesen, nah dem Wurzelansatz, und trieb in gleichmäßigen Bewegungen die Säge ins Holz, bis ein Ächzen den Baum durchzitterte. Gegen das Klemmen der Säge schlug er den Eisenkeil in den

Spalt, trieb das Blatt tiefer und tiefer, Sägemehl stäubte über die rotfleckige, geäderte Hand. Dann begann sich der Spalt zu weiten, der Baum säuselte, sauste, krachte, brauste pfeifend auf Bork zu, der rückwärts stolperte, über den Komposthaufen, und mit den Fäusten das Gesicht schützte.

Alles kam sehr rasch. Im ersten Wolkenbruch fiel nur Platzregen, wie aus Kübeln gegossen. Bork, wachgerüttelt aus seinem Rausch, rieb sich die Augen und schnappte mit dem zahnlosen Mund nach Luft, schnappte wie ein Fisch. Vergeblich versuchte er, sich aus der weichen, in Sumpf und Morast verwandelten Kompostschicht hochzurappeln. Kurz darauf hagelte es. Eiskörner trafen ihn am Kopf, an der Schläfe. Er taumelte zurück, wurde zugehagelt. Der Wetterhut füllte sich bis zum Rand mit Schloßen.

So lag Bork vor mir, auf seinem Bett aus schwarzer Erde, unter der Decke von Hagelkörnern. Wenn er nur nicht unters Eis gerät, hatte einer im Scherz gesagt.

Der Büchernarr

Ein wenig erschrak ich doch, als er mir eines Morgens im Vorraum der Bibliothek entgegentrat, in seinem wehenden blauen Mantel. Ich hatte eine Lesepause eingeschaltet und hielt den heißen Kaffeebecher in der Hand, rauchte eine Zigarette. Auch er trank in hastigen Schlücken Kaffee. Längere Zeit hatte er mich fixiert mit seinen grauen, steinharten Augen. Er deutete eine schwache Verbeugung an und sagte mit einem spöttischen Unterton:

»Offenbar habe ich den Herrn gestört, ich habe bemerkt, dass er seinen Platz im Lesesaal gewechselt hat.« Obwohl er recht hatte, irgendetwas an ihm hatte mich in letzter Zeit irritiert, flickte ich eine Ausrede zusammen. Die Zugluft habe mich zum Platzwechsel bewogen.

»Zugluft, in diesem Brutkasten? Sie glauben ja selber nicht daran.«

»Sie störten mich keineswegs«, versicherte ich ihm, »ganz im Gegenteil. Sie waren ein sehr ruhiger Tischnachbar.«

Vielleicht war es gerade seine starre Bewegungslosigkeit gewesen, die mich mehr abgelenkt hatte als das rücksichtsvolle und gerade deshalb nur umso aufdringlichere Flüstern, Stühlerücken und Seitengeraschel. Der

Mann konnte einen Vormittag lang reglos auf seinem Stuhl sitzen und in sein Buch starren, ohne eine Seite umzuwenden. Und den blauen Mantel behielt er immer an, dazu eine weiße Schärpe um den Hals, als befände er sich in einem schlecht geheizten Wartsaal. Auf meine Ausrede hin schüttelte er energisch den Kopf:

»Geben Sie es doch zu: Sie sind auch einer von den vielen Büchernarren, und nichts fürchtet ein Narr mehr als den Kollegen im gleichen Gewand. Übrigens, haben Sie noch nie bemerkt, dass die Bücher sich lustig machen über Sie, dass sie hinter Ihrem Rücken tuscheln wie halbwüchsige Mädchen und mit den Lesezeichen auf Sie zeigen?«

»Büchernarren sind wir alle«, erwiderte ich abweisend. Das Gespräch war mir unangenehm. Der Mann war angetrunken oder hatte nicht alle Tassen im Schrank, und überdies waren meine zehn Minuten abgelaufen. Ich blickte seufzend auf meine Uhr.

»Verzeihen Sie, dass ich Ihnen widerspreche! Büchernarren sind nicht diejenigen, die den Narren an den Büchern gefressen haben, sondern das sind Narren, die sich von den Büchern fressen lassen.« Er grabschte mit fünf kralligen Fingern vor meinem Gesicht herum und machte einen Löwen nach. »Ja, mein Herr, die unschuldige Literatur kann sich in ein menschenfressendes Raubtier verwandeln. Sie sind auch einer von denen, die freiwillig Tag für Tag ihrem Leben davonlaufen, in die Bibliothek, und nicht merken, dass sie in die Falle gehen. Meiden Sie Buchhandlungen und Bibliotheken, solang

Sie noch jung sind. Verschenken Sie Ihre Bücher, bevor Ihnen Ihre Sammlung über den Kopf wächst. Gehen Sie hausieren damit! Was sind Sie von Beruf, wenn ich fragen darf?«

»Ich bin Philologe.«

Etwas Übleres hätte ich kaum sagen können. Das Wort wirkte etwa so, als hätte der Zahnarzt mit dem Bohrer einen Nerv getroffen. Als sich sein Gesicht von der Verkrampfung gelöst hatte, sagte er erschöpft: »Also doch. Einer von den ganz Schlimmen, die sich sogar berufshalber von den Büchern umbringen lassen. Kommen Sie, ich werde Ihnen etwas zeigen!« Er ließ seinen Kaffee auf dem Tischchen stehen und zog mich vor die Glastür, welche den halbrunden, von einer Kuppel überwölbten Lesesaal vom Vorraum und der Ausleihe trennt. Die grünen Lämpchen brannten fast an allen Plätzen, es war ein dunkler Wintermorgen. Draußen schneite es. Der Büchernarr schnitt eine abschätzige Grimasse, als er die Leser vor sich sah, ja er drückte seine Lippen und die Nase an der Glasscheibe platt, ahmte ein schnappendes Fischmaul nach und ließ die gespreizten Hände wie Seesterne über die Fläche wandern. An den vordersten Tischen blickten ein paar Studenten verstört aus ihren Büchern auf und schauten kopfschüttelnd dem Treiben zu. Der Büchernarr stieß sich mit einem Stöpselgeräusch von der Scheibe ab und fragte mich belustigt:

»Fällt Ihnen nichts auf, Herr Philo-loge?«

Ich musterte die Leser der Reihe nach, die gekrümmten Rücken, die bleichen, hochmütigen oder gelangweilten Akademikergesichter, die Bewegungen der Arme und Hände. Von außen betrachtet, sah das vielleicht komisch aus, ein paar Dutzend Leser in Reih und Glied, genauso komisch, wie wenn man tanzenden Paaren zuschaut, ohne die Musik zu hören, und nicht begreift, weshalb sie ausgerechnet zwei Schritte nach links und einen nach rechts machen. Aber ein Lesesaal ist ja schließlich kein Aquarium. Als ich mich nach dem Büchernarren umdrehte, lehnte er am Türpfosten und lachte Tränen. Er krümmte sich vor Lachen und zeigte prustend bald auf diesen, bald auf jenen Leser, und jedes Mal, wenn er sich von seinem Lachkoller erholt zu haben schien, entdeckte er wieder einen, der ihn zu neuem Gelächter reizte.

»Schauen Sie, den dort«, stieß er mich keuchend an und zeigte auf einen unschuldigen Gymnasiallehrer, der in Stifters Briefen blätterte, »oder den dort, oder«, er päserte los wie ein schrumpfender Luftballon, »die dort, die vor ihrem Lexikon des Aberglaubens.« Er ging in die Knie, klopfte sich auf die Schenkel und greinte schließlich wie ein kleines Kind. Der Aufseher im weißen Arbeitsmantel hatte sich auf dem hohen Stühlchen nach uns umgedreht und machte energische, abwinkende Bewegungen. Ich nahm den Mann am Arm und führte ihn zum Tisch vor dem Kaffeeautomaten zurück, wo er sich beruhigte und die Augen auswischte.

»Sie können es noch nicht wissen«, sagte er endlich ganz aufgelöst, »noch nicht. Uns Narren bleibt ja nichts anderes mehr übrig als zu lachen. Lachen ist unser Beruf. Sehen Sie, ein Mensch, der liest, ist etwas ganz und gar Verrücktes. Und ein Philologe wie Sie, der sein Leben den Büchern opfert, ist schon beinahe wieder normal vor Verrücktheit. Alle diese fleißigen Geistesarbeiter unter der Kuppel sind Fliegen, welche den Büchern auf den Leim gekrochen sind. Kleine, schillernde Schmeißfliegen vor großen, dicken Büchern, die nur auf den günstigen Augenblick warten, um wie Fallen zuzuschnappen. Klapp!« Er klappte die beiden Hände, die er wie Buchdeckel geöffnet hatte, zusammen und führte sie dicht vor die Augen, als befände sich eine Fliege darin.

Das war die Erklärung des Mannes, der sich Büchernarr nannte und nun, nach dem Lachanfall, wieder sein beherrschtes Wesen angenommen hatte. Mit angeekelter Miene trank er den kalten, ohnehin scheußlichen Automatenkaffee. Wie ein heruntergekommener Aristokrat sah er aus. Vielleicht irrte er seit zwanzig Semestern mit einer unvollendeten Dissertation umher. Ich überlegte, ob ich ihn einfach sitzen lassen solle. Ein Betrunkener, zweifellos. Aber er überraschte mich, indem er meine Absicht durchschaute: »Gehen Sie nur, gehen Sie ruhig. Sind nicht Sie der Sitzengelassene, wenn ich Sie nun gehen lasse? Ich werde Sie noch lange beschäftigen, Sie mich dagegen gar nicht. Sie haben doch den Platz gewechselt, weil Sie meine Nachbarschaft nicht ertrugen. Sie werden noch die Bibliothek wechseln müssen und am Ende Ihren Beruf, Ihr ganzes Leben. Aber Sie haben gar kein Leben mehr, Ihr Leben haben die Bücher. Sie lesen frisch drauflos und merken nicht, dass Sie bloß ausgehöhlt werden. In Ihrer akademischen Einfalt glauben

Sie, sich an den Büchern zu bereichern, einen Schatz von Weisheit anzuhäufen. Dabei sind es umgekehrt die Bücher, die sich an den Lesern bereichern. Wie Blutegel heften sie sich an ihre Phantasie und saugen sie leer. Die Bücher werden immer dicker und die Leser immer dünner. Zuzuschauen, wie sich die Leute von den Büchern umbringen lassen und diesen Selbstmord noch als geistige Tugend empfinden, das ist, mit Verlaub, einfach zum Totlachen.«

Ich spielte ungläubig mit meinem Zigarettenpaket und lächelte zu den Behauptungen des Büchernarren. Er sprach jetzt leiser, geheimnisvoller, ich hatte Mühe, ihn zu verstehen. Denn häufig gingen die Türen. Kalte Schneeluft wehte von draußen herein, und aus dem überheizten Lesesaal quoll die muffige Bücherluft. Es war ein ständiges Kommen und Gehen von Leuten, die Bücher abholten oder zurückbrachten. Sie klopften im Vorraum den Schnee von den Mänteln, stampften mit den Schuhen auf den Steinboden. Ich sah in der schwachen Beleuchtung die silbernen Bartstoppeln im Gesicht des Büchernarren, und wie er näher rückte, bekam ich auch seinen Mundgeruch in die Nase. Er war verwandt mit dem Geruch vergilbten Papiers, der in alten Schmökern nistet.

»Sehen Sie, die Bücher auf den Regalen«, fuhr er fort und zeigte beschwipst in Richtung Lesesaal, »sie sind gesättigt mit dem Blut von Millionen Lesern, die sich fangen und verschlingen ließen. Achten Sie darauf, wie sie lachen, wie sie kaum sichtbar hin und her schaukeln und sich die Lederbäuche halten. Als Büchernarr bin ich hellhörig geworden für dieses gigantische Siegesgelächter in den Bibliotheken. Wenn Sie einmal die Bücher kichern hören sollten, ist es schon zu spät. Denn es ist ein heimtückischer Tod, den die Bücher ihren Opfern bereiten. Zuerst locken sie mit ihren geistigen Schätzen, die sie nur allzu bereitwillig hergeben. Sie öffnen sich jedem, der in seiner Blindheit nach ihnen greift. Man merkt den Betrug erst, wenn man so tief in ihnen drinsteckt, dass es kein Zurück mehr gibt. Das ist das Heimtückische. Und dann sind schon Tausende von Lesestunden verflossen, in denen man tropfenweise ausgesaugt worden ist. Leseratte sagt man oder Bücherwurm, ohne zu bedenken, was das wirklich bedeutet.«

Ich wollte wissen, seit wann er sich denn als Büchernarr vorkomme. Der Mann blickte mit einem resignierten Lächeln auf die Toilettentür, deren Milchglasscheibe matt leuchtete.

»Sie stellen die Frage, vor der ich Sie warnen müsste. Nun, ich war in Ihrem Alter. Eines Abends merkte ich es, als ich müde von der Arbeit in der Bibliothek nach Hause kam und wie gewöhnlich meine stattlichen Bücherwände abschritt, bald da einen Lederband zückte und tätscholte, bald dort eine Dünndruckausgabe andäumelte, um zu prüfen, ob die Seiten nicht verklebt seien. Meine Sammlung war mein ganzer Stolz, müssen Sie wissen, Erstdrucke, kostbare Gesamtausgaben in Leder und Pergament gebunden. Da war es mir das erste Mal, als hörte ich ein trockenes, papierdünnes Zischeln oder Kichern in den Regalen. Ich zuckte zusammen und blickte um mich. Bis hinauf zur Decke standen eng aneinandergepresst die Bände. Welcher konnte es gewesen sein? Ich musterte meine Bücher wie ein Offizier die strammstehende Truppe. Ich kniff die Augen zusammen, so dass die Goldtitel verflimmerten, und hatte nur noch eine dunkle Lederwand vor mir, die zu atmen schien wie der Bauch eines Tieres auf den Hinterbeinen. Ein mampfendes Geräusch mahnte mich an wiederkäuende Kühe. ›Wer hat gelacht?‹, schrie ich meine Gesamtausgaben an. Das gedämpfte Echo war unüberhörbar, es pflanzte sich von Regal zu Regal fort: Wer hat gelacht, wer hat gelacht, wer hat gelacht. ›Ihr seid nur Bücher!‹, schrie ich. Es zischelte zurück: Du bist nur ein Leser, Leser, Leser. Und ich sah, wie aus den Lederbänden blitzschnell kleine rote Zungen zuckten. Ich suchte mein Gesicht im Spiegel, um mich an meinem Blick zu beruhigen. Das Oval zeigte kein Gesicht, so nahe ich auch herantrat. Ich starrte durch mich hindurch und sah bloß die Bücher der Rückwand, wie sie bedächtig hin und her schaukelten. Ringsum Bücher, Bücher und kein Ich mehr. Wo war ich, wenn nicht im Spiegel?

Die Bücher hatten mich aufgeschluckt. Ich hatte mich so tief in sie hineingelesen, dass ich nun in ihnen drin steckte. Zwischen den Zeilen war ich, zwischen den Kapiteln der Romane, zwischen den Romanen der Epochen. Und die Bücher dachten nicht daran, mich wieder freizugeben. Ich zerrte sie aus dem Büchergestell und warf sie auf den Boden, aber sie gaben mich flink weiter wie einen Stafettenstab. Die ganze Bibliothek riss ich herunter, kostbare Erstausgaben gingen aus dem Leim. Die Bücher kümmerten sich nicht darum. Sie hatten mich. Und dann begann das Spießrutenlaufen durch kichernde Seiten, an wispernden Inhaltsverzeichnissen und lispelnden Gedichtstrophen vorbei. Gebt mich zurück, flehte ich die Bücher an. Wie ein Blinder tastete ich das Weiße zwischen den Zeilen ab. Nirgends war eine Spur meines eingetauschten Wesens zu finden. So scheinheilig hatten diese Bücher getan, als seien sie die Quellen des Wissens, dabei hatten sie mich heimlich gelesen, verzehrt und verdaut. Sie lebten und atmeten durch mich. Stundenlang lag ich auf dem Boden und lauschte an den Lederbänden, um meinen Herzschlag zu hören, ohne Erfolg. Da wusste ich: Du bist ein Narr, von den Büchern zum Narren gehalten, um dein Leben betrogen. Narren sind hohl. Die Clowns im Zirkus lassen sich austrinken vom Gelächter der Menge. Ihre Späße höhlen sie aus. Sie geben sich auf, um andere zu sättigen. Deshalb waren die Hofnarren oft verwachsene Zwerge, Stoffpuppen, die aus lauter Lachfalten bestanden. Indem sie die andern zum Lachen brachten, suchten sie ihr eigenes Lachen, das sie verloren hatten. Nun, ich hatte einmal gelesen, dass den wirklichen Narren die Kleider am Leib anwachsen. Vielleicht kennen Sie den Pfiffifix, jenen Kindernarren mit den grünen und blauen Vogelfedern. Aber ich zeige Ihnen lieber mein Narrengewand. Wollen Sie es sehen?«

Ich stutzte.

»Nicht hier«, flüsterte der Büchernarr, »wir wollen keinem die Lesepause verderben.«

Er ging hinüber zur Toilette und gab mir ein unauffälliges Zeichen, ihm zu folgen. Die Studenten an den Tischen und bei der Treppe diskutierten eifrig. Wir wurden nicht beobachtet. Ich ging ein paarmal auf und ab in der Nähe der Toilettentür, dann trat ich ein. Das grelle Neonlicht blendete mich. Es roch stark nach Chlor. Wir schlossen uns in eine Kabine ein. In dem weiß gekachelten Raum zog der Büchernarr umständlich und sehr sorgfältig, als hätte er Angst, etwas zu zerreißen, den blauen Mantel und die Kleider aus. Ich lehnte mit dem Rücken gegen die Tür, die Hand am Riegel. Er stieg auf die Klosettschüssel, um sich besser ins Licht zu stellen, und da sah ich das hauchzarte Gewebe von unzähligen, silbrig schimmernden Fäden über seiner Haut. Ich durfte es berühren. Es fühlte sich an wie Spinnweben.

»Eine Art Kokon«, sagte der Büchernarr, »wie ihn die Raupen zur Verpuppung spinnen.«

Ich zupfte an dem Gewebe. Es überspannte den ganzen Körper, sogar das Gesicht, wie ich nun sah im Neonlicht, und über seinem Haar lag es wie ein dünnes Haarnetz. Von diesen Fäden bekam es den mattsilbernen Glanz.

»Das ist meine Lektüre«, erklärte er lächelnd, »die Gedankenfäden und Empfindungen, die ich beim Lesen gesponnen habe. Ein hübsches Narrengewand. Man fühlt sich darin wie in kühler Seide.«

»Doch was zum Teufel treiben Sie in dieser Bibliothek?«, fragte ich ihn, als wir die Toilette verlassen hatten und zum Lesesaal zurückgingen.

»Ich mache nichts anderes als alle diese geistigen Siebenschläfer, die ihr Leben über den Büchern verschlafen. Ich schlafe. Haben Sie nicht bemerkt, bevor Sie Ihren Platz gewechselt haben, dass ich die ganze Zeit über schlafe? Das ist meine persönliche Strafe. Ich sitze meine Lektüre ab, wenn Sie so wollen, ich schlafe den Rausch aus, den ich mir angelesen habe. Das wird noch ein paar Jahre dauern. Ich nehme mir meine Bücher vor, eins nach dem andern, und überschlafe sie. Das ist nämlich das Einzige, was die Bücher nicht ertragen, dass man über ihnen einschläft. Sie sind beleidigt und nehmen freiwillig alles zurück, was sie vermittelt haben. Ich lese mich leer, ich lese mich frei. Ich entziehe mich ihnen im Schlaf.«

Wir traten durch die Pendeltür in den großen Saal, wo immer noch die grünen Lämpchen brannten an den Tischen, und waren wieder umgeben vom Geflüster und Blätterrascheln. Die Kuppel schien überhaupt nur zu dem einen Zwecke da zu sein, alle Geräusche zu verdoppeln und auf die denkenden Häupter zurückzuwerfen. Dumpf tönte jedes zugeklappte Buch, hell zischelten die Brouillons. Glatte Rechenschieber blitzten, Tabellen breiteten sich aus, Lexika wurden aufgeschlagen mit einem Eifer, als gälte es, verborgene Obszönitäten aufzudecken. Und diese Luft, dieser Büchermief und Kleidergeruch! Der Büchernarr hatte sich mit einem kameradschaftlichen Zeichen von mir verabschiedet und ging auf Zehenspitzen an seinen Platz. Den blauen Mantel hatte er an wie immer, auch die weiße Schärpe. Er setzte sich, streckte die Arme aus und gähnte ganz ungeniert. Als er meinen Blick spürte, nickte er mir noch einmal zu, tat, als finge er eine Fliege, und deutete mit dem Kopf auf seine Nachbarn. Dann lehnte er zurück, legte sich bequem in den Stuhl, so dass das Genick auf die Lehne zu liegen kam, blätterte schläfrig sein Buch auf und nickte ein.

Er stellte sich tot, um seine Bücher zu überlisten. Ich versuchte wieder zu lesen, die Hände an den Ohren, doch das Geräusch, das die Seiten beim Umblättern verursachten, schlüpfte zwischen den Fingern durch und war kaum mehr zu unterscheiden vom heisern Kichern eines Hofnarren.

Das Lochbillard

»Das war der Hitler!«, rief mein Großvater triumphierend in die Schützenstube, klopfte mit dem Billardstock
dreimal auf den Boden und blickte stolz in die Runde.
Die Gäste am Stammtisch rückten weg mit den Stühlen,
reckten die Hälse, um besser auf das Spielfeld sehen zu
können. Häfliger erhob das Weinglas: »Prost, Gottlieb,
das war wieder einmal Tells Geschoß. Hätten die drüben
nur auch ihren Wilhelm!« Schallendes Gelächter. Mein
Großvater schmunzelte. Breitinger, dem der Stumpen
zwischen den geschwollenen Lippen klebte, brummte:
»Herrgottsackerment!« und rieb mit der Kreide kopfschüttelnd das Queue ein, dass es quietschte. Der Großvater stellte den Holzpilz wieder in die Mitte des grünen
Feldes, auf den vorgezeichneten Punkt.

Am Lochbillard war er nicht zu schlagen. Ruhig gab er
die Kugeln ab, nachdem der Stock auf der Knöchelbrü-
cke zwischen Zeigefinger und Mittelfinger ein paarmal
hin- und hergeglitten war. Und immer kniff er ein Auge
zusammen, weil sich der Stumpenrauch vor den Brauen
kräuselte. Er beherrschte den Mittelstoß, den Hoch-
stoß und den Tiefstoß sowie den Effetstoß. Rückzieher
und Bandenschüsse waren für ihn ein Kinderspiel. Die
schwierigsten Konstellationen nahm er sich gelassen

vor, spielte zwei, drei Stationen an, dass es klickte und klackte, und versenkte die rote Kugel, die doppelt zählte, immer im teuersten Loch.

Breitinger dagegen war ein Hitzkopf. Klein, gedrungen, leidenschaftlicher Jäger und Fischzüchter, liebte er Bolidenschüsse. Sah er ein Nest von Kugeln vor der hinteren Lochreihe, jagte er den Anstoßball scharf mitten hinein, dass sie auseinanderspritzten und gurgelnd versanken. Blinde Punkte, sagte mein Großvater dazu, oder: Wir sind doch nicht auf der Kegelbahn. Beim Zielen öffnete er den Mund, und der Stumpen blieb an der bläulichen Unterlippe kleben, die wie eine kurze Zunge aus dem Gesicht hing. Nach jeder Partie, wenn die Billarduhr schon längst nicht mehr tickte und keine Kugeln mehr in die gefächerte Schublade kollerten, sparten sie sich den letzten Ball für den Hitler auf. Der Holzpilz, der während des Spiels auf keinen Fall getroffen werden durfte, denn sonst wurden die gemachten Punkte annulliert, konnte nur indirekt, im Dreibandenstoß, gefällt werden. Das war natürlich ein Fressen für meinen Großvater. Breitinger gab die Schüsse meistens zu scharf ab, so dass die Kugel über die Bande hüpfte und am Boden weiterrollte. Das schade doch den Kugeln, sagte mein Großvater, und schüttelte nur den Kopf zu dieser Knallerei. Es gebe ganze Völkerstämme, welche das Billardspiel nie lernen würden. Bevor er abdrückte, legte er den Stock diagonal über den Tisch, schätzte die Winkel ab und markierte mit dem angefeuchteten Daumen einen Punkt auf der Gummileiste der Seitenbande. Dann schürgte er den schweren Tisch in den Raum hinaus, um von der Ecke aus zielen zu können, ohne mit dem Stock an die Wand zu stoßen. Es gab nur eine Bahn: knapp vor dem Fünferloch durch an die rechte Bande, zwischen dem Einer und dem Zweier an die hintere Bande, und zwar so, dass die Kugel beim Abprallen das andere Zweierloch wohl streifte, nicht aber die Richtung änderte, sondern diagonal zurückrollte auf die linke Bande zu, dort nur noch schwach anstieß und langsam, langsam auf den Hitler zusteuerte, knapp vor dem Pilz auszurollen schien und ihn so antupfte, dass er zwischen Stehen und Fallen schwankte, bis er letztlich umkippte. Jeder schärfere Schuss, meinte mein Großvater, lande im Zweierloch oder auf dem Boden. Das Kunststück gelang ihm bei Weitem nicht jedes Mal, aber an diesem Samstagabend im Dezember – es war ein kalter Winterabend, und alle hofften, dass es der letzte Kriegswinter sei – war es ihm gelungen. Vor Freude klopfte er mit dem Stock auf den Boden, dreimal hintereinander, und rief überlaut in die volle Schützenstube: »Das war der Hitler!«

Breitinger, der sein Queue eingekreidet hatte, wollte sich eben die emailgelbe Kugel zurechtlegen, als die Tür aufging und alle entsetzt auf den Mann starrten, der mit einem eisigen Windstoß in die Wirtschaft trat. Er war mittelgroß, hager, trug einen braunen Lodenmantel und hatte ein schwarzes Schnäuzchen. Darunter ein schmaler, schiefer Mund. Noch hatten alle das Wort Hitler in den Ohren, Häfliger hielt sein Glas Kalterer in der Hand, mit dem er meinem Großvater zugeprostet hatte, und unter der Tür stand er, zuckte mit den Brauen und blinzelte in die verrauchte Wirtschaft.

Mein Großvater als Gastwirt war der Einzige, der nicht stutzte. Er ging auf den Fremden zu, nahm ihm den Mantel ab und sagte: »Das ist aber eine Überraschung, Adolf, dass du dich wieder einmal zeigst. Wir haben nur noch auf den vierten Mann gewartet.« Und zur Theke gewendet: »Olga, den Jassteppich und eine Flasche vom Besten!«

Adolf Herzog war ein steinreicher Rohtabakhändler aus der Gegend, er besaß eine der größten Vertretungen und zeigte sich ab und zu unter den einfachen Leuten, da er als leidenschaftlicher Jasser galt. Am Stammtisch rückte Häfliger den Stuhl zurecht, Breitinger stellte sein Queue in den Ständer, Olga kam mit dem Jassteppich und dem Tablett, auf dem die Gläser klingelten. Mein Großvater und Adolf Herzog waren gute Freunde gewesen bis zum Ausbruch des Krieges, als der Händler gelegentlich geäußert hatte, Hitler solle nur kommen, es sei für die Schweiz und die gesamte Wirtschaft das Beste. Darauf hatte mein Großvater am Stammtisch einmal mit der Faust auf den Tisch gehauen, dass die Gläser sprangen, und laut herausgesagt: Dieser braune Unterhändler kommt mir nicht mehr über die Schwelle! Aber das war nun einige Jahre her, und in seiner guten Spiellaune nach dem geglückten Billardstoß mochte er diesen Ausspruch vergessen haben.

»Nehmt Platz«, sagte er zu Herzog, »ich denke, wir klopfen einen Jass.«

Aber Herzog setzte sich nicht, sondern schlenderte hinüber zum Billardtisch, der noch von der Wand abgerückt schräg im Raum stand, und sagte:

»Spielt doch eure Partie zu Ende!«

Der Großvater winkte ab:

»Wir sind schon lange fertig.«

»Und der Hitler?«, fragte der Händler gereizt, »es ist doch Brauch, dass man den Hitler anschießt mit der letzten Kugel, nicht wahr?«

Er nahm den Pilz in die Hand, drehte ihn vor dem Gesicht und sagte mehr vor sich hin als zu den andern, aber so, dass es alle hören konnten: »Der ist aus gutem Holz geschnitzt, der fällt nicht so leicht um.« Dann setzte er den Pilz wieder sorgfältig auf den vorgezeichneten Punkt.

»Gottlieb hat ihn abgeschossen«, platzte nun Häfliger heraus, obwohl ihn mein Großvater mit dem Ellbogen anstieß, »ein Meisterschuss! Das hättet Ihr sehen sollen, wie der Kerl umgezwirbelt ist. Schön Bande rechts, Bande hinten, Bande links, wie's im Buch steht. Solange wir noch solche Schützen haben, gelt Gottlieb, können die drüben böllern, wie sie wollen, uns macht keiner etwas vor. Das sag' ich Euch grad heraus ins Gesicht, Herzog: Der Hitler steht nicht mehr lang. Die ganze Welt bringt er ins Rollen, bis sie auf ihn zurollt und ihn zerquetscht wie eine Werre, dass der braune Saft auf alle Seiten spritzt.«

»Ruhe, Häfliger«, fuhr mein Großvater dazwischen, »jetzt wird nicht politisiert!«

Aber der Tabakhändler lächelte spöttisch. Er zog einen großen Geldschein aus der Brieftasche, knüllte die Note auf die grüne Spielfläche und sagte: »Gottlieb, ich wette eins zu hundert, das gelingt dir kein zweites Mal. Da, mein Einsatz für den Hitler. Zeig, was du kannst!«

»Los, Gottlieb«, flüsterte Häfliger meinem Großvater ins fleischige Ohr, »leg den Adolf um, mach den Giftspritzer fertig!«

Einige rückten mit den Stühlen vom Tisch weg, andere standen auf, das Glas in der einen, den Stumpen in der andern Hand, näherten sich dem Billard. Der Händler lehnte mit verschränkten Armen an der Schiefertafel und lächelte, dass die vom vielen Tabaken gelb gewordenen Zähne sichtbar wurden unter dem Schnauz. Aber mein Großvater schüttelte den Kopf. Er schenkte gemächlich den Burgunder ein, sorgfältig, ohne einen Tropfen zu verschütten.

»Keine Wette, Adolf, ich spiele zum Vergnügen Billard. Da ist der Teppich, da sind die Karten, französische oder deutsche. Setz dich zu uns, und wir haben einen Abend, wie sich's gehört unter Jägerkameraden.«

Der Händler zischte höhnisch: »Ich sage, der Hitler bleibt stehen. Beweise mir einer das Gegenteil! Schaut auf diesen Spieltisch: ringsum Löcher, Krater, Gräber meinetwegen, aber der Hitler in der Mitte steht. Mach das noch einmal, Gottlieb, rechte Bande, hintere Bande, linke Bande, das glaubt dir kein Mensch.«

Er steckte sich eine Brasil an und paffte dicke Wolken über den Spieltisch, der in der Ecke der Schützenstube stand, von der Wand abgerückt, in schwacher Beleuchtung. Wie Nebel zogen die Schlieren des Zigarrenrauches darüber hinweg. Nur der Holzpilz glänzte in seinem glasigen Hundekotbraun, stach giftig ab vom Dunkelgrün der Spielfläche. Und der Händler hatte einen Stock aus dem Ständer genommen, balancierte ihn spielerisch auf der Schuhspitze. Alle blickten abwechslungsweise zu ihm und zu meinem Großvater, der am Tisch sitzen blieb, ein wuchtiger Koloss auf dem dünnbeinigen Stuhl, und die Karten mischte, indem er den Haufen zweiteilte, die beiden kleineren Haufen mit den Zeigefingern auf den Teppich drückte und mit den Daumen ineinander blätterte. »Ratsch« machte es jedes Mal. Mein Großvater war ein Kartenkünstler. Er konnte die Beige gegen die Zimmerdecke schleudern, so dass das Herz-Ass kleben blieb. Blind las er alle Schaufeln heraus.

»Mach das noch einmal«, wiederholte der Tabakhändler, und seine Stimme klang immer gereizter, »das mit dem Hitler. Unsern Krieg jassen wir später aus.«

Da juckte Breitinger auf: »Herrgottsackerment, dann werd' ich's euch halt zeigen, wenn der Trotzkopf nicht will!« Er holte sein Queue aus dem Ständer, klemmte die Note gefaltet unter den Hosenträger und pflanzte die emailgelbe Kugel auf den vorgezeichneten Punkt. Der Stumpen hing an seiner geschwollenen Unterlippe. Er kreidete seine Stockspitze ein. Da er so klein war, musste er sich kaum bücken beim Zielen. Der Bauch hing wie eine Pauke in der Hose. Die fett gepolsterte Hand lag auf dem Tischrand, unter dem gekrümmten Zeigefinger hindurch glitt der Stock, vor, zurück, vor, zurück. Da erhob sich mein Großvater, schwerfällig:

»Halt, Breitinger, halt. Es gibt ganze Völkerstämme, die das Billardspielen nie lernen. Wir wollen doch keinen Kegelabend.« Und damit nahm er ihm den Stock aus der Hand.

Nun standen alle auf, versammelten sich in großem Abstand um den Spieltisch. Olga, welche Gläser spülte, drehte die hintere Lampe an. Giftig grün lag die Fläche im grellen Licht. Der Hitler warf einen Schatten. Breitinger wollte meinem Großvater die Note in die Tasche stecken, aber der winkte ungeduldig ab. Der Händler lehnte an der Schiefertafel und zeigte die gelben Zähne. Er saugte an seiner Zigarre, blies den Rauch verächtlich über den Tisch. Mein Großvater kümmerte sich nicht um ihn. Er mochte denken: der Gescheitere gibt nach, der Esel bleibt stehn, spuckte in die Kreide, stülpte sie über die Lederkuppe des Stockes, drehte zweimal hin und her, worauf er den Würfel auf den Tischrand legte. »Platz da«, sagte er, als ihm Breitinger zu nahe kam. Wie eine Fischrute senkte er den Stock über die Spielfläche, schätzte mit zugekniffenem Auge die Winkel ab. Dann beugte er sich vor und markierte an der Seitenbande den Anschusspunkt. Er setzte die gelbe Kugel, stützte die linke Hand auf den Tischrand, nahe bei der Ecke, nahm Abstand, neigte sich vornüber und ließ den Stock durch die Rille zwischen Zeigefingerknöchel und Mittelfingerknöchel laufen. Vor, zurück, vor, zurück. Es war nicht still genug, dass man eine Stecknadel hätte fallen hören können. Die Männer vertraten sich die Füße, der Holzboden knarrte. Fünfmal, sechsmal ließ mein Groß-vater den Stock hin und her laufen. Noch einmal korri-gierte er den Winkel. Immer näher kam die vitriolgrün geschminkte Lederkuppe an die Kugeloberfläche. Vor, zurück, dann gab er den Schuss ab. Doch gleichzeitig entfuhr ihm ein zischender Fluch. Der Händler, der ein guter Billardspieler war, sagte nur kurz und trocken: »Ja!« Die Kugel rollte dumpf, haarscharf, zu scharf viel-leicht am Fünferloch vorbei, prallte von der Bande ab und bekam plötzlich Fahrt. Die Tischfläche schien sich zu neigen. Mein Großvater stellte sich auf ein Bein, zog den Stock schräg durch die Luft, als könnte er dadurch die Bahn noch beeinflussen. Aber zu spät. Er musste den Stoß etwas zu hoch gegeben haben, denn die Kugel be-schleunigte unmerklich auf das Einerloch zu, das vor der hinteren Bande genau auf der Mittelachse lag, auf der auch der Hitler stand. Und dort war es zu Ende. Statt es anzureißen, rollte die Kugel voll ins Loch, stolperte über den Rand, hüpfte auf die Bande, rollte dem Brett entlang, auf dem die Punktschilder angebracht waren, fiel vom Billardtisch kollernd auf den Boden, rollte wei-ter unter Stühlen und Tischen durch, prallte klirrend gegen eine Heizungsröhre und wollte nicht aufhören zu rollen. Immer dumpfer wurde das Rollen wie abziehen-der Donner, hallte durch die Schützenstube, in der kei-ner einen Mucks machte, und verebbte schließlich hinter dem Schanktisch. Draußen schneite es.

Der Tabakhändler lächelte mit seinen gelben Zähnen unter dem Schnauz, nickte in Richtung der davongerollten Kugel und sagte:

»Es gibt ganze Völkerstämme, die dieses Spiel nie begreifen werden. Meine Herrschaften – da«, und er setzte den Pilz mit Wucht auf den Tisch, »steht der Hitler!«

Die Notbremse

Ich sitze im Speisewagen an meinem gewohnten Platz. Auf dem Tisch steht ein Täfelchen: Réservé. Ich habe den ganzen Tisch für mich, obwohl der Speisewagen um diese Zeit immer gut besetzt ist. Es steht mir frei, jemanden an meinen Tisch einzuladen, was ich meistens auch tue, um während der langen Reise einen Gesprächspartner zu haben. Pünktlich ist der Schnellzug ausgefahren aus der trübglasigen Bahnhofshalle mit den braunen Perrons, den hastigen Leuten und den Nylonstimmen in den Lautsprechern und rast nun durch Industriequartiere an Autobahnbaustellen, Wohnblöcken, Röhrenlagern und Silos vorbei. Ein sicheres Fahrgefühl wie immer, bequem; sanft der Rhythmus der Schienenstöße. Ein Park mit knallgelben Baumaschinen, die mir jedes Mal wie Riesensaurier einer vergangenen Zeit vorkommen, liegt im grellen Mittagslicht. Löffelbagger, deren Reißzähne in den Himmel ragen, schwere Kipper mit Rippen an den Seitenwänden, Straßenhobel und Raupenkatzen, eine einträchtig versammelte Familie. Ich liebe das Vorüberhuschen der Landschaften im Zug, diesen flüchtigen Genuss eines Bilderbuches. Eine Brücke, ein kurzes Hohlgeräusch – und schon steht der Fluss mit den Pappeln zurück.

Pünktlich wie immer hat der Service begonnen, der Kellner nimmt die restlichen Gedecke von meinem Tisch. »Monsieur?«, sagt er, als ich die Speisekarte zuklappe. Ich nicke, da ich mit dem Menü einverstanden bin, und bestelle eine Flasche Dôle dazu. »Monsieur«, sagt der Kellner noch einmal, nachdem er mir die Suppe gebracht hat, eine Kraftbrühe mit Weißwein verfeinert, leicht schwappend wegen der Erschütterungen des Wagens. Ich wünsche mir einen guten Appetit, indem ich mich, brotbrechend, seitlich zum Kellner verneige. Er weiß, dass ihm ein gutes Trinkgeld wartet, weshalb er allen Grund hat, aufmerksam zu lächeln. Monsieur, Monsieur, tönt es an den andern Tischen. Es geht vornehm zu. Die Kellner in ihren khakibraunen Kitteln sprechen fließend Französisch und gebrochen Deutsch. Besonders diese Equipe serviert rasch und elegant. Man muss einmal gesehen haben, mit welcher Präzision meine Kellner den Spinat auf den Teller pappen, wie sie, auf einem Bein stehend, in einer Kurve die Fleischplatte mit bedrohlich aufgepeitschter Sauce ausbalancieren oder wie sie den Wein einschenken, ohne einen Tropfen zu verschütten. Das ist Service! Die Gäste, meistens Geschäftsreisende in dunklen Anzügen, bemühen sich, die Suppe so lautlos wie möglich zu löffeln. Neu Eintretende empfängt der Chef de service mit der Frage: Zum Essen, pour manger? Wenn sie verneinen, werden sie mit einem Achselzucken abgewiesen. Ich habe Verständnis für diesen Entscheid des Oberkellners. Es gibt immer wieder Reisende, die glauben, man könne mitten im Service einen

Pfefferminztee bestellen oder eine Portion Fleischkäse. Wir, die Stammgäste und das Personal, haben wirklich keine Lust, uns das eingespielte Zeremoniell durch einen Fleischkäse verderben zu lassen. Ich sage immer: Der Speisewagen heißt schließlich nicht Picknickwagen. An der Art, wie andere Gäste einschenken, sehe ich, ob sie Speisewagenerfahrung haben oder nicht. Die Neulinge lassen das Glas auf dem Tisch stehen, so dass das Getränk natürlich überschwappt und Flecken auf dem blendend weißen Tischtuch hinterlässt. Die Routiniers halten das Glas vor die Mündung der Flasche, ohne aber den Ellbogen aufzustützen. Ich, und ich sage das nicht ohne Stolz, bin ein Routinier.

»Monsieur, noch etwas Suppe?«

»Nein, danke!«

Ich fahre zweimal in der Woche mit diesem Zug, geschäftlich. Ich kenne die Strecke, die Aussicht, die Kellner, ihre Stärken und Schwächen, ich kenne die guten Plätze im Speisewagen und die schlechten, auf denen es zieht, ich kenne die billigen Drucke an den Wänden, die schlechten Hodler-Nachahmungen, ich kenne das hellblaue Geschirr der Speisewagengesellschaft, weiß, im Unterschied zu den Gelegenheitsgästen, wofür die vielen Teller und Unterteller berechnet sind, ich kenne die guten und die schlechten Weine, ich weiß, in welcher Ortschaft normalerweise zum zweiten Mal Gemüse serviert wird, wann die Käseplatte fällig ist. Ich kenne die vier Theorien über das Essen: Das Essen sei gut und teuer, das Essen sei schlecht und teuer, das Essen sei schlecht und billig, das Essen sei gut und billig; ich kenne die Argumente für und gegen jede Theorie und bin in letzter Zeit der Ansicht, das Essen sei schlecht und recht und eigentlich nicht teurer als in einem Restaurant, wo man die vielen Gänge einzeln bezahlen müsste. Ich bin ein gern gesehener Gast, anständig gekleidet, glatt rasiert, ein treuer Liebhaber von Dôle. Ich bin einer der vielen Monsieurs der Schweizerischen Speisewagengesellschaft, zufrieden mit der Welt, wenn der Service reibungslos abläuft, und ich spende gern ein zusätzliches Trinkgeld für die Tischreservation.

»Monsieur«, flüstert der Kellner. Ich habe ihn gar nicht bemerkt, so leise tritt er auf. Er hält mir die Fleischplatte hin. Ich zeige auf jenes Entrecôte, das noch ein paar blutige Tröpfchen an der Oberfläche hat und den dünnsten Fettstreifen am Rand. Die Bäckerkartoffeln sind knusprig und goldbraun, der Spinat ist weich und läuft doch nicht davon. Bitte, wo gibt es das!

Mein Platz ist vorne. Ich sitze mit dem Rücken gegen das abgetrennte Abteil, in dem sich die Küche befindet und ein Tisch fürs Personal, an dem der Oberkellner die Rechnungen sortiert oder die Menükärtchen druckt. Ich überblicke den ganzen Wagen und amüsiere mich beim Essen über die Gäste, die verdutzt auf die Platten blicken und nicht begreifen, dass hier nicht jeder sein eigenes Kerzenrechaud haben kann. Das fahrende Essen genieße ich fast so sehr wie das Essen im Freien. Es ist eine Lust, das Schnitzel zu zersägen, wenn draußen am Zaun eine Kuh glotzend stehenbleibt, und der Rotwein

schmeckt blumiger beim Anblick eines leeren Tennis-
platzes. Ich freue mich schon auf den Käse im Areal der
Zementfabriken.

Kurz vor der zweiten Portion Spinat und Kartoffeln
taucht der Schnellzug in einen Tunnel, der unter dem
Schlossberg eines schmucken Städtchens durchführt.
Der Tunnel ist nicht sehr lang, und doch so lang, dass
man aufhört zu kauen und im Glühbirnenwaggon, der
den Felswänden entlangflitzt, sein eigenes Spiegelbild
sucht. Da balancieren die Kellner mit ihren Platten, sitzen geisterhaft die Gäste an projizierten Tischen. Wie
sie das Weinglas heben, mit ihren Messern kühl-muf-
fige Tunnelluft anschneiden! Wenn man durch den ge-
spiegelten Wagen hindurchblickt, sieht man die Runsen,
Scharten und Höcker der Felswände. Der Tunnel würzt
den Bissen, den man gerade auf der Gabel hat, mit
einem flüchtigen Schauder. Schattenhäutig mein kauen-
des Gesicht. Die Brille gibt ihm etwas Markantes, trotz
den Fettpolstern. Seltsam, dass mir dieser Tunnel nicht
gleichgültig ist. Noch jedes Mal habe ich mein Spiegelbild angestarrt, als könnte es mir Auskunft geben
über mich, und jedes Mal lockt es mich mit derselben
Frage näher an die Scheibe heran: Was würde geschehen, wenn du, mitten im Tunnel, die Notbremse ziehen
würdest? Wie ein elektrischer Schlag fährt diese Frage
in mein Handgelenk, macht es locker. Es ist der gleiche Reiz wie auf Aussichtstürmen und vor Abgründen:
Spring doch! Versuch es einmal! Doch bevor ich auch
nur den Vorsatz fassen kann aufzustehen, sind wir schon

draußen, blendet mich schon wieder das weiße Tischtuch. Die Frage, die mich im Tunnel drin elektrisieren konnte, wird in der Sicherheit des grellen Mittagslichtes so schemenhaft wie mein verwischtes Spiegelbild. Ich greife zum Wein, während wir an der braungoldenen Kulisse eines mittelalterlichen Städtchens vorbeirasen, an Zinnen, Kupferhelmen, glänzenden Zifferblättern und schattigen Gässchen. Ein Perron bleibt zurück, Leute mit Gesichtern wie Fragezeichen – niemand liebt Züge, die einen stehenlassen –, und auch der grüßende Vorstand gehört zur Spielzeugwelt, die hinter uns abgebaut wird.

»Monsieur, les fromages!«

Der Kellner (oder soll ich ihn Steward nennen?) hat an meinem Tisch gewartet, sehr höflich, sehr aufmerksam, um Monsieur nicht bei seinen Gedankengängen zu stören. Er spießt die gewünschten Käsescheiben auf, empfiehlt Roggenbrot und geizt keineswegs mit Butterröllchen. Ausgezeichnet, dieser Camembert, von einem Schluck Dôle umspült!

Kauend überlege ich hin und her: Weshalb kommst du eigentlich auf den Gedanken, die Notbremse zu ziehen, mitten in diesem harmlosen Tunnel, der keinem Kind mehr Angst macht? Und wie ich das Weinglas absetze, nimmt er lautlos mir gegenüber Platz, der Student mit dem schmalen Glühbirnenkopf, der ich einmal gewesen sein muss, als ich diese Strecke jeden Tag zweimal fuhr, die Bücher auf den Knien, die Hände wie Schutzklappen an den Ohren, um mich im Lärm konzentrieren zu können. Er mustert mich kritisch, schaut verächtlich auf meinen Teller. Ein peinlicher Blick, eine peinliche Begegnung. Vermutlich ahnt er gar nicht, dass er der Gesellschaft, die er um jeden Preis verändern möchte, vorläufig nur als Tourist angehört, solange er auf der Hochschule Urlaub vom Leben nimmt, denke ich. Ich könnte ihm einen Band Marcuse zeigen, den ich in der Mappe habe, er würde die Brauen zumindest kurz erstaunt hochziehen. Oder ein paar Sätze über Vietnam hinstreuen wie Salz auf das blendend weiße Tischtuch, ihn mit ein paar Phrasen aus seinem angelernten soziologischen Kauderwelsch erledigen, ihn fragen, ob er das Praktikum im Demonstrieren schon hinter sich habe. Ich will ihn nicht ärgern. Ich weiß, er lebt von einem Stipendium. Die Stipendien sind bei uns knapp genug, dass einem das Elend der Menschheit ans Herz wachsen kann.

»Gutes Essen macht dick und schläfrig«, höre ich ihn nun plötzlich in einem provozierenden Ton sagen, »und dicke Leute werden unbeweglich für Veränderungen. Deine Käseplatte ist dir wichtiger als der Hunger von Millionen.«

Natürlich: Veränderung! Wie oft habe ich dieses Wort schon gehört von solchen, die keinen reservierten Platz im Speisewagen haben. Im Grunde genommen hat er natürlich recht. Dieser Camembert ist mir wichtiger als das Elend der Menschheit, sofern man die beiden Dinge in einem Satz überhaupt nennen darf.

»Höre, junger Mann: Wäre das Elend der Welt geringer, wenn ich auf meinen Camembert verzichten würde?«

»Weil sich alle mit dieser Frage herausreden, statt wirklich zu verzichten, wird das Elend jeden Tag größer.«

Seine Antwort ist scharf und verschlägt mir die Sprache. Ja, damals fand ich noch solche Schlüsse, als sich mein Denken nicht nur auf der Zunge abspielte.

»Übrigens, entschuldige den Ausdruck ›junger Mann‹, er war als Kompliment gemeint.«

»Ich brauche keine Komplimente. Wir brauchen Nahrungsmittel für rund zwei Drittel der Menschheit, die hungern, während du dir im Speisewagen den Magen vollschlägst. Was tust du für diese zwei Drittel?«

Er ist wirklich unbequem. Statt mit Mao, den ich ihm mit drei Sätzen schachmatt gesetzt hätte, kommt er mit der Forderung, bei sich selber anzufangen. Ich verliere langsam den Appetit.

»Eine Zwischenfrage: Gehörst du zu diesen zwei Dritteln? Es ist genügend Käse da.«

Ich spüre, wie die Wut aufkocht in ihm.

»Ich habe genug zu essen, aber ich fresse nicht auch noch für die restlichen zwei Drittel.«

Einen letzten Versuch wagend, erwidere ich: »Du hast vielleicht recht. Doch was nützt es dir, recht zu haben in einer Welt, die das Recht mit den Füßen tritt? Was verändert deine Rechthaberei?«

»Man muss mit kleinen Taten beginnen. Jeder hat über seinem Kopf einen roten Griff. Es braucht bloß den Mut, ihn herunterzureißen. Dann kommt etwas zum Stillstand. Was uns einschläfert, ist der Rhythmus der

Schienenstöße, dieses gleichmäßige Tadamm, Tadamm, Tadamm. Wie ein Wiegenlied tönt das, wie ein Wiegenlied. Wir werden sanft eingelullt, damit wir die bittere Tatsache ertragen, dass es sich auf diesem Stern, sofern man nicht zu den Privilegierten gehört, verdammt schlecht leben lässt.«

Er nimmt die Brille ab, reibt sich die Augen. Wie hilflos ich einmal ausgesehen habe! Wie ein Käfer, der auf dem Rücken liegt. Und er tischt mir die Geschichte auf, die ich nicht bestellt habe, die ich längst kenne und doch immer wieder zu verstecken versuche, weil sie meinen Bauch nicht verhindert hat. Weil ich mich schäme.

»Ich saß im Speisewagen«, sagt der Student, »und trank mein Bier. Die Leute waren ungeduldig, die Kellner nervös. Mir gegenüber saß ein richtiges Rindvieh von einem Fresssack. Er hatte einen mistfarbenen Schnurrbart und fraß so gierig in sich hinein, dass er schwitzte. Dunkle Flecken zeichneten sich ab unter den Armen. Die fleischigen Ohrläppchen wackelten, die geäderten Backen schwollen auf und ab. Die Lider hatte er gesenkt beim Schmatzen und Kauen. Ab und zu verirrte sich eine Fleischfaser auf meinen Platz. Er machte sich breit mit seinen Ellbogen und brauchte eine ganze Zweierbank für sich. Da betrat ein alter Mann den Speisewagen, der wirklich Hunger hatte. Ich sah es an seinem zitternden, unrasierten Kinn. Er wollte eine Suppe bestellen. Der Kellner zuckte mit den Achseln und erklärte ihm – er war schwerhörig, der ganze Wagen verfolgte die Szene –, dass während der Hauptmahlzeiten keine Suppe abgegeben werden könne. Der alte Mann verstand nicht recht, er war vermutlich noch nie in einem Speisewagen gewesen. Er beharrte auf seiner Bestellung. Als ihn der Kellner unmissverständlich hinauskomplimentierte (er fasste ihn wirklich am Kragen, aber so, dass es nur wenige sehen konnten), sagte der Mann, vielmehr mümmelte er mit dem zahnlosen Mund: ›Unverschämt, unverschämt, dann gehe ich halt in den nächsten Speisewagen!‹ Darauf schallendes Gelächter. Und dieses viehische Gelächter der vollen Bäuche, dieses grinsende Unrecht brachte mich dermaßen auf, dass ich die Notbremse ziehen wollte. Der Fresssack mir gegenüber brüllte mit Donnerstimme: ›Zum Teufel mit diesem armen Schlucker, wo bleibt meine zweite Schweinshaxe!‹ Der Oberkellner eilte sofort in die Küche, schob den alten Mann beiseite, der kopfschüttelnd zwischen den Tischen hin und her schwankte.«

»Was hofftest du mit der Notbremse zu erreichen?«

»Der Vorfall spielte sich ab, kurz bevor wir in den Schlossbergtunnel eintauchten. Im Tunnel sah ich dann den Wagen verdoppelt, die grinsenden Gesichter wie im Zerrspiegel. Ich wollte sehen, wie ihnen der Bissen aus dem Mund fällt. Das große Entsetzen wollte ich sehen auf ihren kauenden Säuglingsgesichtern. Ich wollte es pfeifen hören, verstehst du? Die Kellner sollten mit den vollen Silberschüsseln über die Tische purzeln und den vergoldeten Weibern mit dem heißen Teewasser die Schenkel verbrühen. Ich stellte mir vor, wie der Mann mit der Schweinshaxe als platt gedrückter Käfer an der

Rückwand läge und dem Aufprall entgegenglotzte, Spi-
natspritzer auf dem Hemd, Erdteile von Schweißflecken
unter den Achselhöhlen. Endlich würden sie alle auf die
Katastrophe warten, die sie bei der Tischkonversation
so leichtfertig im Munde führten und mit Dôle hinunter-
spülten. Dieser Augenblick war mir eine Geldstrafe wert,
wenn sie aus ihrer Fresssicherheit gerissen wurden und
plötzlich zu den Pechvögeln zu gehören schienen, die
jeweils bei Flugzeugabstürzen und Zugsunglücken ums
Leben kommen. Diese hässlichen, runden Zahlen, die
man so leicht verdaut. Da würde der reservierte Tisch
wertlos, die Kellner hätten keine Zeit mehr, das Trinkgeld einzusammeln. Ich kostete sie aus, diese Sekunden
vor dem quietschenden, funkensprühenden Stillstand,
und sah, wie sie dann aus ihrem Schreck erwachten,
ringsum schwarzen Fels erblickten und ihnen eine Ahnung von der Ewigkeit der Nacht, in der sie steckten, in
die Glieder fuhr, diesen geschniegelten Gourmands, denen der Hunger von Millionen nicht einmal den Appetit
zur Vorspeise verdarb.«

»Du tatest es natürlich nicht.«

»Ich zog die Notbremse nicht, der Tunnel war zu
kurz.«

»Ja, ich sehe dich nun ganz deutlich vor mir, in mir,
und ich kann dich in keinem Winkel verstecken, denn
das Licht ist zu grell, grelles Mittagslicht nach der Koh-
lenschwärze des Tunnels, das auf deine Hand fiel, die
am roten Griff hing und bereit war zu ziehen, auf die
Aborttür aus schmutzigem Leichtmetall, auf die trüb

brennende Glühbirne, auf das läppische Verbot in roter Schrift. In diesem Licht kamst du dir plötzlich als kleiner Delinquent vor, als sinnloser Widerstandskämpfer. Du dachtest zu weit voraus: das peinliche Verhör, die Buße, Geld, für das du bitter entbehrte Bücher kaufen konntest. Du warst kein Feigling, du warst bloß zu intelligent, um etwas Dummes im richtigen Augenblick zu tun. Du verdrücktest dich auf die Toilette, schlossest ab und bliebst die ganze Fahrt auf dem Klosett hocken, kalte Zugluft zwischen den Beinen und den Lärm der stotternden Räder in den Ohren. Und da hattest du eine Art Durchfall: Du ließest deinen kämpferischen Mut klatschen auf den sausenden Schotter, deine Hoffnung und deinen Zorn auf die Menschheit, nur weil du zu stolz gewesen warst, am Griff zu ziehen. Dein Idealismus, wie du den Brei aus unverdauten Gefühlen nanntest, fiel durch, klatsch, dein Widerstandsgeist, deine Auflehnung, klatsch, klatsch, dein Gerechtigkeitsfieber. Klein und hässlich wurdest du in der Kabine hinter der gelben Milchglasscheibe, und das Schlimmste war: Du kamst dir furchtbar symbolisch vor und literarisch obendrein. Vermutlich hattest du gerade Dürrenmatt gelesen: Der Tunnel. Weshalb denn sonst hätte es unbedingt in einem Tunnel sein müssen? Das Opfer einer Welt voller Vorschriften: Bitte, nicht hinauslehnen!«

»Monsieur, les fruits!«

Ein Zug schnellt vorüber, lässt die Scheiben erzittern. Ich habe den Studenten verscheucht, mit dem letzten Glas Wein die Toilette hinuntergespült. Die Sonne blendet. Ein weißer Dunst liegt über der Landschaft. Die Dächer der Häuser rings um das Areal der Zementfabriken sind grau gepudert. Die Schlote qualmen. Eine Rangierlokomotive stößt eine Schlange von Silowagen über die Drehscheibe. Giftig gelb steht der Raps hinter den Baracken. Ein Autofriedhof.

»Monsieur, les fruits!«

Ich greife zerstreut in den Korb. Kaffee, ja, und einen doppelten Kirsch. Ich bin nun plötzlich nicht mehr sicher, ob das jüngere Ich die Geschichte dem älteren Ich oder das ältere sie dem jüngeren vorgehalten hat. Sicher ist nur dieses elektrische Zucken in der Hand, jedes Mal wenn wir durch den kleinen Tunnel fahren. Und jedes Mal ist der Tunnel zu kurz, um aufzustehen. Die Finsternis würde nicht einmal bis zur Toilette reichen.

Die Feigen schmecken, besonders beim Anblick eines leeren Pausenplatzes. Ich stecke eine Brasil an, und als der Kellner das Tablett mit dem Kaffee, dem Kirsch und der gefalteten Rechnung bringt, frage ich ihn:

»Herr Ober, können Sie sich vorstellen, dass ich jedes Mal, wenn wir durch den kleinen Tunnel fahren, bei mir denke: Eigentlich müsste man einmal die Notbremse ziehen, einfach so?«

Der Kellner zögert einen Augenblick, ob er es als Witz nehmen solle. Dann findet er, die Rechnung sei hoch genug, und er flüstert mir hinter der vorgehaltenen Hand zu:

»Monsieur, wir stehen jederzeit zu Ihrer Verfügung. Service compris!«

Die Ameisen

Seit Astrid da war, waren auch die Ameisen da. Aus allen
Ritzen des Plattenbelages vor dem Haus wimmelten sie
rötlichschwarz hervor. Von der Wiese führten Straßen
über die Treppe auf die Terrasse, von dort in die Blu-
menrabatten, dem Haus entlang. Heerscharen wander-
ten den Kamin hoch, krabbelten in die Ritzen zwischen
Verputz und Dachschalung. Das Haus war umzingelt.
Auf den Fensterbrettern bildeten sich Knäuel. Zertrat
ich einige mit dem Absatz, scharten sich Dutzende um
die Leichen wie Eisenspäne um einen Magneten. Sie
schleppten ihre Toten ab. Blind füßelten sie mit einer
Puppe in den Armen wandauf und wandab. Der ganze
Vorplatz war unterhöhlt von ihren Gängen. Rings ums
Haus schien der Garten Ameisen auszuspeien. Und bald
waren sie auch im Haus. Durch einen Spalt in der Bo-
denplatte des Kamins gelangten sie in den Wohnraum.
Ich klebte den Spalt mit Heftpflaster zu. Sie fanden andere Wege. Durch Ritzen in der Holzdecke drangen sie
ins Schlafzimmer, spazierten den Wänden entlang. Erst
waren es Vereinzelte, dann Dutzende, dann Unzäh-
lige. Schlug ich die Bettdecke zurück, krabbelten rost-
schwarze Biester über das Leintuch. Sie waren an den
Früchten. Sie klebten unter dem Klosettdeckel und an

der Seife. Nachts liefen sie mir übers Gesicht. Wenn ich zur Decke blickte und das tintige Dunkel mit meinen Augen aufzusaugen versuchte, sah ich ein schwarzes Gewimmel. Die Schwärze hatte tausend und abertausend Fühler und Beine. Am Fußboden häuften sich die Leichen derer, die ich in meiner Wut zerquetscht hatte, kleine, zusammengekrümmte Leiber, Schrotkügelchen, und es häuften sich die Scharen der Rächerinnen, die ihnen in blindem Eifer zu Hilfe eilten, sie in der Wohnung herumschleppten.

Astrid wurde weder wütend noch nervös. Nackt lag sie auf ihrem Liegestuhl in der Sonne und briet ihr Fleisch. Wie eine Sardine im Öl lag sie da, blond, bleich, und die Haut nahm allmählich eine olivbraune Färbung an. Sie kümmerte sich nicht um die Ameisen, die um ihren Liegestuhl wimmelten, ihr die Beine hochkraxelten und im Öl verreckten. Hinter der Sonnenbrille lächelte sie. Sie lächelte mit den falschen Zähnen. Sie lächelte mit der blonden Perücke, dem langen, buschigen Haarschweif, der um ihren Hals fiel. Es war das eiskalte Lächeln einer Ameisenkönigin oder einer jener Heuschrecken, die nach der Begattung ihre Männchen auffressen. Und wie der Leib einer Ameise war auch ihr Körper gebaut, lange, dünne Glieder, eine Wespentaille, die man fast mit den Händen umfassen konnte, ein breiter, wiegender Hinterteil. Stark traten die Kieferknochen in ihrem Gesicht hervor, es knirschte und mahlte, wenn sie sprach mit ihrer kreidigen Stimme. Immer hatte ich den Eindruck, sie zerreiße ein Insekt mit den Zähnen, es knirsche von glasig gesponnenen Maikäferflügeln. Astrid verhöhnte mich hinter ihrer Maske. Was von Weitem wie ein verführerisches Lächeln aussah, war in Wirklichkeit das Grinsen eines knochigen Schädels. Sie lag da, in der prallen Sonne, inmitten von wimmelnden Ameisen, und spritzte ihre Säure in die Wunde, die sie in mein Fleisch gebissen hatte.

Ich saß an meinem Tisch vor dem Haus, über meine Papiere gebeugt, und versuchte Ordnung zu bringen in die verworrenen Notizen, versuchte die Sätze aufzudröseln, die sich über Nacht wieder verschlungen hatten. Aber die Ameisen ließen mir keine Ruhe. Die Ameisen, und das war das Grauenhafteste, steckten in meinem Hals, der angeschwollen war zu einem eitrigen Brand. Ein Würggriff saß mir an der Kehle, ich wurde ihn nicht los. Längst hatte ich aufgehört zu rauchen, hatte die Pfeife an einer Steinkante zerschmettert, die Zigaretten nach dem ersten Zug weggeworfen. Doch der Brand ließ nicht nach. Ein nadelfeines Sticheln durchzuckte den Hals. Manchmal war es, als würde mir der Kopf vom Rumpf abgesägt. Rostige Eisenzähne drangen über den Schulterblättern in die Schlagadern. Tausende von Insekten wimmelten um meinen Kehlkopf, spritzten ihre ätzende Säure aus. Eitrige Flechten spannten sich über die roten Halswände, ein Geschwür, das mich langsam von innen her überwucherte. Nachts ließ der Druck etwas nach. Doch dann verfolgten mich die Insektenträume. Überlebensgroß hockten die Ameisen auf der Brust, betrillerten mich mit ihren Fühlern. Und morgens beim Aufstehen war der Brand wieder im Hals, packte der würgende Griff wieder zu, so dass ich kaum mehr schlucken konnte.

Vor mir, auf den Blättern, verfilzten sich die Sätze zu einem Leben, das ich nie gelebt hatte, weil ich immer vor mir geflüchtet war, geflüchtet aus der Wirklichkeit in eine Scheinwirklichkeit, in einen grünen Traum, durch den man mit Bleisohlen, mit schleimigen Schritten geht, ohne vorwärtszukommen. Ich hatte mein Leben als etwas Vorläufiges, Nebensächliches betrachtet, als eine Hauptprobe zur Premiere des Schreibens, wie in einer Notiz vermerkt stand. Das Studium war abgebrochen aus Ekel vor einem Beruf. Die Liebe hatte ich abgebrochen aus Ekel vor dem Fleisch. Ich war durch eine Flucht von provisorischen Räumen gestürzt, hatte mich fallen lassen durch einen schiefen Korridor mit offenen Türen, bis ich weit vorne, tief unten landete, wo mich kein Gefühl mehr einholen konnte. Zuletzt war ich geflüchtet in dieses Haus hoch über dem See, inmitten von Akazien und Kastanienbäumen, ein Trümmerfeld von angefangenen Beziehungen und Tätigkeiten hinterlassend. Ich hatte mich in die Aufzeichnungen gestürzt, in die Beschreibung dieses Lebens, das doch nie ein Leben gewesen war, sondern immer nur eine Flucht. Dann war die Krankheit gekommen, langsam und schleichend. Zuerst nur Schluckbeschwerden, die ich beim Essen vergaß, dann diese Nadelstiche, vereinzelt und immer häufiger, dann das Brennen, die Ameisensäure im Hals, die fiebrigen Nächte, in denen ich Namen von Menschen lallte,

Namen, die einst auf meiner Landkarte gesteckt hatten. Und mit der Krankheit kam die Inflation meiner Papiere. Über Nacht schwand ihr Wert dahin. Ich erkannte den Selbstbetrug. Nichts Eigenes war da. Nur hochstaplerische Gefühle und angelesene Weisheiten verbargen sich hinter den Sätzen. Das Gerüst brach ein. Eine Fiebernacht lang knackste es wie von Zündhölzern in meinem Bewusstsein. Eine langjährige Bastelarbeit stürzte unter einem Windstoß in sich zusammen. Und ich war nackt und hohl, meiner Krankheit ausgeliefert, einem unbekannten Stamm von Ameisen, die einen Toten überfielen.

Zufällig geriet ich an einem späten Abend in den Menschenrummel, als ich, um meiner Krankheit zu entfliehen, dem nächtlichen See entlang in die kleine Stadt fuhr. Dunkel war die sonst hell beleuchtete Straße, dunkel wogten die Platanen. Auf dem See glommen Hunderte von roten Lichtern, zum Teil an den Booten befestigt, deren Umrisse ich erkennen konnte. An den Ufern wimmelte es von Menschen, die alle zu einem einzigen Warten verknotet waren. Leib an Leib gepresst stand die Menge. Die Spannung verdichtete sich im Kichern und Raunen. Um die Platanen herum waberte und krabbelte es ameisenhaft. Vor der Stadt warteten Autoschlangen. Sie wurden von Polizisten mit Stabtaschenlampen um den Stadtkern geleitet zu entlegenen Parkplätzen. Von den Parkplätzen strömten die Leute zurück, hastig, hektisch, um ja nichts zu verpassen. Der Menschenstrom staute den Verkehrsstrom. Automobilisten wurden nervös, hupten in die Nacht hinaus, gaben blendende Lichtsignale, so dass Röcke aufleuchteten, geschminkte Gesichter wie Masken aus dem Dunkel traten, Haarfahnen, glitzernder Ohrenschmuck. Frauen in viel zu engen Röcken stöckelten durch die Scheinwerferbündel, lächelten gelassen. Aus den Seitenfenstern der Wagen beugten sich die Fahrer. Die jüngeren pfiffen anerkennend, schnalzten mit der Zunge oder sandten auffällige Gourmetküsse den Damen nach, die im Strom untertauchten. Die Stadt war ein Ameisenhaufen. Aus allen Höhlen krochen Schaulustige hervor, durch alle Gässchen und Ritzen drängten sie nach vorn, auf die längst überfüllte Promenade vor die Bühne des nächtlichen Sees. In den Cafés pferchte man die Gäste zwischen violette und rote Tischchen, zwei auf einen Stuhl. Teure Festmenüs wurden auf der Tischkante serviert. Und immer neue Massen drängten herbei. Aus den Außenquartieren war das Hupkonzert zu hören. Aufgeregte Finger schnipsten nach den Kellnern.

Dann, plötzlich, knatterte das Feuerwerk los. Nach der Eröffnungsrakete, die in einem stummen Lichtknall den ersten Bogen am Himmel gezogen hatte, pfropften die Steigraketen weg von den Feuerwerksschiffen. Die Spannung, welche die Menge zu einem Körper verschmolzen hatte, explodierte in kitschigen, grellen Farben. Bereits roch es nach verbranntem Pulver. Die Raketen zischten steil aufwärts, einen gelben Funkenschweif hinterlassend, und krepierten auf dem Höhepunkt ihrer Parabel. Pfauenräder entfalteten sich, giftiggrüne und bengalischrote Stielaugen. Furzend brachen weitere Räder auf, die verlöschend ineinander stürzten. Sekundenlang war hinter den Rädern ein Weißweinstern aus goldenem Glimmer am Nachthimmel zu sehen. Vor mir blitzten die Kameras der Feriengäste. Kugelblitze wurden emporgeschleudert, aus denen sich nach einem ohrenbetäubenden Knall kleinere Kugeln befreiten, Kaulquappen, die in alle Richtungen auseinanderstoben, sich knatternd über den Himmel schlängelten. Kaum waren die Funkencolliers erloschen, sprang ein neues Bukett aus dem Dunkel hervor, Korallenarme, die auseinandersträußten, aus denen sich die Rosetten riesiger Dome entfächerten, lachsrot, rubinrot, lila. Goldregen prasselte hernieder, Kaskaden von Feuergarben. Wasserfälle. Und es wurde taghell. Die Häuserkulissen traten im aschfahlen Licht gespenstisch aus der Nacht. Der See wurde bleigrau, eine glatte Walfischhaut, und ich sah die schwarzen Schiffe mit den schwarzen Konturen der Männer, wie auf dem Totenfluss. Alle blickten sie nach oben, in diese Unterwassergärten voll goldgrüner Kometen und feist rosaroter Seesterne, in diese Sträuße von herabtropfenden Orchideen. Auf jede Detonation folgte ein kurzes Reißgeräusch, als würde Seide zerrissen. Traumhafte Lüster hingen am Himmel. Brotzelnd und spotzend fuhren die smaragdenen Frösche herum. Lautlos zog ein blauer Komet seine Bahn und löste sich in nichts auf. Wenn das Feuerwerk für kurze Pausen aussetzte, hörte man den Beifall der Menge am Ufer, das Tuten der Motorjachten. Betrunkene fingen an zu grölen, wurden aber vom Geknatter übertönt. Kurze Salven, die in den Tälern echoten und verhallten. Die Berge traten scharf umrissen in den bengalischen, unterwelthaften Tag. Ich sah die Gesichter ringsum, vom Widerschein geschminkte, in Staunen versunkene Säuglingsgesichter. Das Chaos von Milchstraßen, die weiß aufsprühten und rotgolden verzischten, wurde stetig erneuert durch Sprengköpfe, emporgeschleudert von drei Schiffen. Hinter dem Lichtregen türmte sich ein abstruses Gebilde aus Rauch in den Himmel, ein gelbgrauer Atompilz, darunter Palmenwälder erstarrter Raucharme, Rauchgrotten mit Stalaktiten, topasgelb und opalisierend. Die nachkommenden Raketen vernebelten im Rauch. Nach einem hohlen Büchsenknall ergoss sich eine goldsprühende Trauerweide in den See, prasselte vor dem Gekröse der Rauchschlangen, die grünlich aufschimmerten. Wie kleine Sprudelquellen tanzten die Feuersäulen auf dem Wasser. Ich sah wieder die Totenschiffe, schwarze Barken, spärlich besetzt mit Toten. Unter dem Gewölbe von bengalischen Palmen fuhren sie träge dahin, auf dem bleiernen Fluss, und Tausende warteten schunkelnd an den Ufern, während Abertausende von hinten her nachdrängten, aus den Ritzen des eng zusammengebackenen Städtchens quollen.

Nach dem Schlussbukett setzte sich die Masse in Bewegung. Die Gesichter waren aufgelöst. Es schien unmöglich, eine Richtung einzuschlagen, ohne gegen fette Leiber zu prallen. Ich stieß an Brüste und knochige Schenkel. Und die Gerüche überfielen mich, ätzendes Schweißeln, Ausdünstungen matronenhafter Frauen. Es roch nach erkalteter Pilzsuppe und Spargelurin, nach fauligem Fleisch von Zweibeinern, und über allem lag der stechende Schwefelgeruch der abgebrannten Feuerwerkskörper. Ich puffte und wurde geboxt. Und da erschien es mir erst recht sinnlos, dass ich, nur um meiner Krankheit zu entfliehen, mich in diesen Menschenknäuel hineingeknetet hatte, aus dem es kein Entrinnen gab. Der Brand war wieder da, die Ameisensäure im Hals.

Als ich in völliger Finsternis zu meinem Haus tappte, über die Prügeltreppe durch den Wald, fand ich die Tür offen. Das Kaminfeuer brannte. Astrid lag im Unterrock und mit der Sonnenbrille, die sie nie ablegte, auf meinem Bett und begrüßte mich lächelnd mit einem Kuss in die Luft. Ihr roter Koffer stand geöffnet am Boden, Kleider und Unterwäsche quollen heraus. Ich kehrte sofort um und deutete zur Tür. Aber sie bettelte in ihrer schelmischen Art, erzählte vom Gewimmel auf den Zeltplätzen, dass man überall vergewaltigt werde, und sie wolle ja bloß übernachten, ein bisschen braun werden tagsüber, bis sie weiterreise nach Italien, wo ihr Freund, ein süßer Künstler, auf sie warte. Als sie den Zeltplatz erwähnte, wurde ich weich und ließ sie bleiben unter einer Bedingung, dass ich nicht mit ihr schlafen müsse. Ausgerechnet Astrid, vor der ich zuletzt geflohen war in diese Fuchshöhle, um mich zurückzuziehen wie ein verwundetes Tier, hatte mich als Erste aufspüren müssen. Ohne ein weiteres Wort löschten wir das Licht, und ich drehte mich zur Wand.

Astrid blieb am nächsten Tag und die folgenden Tage und Nächte, darauf lauernd, dass ich ihr wieder hörig würde. Und seit sie da war, seit jener Nacht nach dem Feuerwerk, waren auch die Ameisen da, wie aus dem Boden hervorgezaubert. Nackt lag Astrid im Liegestuhl, ölig eingeschmiert, fixierte mich durch die Sonnenbrille mit ihrem Basiliskenblick, und ich brachte nicht mehr die Kraft auf, sie fortzujagen. Halb gelähmt saß ich am Tisch, über die Papiere gebeugt, aus denen mich ein fremdes Leben anstarrte, und die Ameisen strömten in Scharen aus meinem Hals auf das Haus zu, unterhöhlten die Fundamente, drangen durch Ritzen in die Wohnung ein, wimmelten über die Speisen in der Kammer, verkrochen sich in den Betten, fielen von der Decke in die Kleider. Und ich sah, wie die Ameisen Astrid umzingelten, da sie mitten auf dem Vorplatz in der prallen Sonne lag, sah, während der Boden unter mir wankte und das Blickfeld sich von den Rändern her violett zu verdunkeln begann, während der Schmerz mir den Hals durchsägte, wie sie ihre Königin umscharten, wie die Beine des Liegestuhls schwarz wurden, wie Astrid einen schwarzen Bikini aus wimmelnden Ameisen bekam, wie es gramselte und grimselte in ihrem blonden Haarschweif. Immer neue Nester wurden lebendig in meinem Hals, immer dichtere Straßen führten über die beißende Zunge, uber den Tisch mit den Manuskripten, über die Granitplatten zu ihrem Stuhl, zu ihrem Lächeln, das die Ameisen zuerst wegfraßen aus ihrem Gesicht. Ich sah, wie ihr ameisenhafter, geschnürter Körper langsam abgenagt wurde von kleinen, wetzenden Fresswerkzeugen, ihre Brüste, ihre Schenkel, ihre

Waden, ihr Bauch, ihr Gesäß, ihre Lunge, ihre Därme, bis nur noch das Skelett dalag, blitzsauber abgenagt, das Skelett mit der dunklen Brille an praller Sonne, ein Skelett mit breiten Hüftknochen und langen Extremitäten.

Nachtwache im Panzer

Wir hatten mit unsern Panzern nach dreitägigen Manövern ein Nachtdispositiv in einem Weiler bezogen und sämtliche Achsen gesperrt, in deren Richtung Feind zu erwarten war. Die Fahrzeuge brauchten in der Nacht nicht getarnt zu werden. Natürlich hatten wir beim Bezug der Stellungen offene Plätze und die Lichtkegel der Straßenlaternen gemieden. Die Kanonenrohre stachen gefährlich ins Dunkel. Neugierige Dorfbewohner, die sich bei der Ankunft, als wir rohrend über die Naturstraßen gefahren waren, um die Panzer geschart hatten, technische Daten gegen Schnaps und Kaffee eintauschen wollten, waren wieder in den Häusern verschwunden. Wir, die Mannschaft, mussten zu einem Drittel Wache halten, zwei Drittel konnten pennen. Im überheizten Rösslisaal, es war November, lagen kreuz und quer schlafende Füsiliere in ihren gescheckten Kampfanzügen am Boden, die roten Gesichter vom kurzen Tiefschlaf aufgequollen. Unter den Tischen, zwischen Stühlen und Bänken, von Theaterkulissen halb verdeckt, an den Schanktisch gelehnt und auf der Bühne hockend, überall schlafende Leiber. In einer Ecke wurde bei schwachem Licht gejasst. Zigarettenrauch kräuselte sich bläulich unter der Lampe, gedämpfte, übernächtig heisere Stimmen waren zu hören und das Klatschen der Karten. Es roch nach feuchten Kleidern, nach Gewehrfett, abgestandenem Bier und verbrauchter Luft. Der Schlaf schien körperhaft da zu sein in diesem verlotterten Spelunkensaal, ein vielköpfiges, vielarmiges Ungeheuer, das sich um das Mobiliar schlang, über die Bühne hinweg in die Waldkulissen wucherte, das bald hier, bald dort aus einem seiner Mäuler rülpste, schnarchte, aufseufzte; ein Ungetüm, das nie zur Ruhe kommen konnte, sondern immer irgendwo ein Bein oder einen Bauch bewegen musste. Wir hatten uns beim Parkdienst verspätet und stiegen nun vorsichtig über die gescheckten Soldaten, um ja keinen zu wecken. Für eine Körperlänge fand jeder freien Boden. Wir legten uns todmüde hin.

Neben mir lag der Leutnant unseres Zuges. Er sägte den Jungholzbestand aus den Waldkulissen kurz und klein. Den grünen, graupeligen Pronto hatte er nicht ausgezogen. Vereinzelte Wassertropfen perlten in rascher Bahn auf den Boden. Ich dachte, dass er dem portugiesischen Fußballer Eusébio aufs Haar gleiche, und versuchte, mir vor dem Einschlafen ein Dribbling Eusébios vorzustellen. Aber es gelang nicht. Obwohl ich einen steinschweren Körper und schlaffe Glieder hatte, war der Kopf noch heiß und wach. Ich bemerkte erst jetzt, dass eine Bäuerin zwischen den Tischen hin und her wankte. Sie trug Bierflaschen, dampfende Kaffeegläser, aus denen der Schnapsgeruch herüberwehte, Wurst und Brot. Sie sprach kein Wort, stellte das Gebrachte auf die Holztische und wackelte wieder hinaus. Hinter mir

raschelten Zeitschriften. Unter dem Tisch der Karten-
spieler robbte sich mühsam einer hervor. Ein Glas fiel
scherbelnd zu Boden, ohne beachtet zu werden. Der
Aufgetaute schwankte lehmig und schwer Richtung Türe,
ein Brocken Mensch, stolperte über ein angelehntes Gewehr, tastete nach der Türklinke und verschwand rülp-
send im weiß gekalkten Gang. Draußen hörte man das
Schlagen einer zweiten Tür, nach einer Weile die Was-
serspülung, rauschend, gluckernd, zischend. Vielleicht
sah ich ihn noch zurückkommen, vielleicht tauchte er
unter in einer Gruppe, die eben von der Wache kam.
Einer meiner letzten Gedankenfetzen war der Mann,
der in einer vollen Schenkstube unter dem Telefon einschläft, ohne zu wissen, wann in der Nacht er aufgerufen
würde. Vielleicht war das auch schon Traum, denn plötzlich war ich weg, verlor das Frösteln in den feuchten
Kleidern, den kantigen Kopf, die schmerzenden Rippen,
die heißen Ohren und Augen, ich schmolz weg, sank hi-
nab, tiefer und tiefer.

Die erste Wahrnehmung war mein wackelnder Fuß,
an den jemand immerfort mit seinem Fuß stieß, dann
eine Gestalt, die sich dunkel über mich beugte, denn sie
hatte das Licht im Rücken, dann die Stimme: »Aufstehen, Wache, pressieren.« Die bleierne Müdigkeit goss
sich zurück in meine Glieder, nur waren sie noch viel
schwerer als vor dem Einschlafen. Die Rippen stachen
wieder, die Augen waren ausgebrannte, veräscherte
Krater, die Zunge klebte am Gaumen. Jede Bewegung
schmerzte. Ich setzte mein Bewusstsein zusammen aus

den Elementen, die ich im Schlaf verloren hatte: November, WK, Manöver, Nachtwache. Die Geräusche ließen keinen Zweifel offen, denn das Stöhnen und Schnarchen füllte wieder den Saal, der im rauchigen Licht lag mit seinen Gorgonzolawänden, grüngelb gesprenkelt, mit seinen Vitrinen voll Schützentellern, dem Klavier auf der Bühne, den Waldkulissen, in deren Wipfel es noch nachklang vom letzten Sängerabend. Der Geruch feuchter Klamotten war da, das Knarren von Schuhsohlen, Klappern von Gamellen. Ich rappelte mich auf, ein Roboter, dessen Bewegungen durch einen Befehl in Gang gesetzt worden waren. Links und rechts wälzten sich zwei Kameraden aus dem Schlaf, denen es nicht besser erging. Die Spieler blätterten noch immer ihre Karten auf den Tisch, rührten klingelnd mit den Löffeln in den Kaffeegläsern. Wir tappten nach unsern Gürteln und Mützen, zogen uns schweigend an, schnürten die Schuhe, griffen nach den Gewehren und drängten uns so rasch als möglich hinaus.

Draußen schneidende Kälte, leichtes, trockenes Schneegestöber. Die Nacht war wie ein Dom nach dem niedrigen Rösslisaal. Mein Mund war ausgetrocknet, das Gesicht voller Schlaf, der Kopf eine taube Nuss. Die Geräusche erreichten mich kaum. Zwei Stunden Schlaf klebten mir am Gaumen, brannten in den Augen, auch draußen in der Schneeluft. Meine Füße fanden blind den Weg, doch jede Reaktion auf das Gelände kam verspätet. Wir waren zu zweit für den dritten Panzer bestimmt, Thomas und ich. Die alte Wache kam uns entgegen, als wir ein paar Schritte von der Silhouette des Rochens entfernt waren. »Toi, toi, toi, schlaft nicht ein, Schokolade ist noch im Funkfach«, und weg waren die beiden, vom Dunkel verschluckt. Sie hinterließen ein paar heisere Worte als Spur. Wir kletterten aufs Heck, tauchten durch die Luke in den Kampfraum, schlossen die Deckel und richteten uns ein in der gusseisernen Kälte. Der Getriebekasten war nur noch mattwarm von der Fahrt am Tag, darauf lagen Wollhandschuhe zum Trocknen, die süßlich dünsteten. Ich schwang mich auf den Fahrersitz und klemmte den Kopfhörer über die Ohren, um allenfalls Befehle aufzuschnappen. Thomas machte es sich bequem unter der Luke auf dem Drehstuhl, so gut es ging. Wir lagen quer im Kampfraum. Er hatte die Füße unter dem Hülsensack, ich über dem Getriebekasten, und so dösten wir vor uns hin, fröstelnd in feuchten, lang nicht mehr gewechselten Kleidern. Zu hören war das monotone Funkrauschen, hie und da ein Glucksen im Motorenraum. Durchs Periskop sah man auf eine Weggabelung. Unter der Straßenlampe wirbelten die Flocken durch die Dusche des weißgelben Lichts, wie aus einem dunklen Vorhang geschüttelt, und trieben wieder ab ins Dunkel. Das Bauerndorf schlief, es war nur in jener Weggabelung gegenwärtig, in ein paar Umrissen von Gehöften. Keine Meldungen, nur das Funkrauschen. Wir waren eingepanzert in der friedlichen Nachtstille und wurden langsam zugeschneit. Vor dem Glasscheibchen des Periskops fielen die Flocken sanft und kühl, beinahe klingelnd wie im Märchen. Die Stille kroch unter die feuchten Kleider und unter die Haut, drang herein bis zu den Schatztruhen der weihnächtlichen Knabenerinnerungen, deren Deckel aufsprangen. Es glimmerte und glitzerte wie auf Adventskalendern, es roch nach Backwerk und angesengten Tannnadeln, doch alsbald waren der Kerzenschein und die Gerüche wie weggewischt, denn der Gewehrkolben drückte mich im Rücken. Nur mühsam konnte ich meine Sitzlage verändern und das Gewehr in eine andere Halfterung stellen, dieses sinnlose, ungeladene Gewehr in einem wehrlosen Panzer in einer friedlichen Novembernacht ohne Feinde.

»Das verdammte Funkrauschen, dieser Befehl, der nie kommt, diese ewige Stille, das ist unser wahrer Feind.«

Thomas, den ich schlafend geglaubt hatte – denn es war ja sinnlos innerhalb der großen Sinnlosigkeit, wenn zwei zugleich ihre Gesundheit schädigten und, statt zu schlafen, in das Rauschen hineinhorchten –, Thomas musste beim Lärm, den ich mit dem Gewehr gemacht hatte, aufgewacht sein.

»Ich dachte, du pennst«, sagte ich vom Fahrersitz aus. Das Armaturenbrett lag vor mir im Dunkel, ich konnte weder Zeiger noch Zifferblätter erkennen.

»Wie soll einer da pennen, wenn sie alle schlafen, diese Dummköpfe!«, gab Thomas zurück und drehte sich auf seinem Stuhl mir zu.

Ich seufzte auf:

»Nur jetzt keine philosophischen Gespräche übers Militär und den Krieg, bitte, wir sind todmüde nach drei Tagen Manöver, nach drei Nächten Holzbodenschlaf, ratenweise verabreicht; was wir brauchen, ist Ruhe, Ruhe und nochmals Ruhe. Ich weiß, dass diese verdammte Wache ein Scheißdreck ist, ein Spiel, das nichts nützt, weil es im Bewusstsein des sinnlosen Spiels nicht geübt, sondern apathisch mitgemacht wird, aus Zwang. Ein Spiel, das ein paar unverwüstliche Indianerhäuptlinge zu ihrer Unterhaltung betreiben. Zudem wollen sie uns weismachen, es geschehe im Namen der Freiheit. Ich weiß, Thomas, du bist im Recht. Wenn du den Satz: Wir alle sind verrückt, weil wir Krieg spielen, statt Mensch zu sein! in eine Felswand meißelst, werden dir die Bewohner anderer Sterne, sofern es welche gibt und sie lesen können, recht geben. Nur nützt uns dieses Recht nichts, hier in diesem Panzer. Hier nützt uns einzig die Ruhe, die Kunst, sich tot oder schlafend zu stellen. Gib mir eine von deinen Gauloises und lass mich in Gottes Namen dösen. Wer Gefühl hat, hat auch Gauloises. Bitte, ein Zitat.«

Thomas reichte mir sein Päckchen. Ich klopfte mir eine Zigarette heraus, zündete sie an und blies den Rauch gegen die Geschützmechanik. Auch Thomas zündete sich eine an. Ich sah kurz sein Gesicht im rötlichen Schein der Flamme, das schmal geschnittene Gesicht eines Journalisten mit schwarzer Hornbrille. Er wäre nicht zu den Panzern gekommen, wenn er die Brille vor der Rekrutenschule schon getragen hätte.

Thomas wollte nicht schweigen. Er, der Schweigsame, Wortkarge, der stets ein guter Soldat gewesen war, einer jener Soldaten, die das Reglement voraussetzt, mit denen die Offiziere rechnen, wenn sie sich über die Karten beugen, er, Thomas, der zukünftige Gefreite, stolzer Träger zweier Schützenabzeichen, Elitesoldat einer Spezialtruppe, Intellektueller, beliebt bei allen Höheren wegen seiner Zuverlässigkeit und Sparsamkeit im Gebrauch von Worten, sprichwörtlicher Kamerad, der auf den letzten Marschkilometern drei Gewehre trug, er wollte nun nicht schweigen. Ich hatte ihn eher angeheizt als beruhigt, denn er setzte sogleich nach dem Anzünden der Zigarette, nach den ersten paar Lungenzügen heftig ein:

»Was nützt uns dieses Recht, was nützt uns dieses Recht – wo sollen wir uns denn um ein menschenwürdiges Dasein kümmern, wenn nicht hier unten, in diesem Panzer? Was ich nicht ertrage, ist dieser Spielzeugkrieg. Wir haben das Recht, mehr zu sein als ein Spielzeug in den Händen von ein paar Kranzvätern. Was glaubst du, die haben ihren Heidenspaß an den Manövern. Das sind Ferien für die. Schon bei den Kadetten fängt der Unsinn an. Da wird die Leidenschaft gezüchtet, dem andern das Leben in Form eines roten Fadens vom Oberarm zu reißen. Dort, sag' ich, muss man unterbinden. Wenn es uns nicht gelingt, diese kindische Mörderlust auszurotten, haben wir Krieg, solang wir um die Sonne kreisen. Mit den Schießübungen fängt es an, mit der Lust, die Fünferfahne winken zu sehen. Jeder, der sich an der Fünferfahne freut, ist ein Landesverräter.«

»Dann bist du mit deinen Schützenabzeichen ein doppelter Landesverräter«, sagte ich, unwillig über die Störung, die anscheinend nicht mehr aufzuhalten war. Ich hatte keine Lust, ihm zu beweisen, dass er die Freiheit zu solchen Äußerungen einzig diesem System verdankte, das er verteufelte. Ich war zu müde dazu. Sobald sich einer so extrem verhielt wie Thomas, fühlte ich mich in die Gegenposition gedrängt, obwohl ich nicht gerade militärfreundlich war. Ich gab zu, dass jeder Krieg eine Verrücktheit war, wusste aber, wie wenig damit erreicht wurde, wenn man die Armee aufgab. Um den Satz »Du sollst nicht töten« zu verteidigen, gab es paradoxerweise kein anderes Mittel, als möglichst perfekt töten zu lernen.

»Ich bin ein Verräter«, sagte Thomas, »ich habe geschlafen. Das ist es. Ich bin ein elender, mieser Schläfer. Ja, manchmal schreckte ich auf wie aus einem bösen Traum, da hatte ich kurze Lichtblitze, Erkenntnisse, die alsbald wieder verdämmerten. Es ist ja so einfach, unsern Vätern Freude zu machen, ihrem Leben einen Sinn zu unterschieben, von dem sie zehren wie von einer Altersrente. Rekrutenschule, Unteroffiziersschule, Abverdienen, Offiziersschule, Abverdienen, ein paar leutselige Wiederholungskurse, Kameradschaft an Kompanieabenden, dann Zentralschule, Abverdienen, immerzu Abverdienen, Abverdienen, bis wir unser Leben abverdient haben, bis wir es am selben grünen Tisch verscherzt haben wie alle andern Blindgänger auch, bis uns nichts mehr bleibt als Autorität der Jugend gegenüber: Ihr müsst das alle auch, und: Wartet mal, bis ihr euch bewährt habt! Es ist ein Fluch über uns, ein grüner Teufel, der uns reitet, dem wir schon bei den frühesten Indianerspielen den kleinen Finger reichen.«

»Ich brauche dir nicht zu erklären, Thomas«, entgegnete ich, »weshalb wir, die sogenannte freie Welt, nicht abrüsten können. Du weißt genauso gut wie ich, dass wir mit einer Clique im gleichen Boot sitzen, die nicht mit sich spaßen lässt. Wir beugen uns Spielregeln, die uns aufgezwungen werden, und versuchen, das Beste daraus zu machen.«

»Weil niemand halt sagt«, schrie Thomas, »›halt!‹, rufen wir an unsern Geschützen, wenn etwas nicht in Ordnung ist. ›Haaalt!‹ Warum geht keiner voran und sagt: Ich höre auf mit diesem Unsinn, mit mir macht ihr keinen Spielzeugkrieg und keinen wirklichen Krieg. Warum fängt keiner an aufzuhören? Warum gibt es immer noch Waffensammler, fanatische Kriegsästheten? Wo nähmen sie in Vietnam das Menschenfutter her, wenn keiner Freude hätte am Zielen? Mit den Kadetten fängt es an, mit den Indianerspielen. Alle Kinder umbringen, die Lust haben am Erobern und Anschleichen, diesen Trieb im Keim ersticken. Keine Väter mehr aufkommen lassen, die ihren Söhnen mit glänzenden Augen das Gewehr erklären. Alle Kriegsbücher verbrennen. Abrüsten. Ich verlange totale Abrüstung, sonst gebe ich den Austritt aus dieser Gesellschaft. Und die Mütter, die ihren Söhnen Mut zusprechen: Das muss sein, mein Junge, jeder muss durch diese Schule des Lebens. Es ist nicht wahr, ihr Frauen, die ihr vor einem steifen Hut schwach werdet, es muss nicht sein. Nicht alles, was ist, muss sein. Ihr hättet es in der Hand. Ihr könntet euch weigern, Grenadiere zu gebären. Doch lieber schickt ihr euren Söhnen

Dörrobst in den Dienst für all die Gefühle, die verkümmern. Wo ist euer Mutterinstinkt, euer Sinn für Hygiene, wenn einer zwei Jahre lang kaputt gemacht wird? Ihr protestiert nicht gegen die Verrohung, gegen die dreckigen Witze, die über euch gemacht werden. Ihr seid feig, unbrauchbar. Ich sage: unbrauchbar. Ich verlange totale Abrüstung. Jetzt. Hier, in der friedlichen Schweiz. Ich erkläre es als sinnlos, eine Freiheit zu verteidigen, die im alljährlichen Zwang zu Manövern und Schießübungen besteht.«

Ich sah im Schein der neuen Streichholzflamme, dass Thomas' Lippen feucht, fast schaumig waren. Und so absurd es war, ich konnte ein Lachen nicht unterdrücken, ließ es still in mich hineinsickern. Es war jeweils so lächerlich, wenn man außen beim Panzer stand und hörte, wie drinnen ein Korporal schimpfte. Die machtlos dünne, gusseiserne Stimme im Kampfraum, die erregt tönte und doch nicht bis zum nächsten Baum reichte. Gut, dass uns niemand hörte in dieser novemberlichen Winternacht mit dem friedlichen Flockengestöber unter der Lichtdusche, vorne bei der Kreuzung.

»Thomas«, sagte ich fast gutmütig, »ich gebe zu, wir alle sind verrückt. Die Menschheit lebt im Park eines Irrenhauses, ohne es zu merken. Das ist ihr Glück. Wenn du nun ausbrichst aus diesem Irrenhausgarten, stecken sie dich paradoxerweise in ein Irrenhaus. Also bleibst du in der Familie. Es gibt kein Ausbrechen, es gibt nur ein Sichtotstellen, einen Winterschlaf, bis der Unsinn vorbei ist. Du kennst doch den Einakter von Sartre, wo drei

Personen in der Hölle schmachten und einander nicht umbringen können, weil sie schon tot sind. Das ist es: eine geschlossene Gesellschaft.«

Thomas musste mit den Augen flackern. Ich sah es nicht im stockfinstern Kampfraum, aber ich kannte es, sein grauweißes Flackern, wenn er an einem vorüberging, als wäre man Luft, hochgestelzt, wie ein fremder Vogel. Das Wort »verrückt« gefiel ihm:

»Jaja, jaja, verrückt. Wir haben die Wahl, mein Lieber, wir können die Notbremse ziehen, den ganzen Zirkus abstoppen. Ich pfeife auf die Irrenhäuser. Ich mache nicht mehr weiter. Ich bin fertig mit dem Militär, mit dem Leben, das eine grüne Schlange am Busen nährt. Fertig, Schluss, basta, aus und amen! Ich rüste ab.«

Thomas hatte beim letzten Wort die Lukendeckel aufgestoßen und kletterte gewandt aus dem Panzer. Kälte kam herein, einzelne Schneeflocken, etwas mehr Licht, so dass ich die Umrisse der Geschützmechanik, das Zielfernrohr, den Hülsensack und die Richträder erkennen konnte. Thomas stemmte sich hoch mitsamt seinem Gewehr und verschwand über der Luke. Ich hörte seine polternden Füße auf dem Heck und wie er vom Trittbrett in den Schnee sprang. Die Lukendeckel schepperten, machten einen Mordskrach. Als ich Thomas draußen an der Werkzeugkiste rütteln hörte, kletterte ich ihm nach und streckte den Kopf in die Nachtluft. Thomas hatte das Gewehr und seine Sachen im Schnee in Reih und Glied deponiert. Er klopfte eine Achtungstellung in Richtung Unterkunft, dann rief er in die Nacht hinaus:

»Ich melde: Abrüstungsdetachement zum Abrüsten bereit. Ich befehle: Sämtliches Kriegsmaterial zurückfassen! Ausführen!«

Dann schritt er um den Panzer herum, öffnete die Werkzeugkiste, warf mit Putzfäden um sich, kramte die Werkzeuge hervor und ließ sie in den Schnee plumpsen.

»Thomas, du spinnst. Wir haben Wache. Auf der Wache wird nicht geschlafen, nicht geraucht, und schon gar nicht abgerüstet. Thomas, ich muss den Leutnant holen, du zwingst mich dazu!«

»Hol ihn nur«, sagte Thomas heiter-wütend, »bis der wach ist, habe ich den Rochen in seine Bestandteile zerlegt. Befehl ist Befehl.«

»Wer hat dir den Befehl gegeben?«

»Ich! Stell dir vor, ich«, und er pochte auf die Brust. Dann begann er ein Soldatenlied zu pfeifen. »Panzerjäger, du alleine, du allein sollst meine Freude sein.«

Es stand außer Zweifel. Thomas war verrückt. Die drei Tage Manöver, die drei Nächte Holzbodenschlaf, der ganze Rummel. Ich wartete ab, wie weit er's treiben würde. Zureden half nichts, ihn einfach verraten, wollte ich nicht, also schaute ich zu und traute meinen Augen kaum.

Thomas demontierte die Panzerschürzen. Gewandt, wie er mit dem Schraubenschlüssel umging. Man merkte, dass er ein guter Soldat war. Thomas wusste den Sitz jeder Schraubenmutter. Pfeifend hockte er unter den Schürzen, leuchtete mit der Taschenlampe die Schraube an, mutterte sie auf und warf sie weg.

»Thomas, die Bestandteile. Denk an die Kontrolle beim Abgeben der Panzer!«

Thomas kümmerte sich nicht um mich. Schraube um Schraube flog in den Schnee. Die Panzerschürzen fielen krachend. Aber das Dorf blieb ruhig. Ich dachte: Bis zur nächsten Wachablösung wird er's nicht schaffen. Dort ist bestimmt einer dabei, ein einfaches Gemüt, der etwas unternehmen wird. Aber Thomas arbeitete wie bei einem Raupenwechselwettbewerb. Er hatte schon den Schlagring weggeschlagen, vorn an der Raupe zwischen Antriebsrad und Laufrad, und hämmerte gegen den Bolzen. Gusseisern tönte es in die Nacht hinaus, wie Hämmern auf einem Amboss. Ohne einen Raupensack zu fahren, trieb er den Stift hinaus. Ein letzter Schlag, und es rasselte im Laufwerk. Die linke Raupe war zerteilt. Das obere Glied hing lose übers Antriebsrad, die untere Kette war klirrend in den Schnee gesackt.

»Gönn dir eine Pause«, sagte ich, »eine Gauloise!«

Thomas schuftete weiter wie ein Besessener. Das Flockengestöber unter der Lampe an der Kreuzung kümmerte sich nicht darum. Weihnächtlich tanzten die Flocken. Wir wurden immer mehr zugeschneit. Der Schnee dämpfte den Lärm von Thomas. Die Hoffnung, dass jemand erwachte, war gering. Thomas hatte die rechte Raupe vorgenommen. Wieder das Hämmern, die Echos von der Wanne des Kampfraumes, das Rasseln der fallenden Kettenglieder. Und er pfiff: »Panzerjäger, du alleine.«

Er war übergeschnappt. Der Spielzeugkrieg hatte ihn fertiggemacht, dieses ewige Warten auf einen Feind, der

nie kam, das von keinem Befehl unterbrochene Funkrauschen. Dann die Wichtigtuerei der Offiziere, die dem
Ganzen übertriebenen Ernst beimaßen und nicht merk-
ten, dass sie ihre Zinnsoldatenträume aus der Jugend-
zeit verwirklichten. Warum hatte Thomas eigentlich
nicht weitergemacht, er, der Elitesoldat mit dem doppelten Schützenabzeichen? An dir ist auch ein Oberst verlorengegangen, hatte ich einmal zu ihm gesagt, im Scherz,
wie man das so sagt. Thomas war sogleich wütend geworden: »Ein Oberst, ja, dafür kein Mensch. Schau dir
die an, die sich nach der Matura zwei Jahre einstecken
lassen, wie die nachher rauskommen, voll seelischer
Beulen!« Darauf erzählte er mir die Episode aus der
Unteroffiziersschule.

»Wie alle«, sagte Thomas, »ging ich natürlich in die
Unteroffiziersschule, blind und ehrgeizig, wie ich war.
Man ist mit zwanzig noch im Alter, wo man es gerne böllern hört. In der ersten Woche merkte ich, dass ich am
falschen Ort war. Um mich herum wimmelte es nur so
von rotschnäuzigen Instruktoren und ehrgeizigen Her-
rensöhnchen, die sich dumm machen ließen. ›Du kannst
dir deine Umgebung nicht auslesen‹, hatte mein Vater
gesagt. Doch, ich konnte mir meine Umgebung auslesen.
Das war meine erste Erkenntnis. Machte ich diesen Zau-
ber weiterhin mit, ging ich zugrunde. Dass die andern es
überstanden, dafür konnte ich nichts. Ich war doch nicht
schuld an ihrer seelischen Robustheit. Ich war eben
nicht wie die andern. Daraus mussten meine Umwelt
und ich die Konsequenzen ziehen. Der Staat konnte es

sich nicht leisten, Kräfte wie die meinigen an ein solches System zu verschleudern. Hingegen warteten Dutzende auf meinen Platz als Offiziersanwärter, um dem Vaterland mit ihrer Kriegsbegabung zu dienen, wenn ich den Austritt gab. Also trat ich aus.«

»Du tratst aus?«, fragte ich ungläubig, »ja wie denn?«

»Es war ganz einfach«, erzählte Thomas weiter. »Wir hatten einen Obersten als Vertreter des Schulkommandanten, der mich nicht ausstehen mochte, weil er es nur zum Primarlehrer gebracht hatte, während ich Student war. ›Ihr Studiker‹, hatte er schon am zweiten Tag gesagt, ›schickt eure weise Nase nach Hause. Hier haben wir keinen Semesterbetrieb, hier wird gearbeitet.‹ Das am stärksten betonte Wort war ›ihr‹. Er litt unter einem Bildungskomplex. Oberst Breitenstein hieß er, glaub' ich. Ein ausgedörrter Primarlehrer, das bisschen Seele im Kreidestaub unzähliger Stunden erzieherischer Fronarbeit erstickt. Wir lebten miteinander auf dem Kriegsfuß, bevor ich einen Finger gerührt hatte. Es war also einfach. Bei einem seiner beliebten Geländeparcours ließ ich es drauf ankommen. Die Instruktionen lauteten so: Im Wald versteckt halten, auf Befehl des Gruppenführers die paar Hundert Meter den Hügel hinankriechen, oben blitzartig ausschwärmen, Gewehr in den Boden pflanzen, Feind wird erwartet am Waldrand jenseits der Straße, der von der Kuppe aus sichtbar wird. Wir krochen also bergauf. Mein Vordermann furzte immerzu wegen der Gamelle voll weißer Bohnen, die er verdrückt hatte. Ich kroch und kroch und kroch die schmale Runse aufwärts, wie eine Echse ohne Füße. Oben stand Oberst Breitenstein im schwarzen, wehenden Ledermantel und blickte uns kaltschnäuzig entgegen. Offenbar krochen wir zu langsam. Ich heizte den Vordermann an, er furzte mir zur Antwort ins Gesicht. Endlich auf der Kuppe, hatten wir kaum mehr die Kraft zu rennen. Mir war die Brille angelaufen. Ich sah überhaupt nichts mehr. Also nahm ich zuerst die Brille ab, um die Mannsscheiben zu entdecken, bevor ich die Zweibeinstütze des Gewehrs in den Boden pflanzte. ›Tauchen Sie doch endlich‹, schrie mich der Oberst an, ›die haben Sie schon längst abgeknallt.‹ Gut, ich tauchte, ohne Orientierung. Fünf Sekunden hatten wir Zeit bis zum ersten Schuss. Ich suchte fieberhaft nach Mannsscheiben, doch es flimmerte nur vor den Augen. Der Nebenmann gab Feuer frei. ›Kommt der Schuss‹, schrie der Oberst abermals, ›oder haben Ihre Patronen Semesterferien?‹ Da wurde es mir zu bunt. Ich ließ das Gewehr fallen, nahm meine Brille, putzte sie, setzte sie sorgfältig auf, stand auf, trat vor den Obersten hin und sagte, den bohrenden Zeigefinger an der Stirn:

›Ihnen spinnt's wohl, Sie Einmaleins-Globi, Sie Heimatkunde-Fritz, Sie ABC-Schützenkönig, Sie Jägerball-Opa. Hätte ich ohne Brille geschossen, wäre der Schuss Ihnen in den Arsch.‹

Der Oberst schnappte nach Luft und wollte eben losdonnern, da befahl ich:

›Ruhe, keine Diskussion, basta, Schluss! Ich habe mich gewehrt, als Brillenträger diesen Käs mitzumachen, Sie haben gesagt: ›Auch die Herren Studenten mit ihren

Hornbrillen kriechen, genau wie die andern. Wir machen keine Ausnahme‹, haben Sie gesagt. Jetzt haben Sie den Dreck, die Ausnahme, dass Ihnen einmal einer sagt, was Sie sind. Ruhe! Mit Ihnen diskutiere ich nicht, Volksschulkomiker, Proletarier!«

»Und dann?«, fragte ich Thomas.

»Dann saß ich meinen Arrest ab, fand einen vernünftigen Arzt und gab den Austritt.«

Das war das Ende seiner militärischen Laufbahn. Und nun demontierte er den Panzer, in dem ich stand wie ein Kommandant, auf dem Drehstuhl, frierend, übernächtig und doch hellwach. Thomas riss alles weg, was nicht niet- und nagelfest war, die Ersatzraupe, das Ersatzlaufrad, die Winde, das Brecheisen, die Funkantenne, Vorschlaghammer und Abschleppkabel, Feldtelefon, Gurtenkisten, Maschinengewehr, Fliegerabwehrstütze, alles lag verstreut um den Panzer im Schnee, überdeckt schon mit einer feinen Puderschicht.

»Thomas, du bist verrückt!«, versuchte ich es ein letztes Mal. Er pfiff nun nicht mehr, sondern keuchte und schwitzte wie ein Ross.

»Du bist verrückt«, gab er zurück, »ihr alle seid verrückt. Ich fange an mit Abrüsten. Einer muss doch anfangen, ein Einzelner, ein Unbedeutender, ich zum Beispiel.«

Er zielte mit dem Gewehr auf mich, ließ den Abzug leer klicken.

»Du hockst wieder«, sagte ich, »und kein Mensch nimmt ernsthaft Notiz von deinem Abrüstungswahn. Die

Tat eines Übermüdeten in der dritten Manövernacht, wird es heißen, sonst nichts. Und das Leben geht weiter, leider.«

Thomas stockte einen Augenblick. Dann sagte er für sich ins Gestöber hinaus: »Ich habe ja nur Schrauben gelöst, die locker saßen.«

Darauf begann er seinen Tanz. Mit dem Gewehr in der Hand hüpfte er um den gefechtsuntüchtigen Panzer, hüpfte um die verstreuten Bestandteile. Den Gewehrkolben schraubte er ab, während er hopste. Weg damit, in die Nacht hinaus. Den Pistolengriff klinkte er aus. Weg damit, auf den zugeschneiten Miststock. Das Magazin vertrampelte er. Weg mit dem Verschlusskopf, auf die Straße, weg mit der Zweibeinstütze, weg, weg, weg. So flogen die schwarzen Bestandteile des Gewehrs in den Schnee, versanken, verloren sich. Zuletzt zwirbelte der Lauf durch die Luft, prallte irgendwo gegen ein Scheunentor, dass es drinnen aufmuhte. Helm, Gürtel, Bajonett, alles flog durch die Luft. Thomas riss den Kampfanzug auf, zog sich aus bis auf die Haut, schleuderte die Kleiderfetzen wie ein Lasso über dem Kopf. Splitternackt stellte er sich vor die Mündung der Kanone, die über die Straßenkreuzung hinaus ins offene Feld zeigte. Und er schrie in die Nacht:

»So kommt doch endlich, ihr Feinde!«

Die Leser auf der Stör

Die Leser kommen auf Bestellung, wie die Klavierstimmer. Sie besuchen die herrschaftlichen Häuser, in denen es ein Bibliothekszimmer gibt. Sie tragen die Uniform des Leseinstituts »Legissima«, ein weißes Hemd mit offenem Kragen und ein gelbseidenes, schwarzgetupftes Halstuch. Im Köfferchen führen sie die Lesebrille mit sich. Zu den Aufgaben der Leser gehört es, die Bibliotheken zu stimmen, alte Bücher mit ihren Augen aufzufrischen und die neuen Bücher zu lesen. Sie kommen frühmorgens, wenn die Kinder noch bei der Ovomaltine sitzen. Für kleinere Büchergestelle genügt ein Leser, die Bibliotheken erfordern eine Lesermannschaft. In Filzpantoffeln schleichen sie durch den Flur ins Bücherzimmer. Der Oberleser klopft dreimal kurz an die Esszimmertür, worauf die Mutter ihre Kinder zur Ruhe ermahnt. »Wir haben die Leser auf der Stör«, flüstert sie.

Die Leser packen ihre Brillen aus und machen sich an die Arbeit. Der Oberleser stimmt nach der neusten Epocheneinteilung der Literaturgeschichten die Bibliothek. Je nachdem ob Hölderlin zu den Klassikern oder zu den Romantikern gezählt wird, reiht er ihn nach Schiller oder vor Novalis ein. Vor allem der Beginn der Moderne ist sehr umstritten. Einmal beginnt die Moderne bei Büchner, ein andermal schon beim Sturm und Drang. Der Oberleser kontrolliert auch alle Bücher auf ihre Vollständigkeit. Die Kapitel werden nachgezählt, ihre Reihenfolge überprüft. Dann verteilt der Oberleser die Lesezeichen. Alle modischen Bücher werden mit einem Lesezeichen versehen, an beliebiger Stelle. Als Lesezeichen dienen gelbe Papierstreifen mit schwarzen Tupfen und einem großen L. Die kontrollierten Bücher werden auf der ersten Seite abgestempelt. Auf besonderen Wunsch des Hausherrn liest der Oberleser verstaubte Bücher aus allen Epochen, natürlich im Schnelllesverfahren. Für den Wilhelm Meister benötigt er drei Stunden. Die aufgefrischten Bücher erhalten einen Sonderstempel.

Eine Gruppe von Lesern liest die Neuerscheinungen durch. Die Bücher sind nach Verlagshäusern gestapelt. Jeder Leser ist auf einen Verlag spezialisiert. Viele Leute kaufen sämtliche Neuerscheinungen. In diesen Häusern bleiben die Leser tagelang, wochenlang auf der Stör. Jeweils zum schwarzen Kaffee erscheint ein Delegierter im Speisezimmer und berichtet dem Hausherrn von der Lektüre. In kurzen, prägnanten Formeln erfasst er jedes Buch, bringt es auf einen Nenner. Der Hausherr notiert sich die Nenner In ein kleines Notizbuch, das die Frau aus dem Smoking holt und nach der Konferenz wieder in der Brusttasche verstaut. Dann kommen auch die Lücken der Bibliothek zur Sprache. Der Hausherr gewährt den Kredit, und einer der Leser sitzt am andern Morgen am Telefon, gibt die Bestellungen auf. Da die

Neuerscheinungen im Bücherzimmer kaum zu bewältigen sind, werden die fehlenden Bücher »schon gelesen« bestellt. Auch die Buchhandlungen beschäftigen Berufsleser, welche an einem Stehpult im Ladenraum für jene Kunden lesen, die sich gelesene Bücher leisten können. Sie kommen deshalb teurer zu stehen, weil sie mit Nenner geliefert werden. Aber der Hausherr zeigt Verständnis für das überlastete Leserteam.

Nach diesem Tischgespräch zieht sich der Delegierte wieder zurück. Alle Leser werden im Bücherzimmer verpflegt. Die Hausfrauen haben ihre Leser-Menüs: Schinkengipfel oder Siedfleischplatte. Nach dem Essen werden Simultankontraste an die Wand projiziert zur Erfrischung der Augen. Am späten Nachmittag empfängt der Oberleser die Schüler und Studenten des Hauses und informiert sie über die Neuerscheinungen. Manchmal kommt es vor, dass ein Schüler in seinem jugendlichen Idealismus zu einem Buch greifen will. »Nicht doch«, sagt dann der Oberleser wie ein gut erzogener Kellner, der dem ungeduldigen Gast den Schöpflöffel sanft aus der Hand nimmt, »nicht doch!« Und er liest dem Schüler die gewünschte Stelle vor.

Neben diesen Gruppen von Lesern, die, in Polstersessel versunken, Neuerscheinungen aufarbeiten und sortieren, gibt es noch die Randnotare. Sie schreiben, je nach Mentalität des Hauses, mit Bleistift, Kugelschreiber oder Filzstift Notizen an den Rand der Seiten. Einige Stellen versehen sie mit Ausrufungszeichen, andere mit Fragezeichen. Sie unterstreichen ganze oder halbe

Sätze, sie verteilen Zitate aus anderen Werken gleichmäßig auf die Kapitel. Sind die Randnotizen gemacht,
gehen die Bücher durch die Hand des Coiffeurs, wie er
in Fachkreisen genannt wird. Er bringt Eselsohren an,
zerknittert ab und zu eine Seite und streicht sie wieder
glatt, durchkämmt die Bücher mit groben Handschlägen,
damit sie die Spuren eines durchschnittlichen Lesetem-
pos tragen. So behandelt, kommen die Bücher wieder in
die Hände des Oberlesers, der sie nach neusten wissenschaftlichen Kriterien der Bibliothek angliedert. Dass
diese Ordnungen vorläufig sind, weiß der Hausherr so
gut wie das Leseinstitut »Legissima«, das sich deshalb
verpflichtet, außerhalb der Renovationsphasen einen
Vertreter vorbeizuschicken, der die Bücher strömungs-
gemäß umgruppiert. Diese Vertreter genießen bei den
Hausfrauen, die ohnehin keine Zeit haben, Bücher lesen
zu lassen, nicht den besten Ruf, weil sie oft ungelegen
hereinschneien. Sie zeigen denn auch das unterwürfige
Gebaren von Hausierern. Die Frauen sagen unter der
Tür: »Könnt ihr nicht ein andermal kommen?«, worauf
die Vertreter lächelnd die Achseln zucken und die weißen Handschuhe wieder von den Fingern zupfen.

Nach beendigter Stör ziehen die Leser am Abend zum
letzten Mal die Filzpantoffeln aus. Der Hausherr schreitet mit dem Oberleser durch die renovierte Bibliothek
und hat das Gefühl, ein geistig neuer Mensch zu sein.
Während die Leser im Flur mit der Frau, deren Jüngs-
tes am Schürzenzipfel hängt, über den Personalmangel
am Leseinstitut diskutieren, zeigt der Oberleser mit dem

Stolz eines Tapezierermeisters auf die renovierten Bücherwände, auf den Wald von Lesezeichen, auf die Epochen, die sich von Regal zu Regal neu verbunden die
Hände reichen. Zwecks einer Stichprobe, die nicht als
Kontrolle gedacht ist, sondern vom Oberleser gefordert
wird, greift der Hausherr eine Neuerscheinung heraus:
Das Buch zeigt keinerlei Anzeichen von Jungfräulichkeit.
Rücken um Rücken strahlen die Bände die vertrauliche
Autorität gelesener Bücher aus, keines beklagt sich über
eine fremde Nachbarschaft. Die Klassiker sehen nicht
nur gebraucht, sondern geradezu missbraucht aus.

»Wir müssen mit der Zeit dazu kommen«, sagt der
Oberleser nach dem Rundgang, »dass die Bücher einander selber lesen. Die Literatur ist es, die fortwährend
neue Literatur produziert, sie soll sie auch konsumieren.
Bald können Sie sich die Handwerker ersparen!« Der
Hausherr nickt gewichtig zu dieser Sentenz, verwirft
aber die Utopie mit einer freundlichen, fast kameradschaftlichen Handbewegung, so dass die Aschenraupe
seiner Zigarre abfällt. Er schätze sich glücklich, finanzi-
ell in der Lage zu sein, seine Bücher noch lesen zu lassen.

Beim Abschied vereinbart er mit dem Oberleser den
nächsten Termin. Der Oberleser kann nichts versprechen, hofft aber in Anbetracht der zuverlässigen Kund-
schaft des Hausherrn, diesen unmittelbar nach den
Herbstneuerscheinungen des nächsten Jahres berück-
sichtigen zu können.

Die Lederausgabe

Eine zugeschlagene Tür hallte durch den Palazzo. Der Brunnen plätscherte gleichmäßig. Sie saßen an einem der wackligen Tischchen vor der Casa Battista bei einem Campari und schauten den Ziegen zu, die wie jeden Abend aus der Gasse auf den kleinen, gepflästerten Dorfplatz drängten, einander hörnten und besprangen. Die Dorfbuben, die beim Brunnen gespielt hatten, rannten mitten in das Rudel hinein und riefen sich Worte zu in ihrem pastellfarbenen Bergeller Dialekt. Fliegen summten um den Geißenkaviar. Ein Gewitter braute sich zusammen. Den ganzen Tag über war es schwül gewesen. Sie hatten die Hitze Italiens gespürt in der dünnen Bergluft, eine stickige Bruthitze, welche die Heuschober ausstopfte bis unter die Schindeln. Nun wühlte der Wind in den Kastanienkronen auf dem Platz. Gäste traten unter die Tür, mutmaßten über das Gewitter. Das bevorstehende Nachtessen gab ihren Unterhaltungen etwas Feierliches. Vielleicht war es auch die gemeinsame Bedrohung, die ihren Tonfall freundlicher stimmte. Man glaubte plötzlich, mit jedem ein Gespräch über irgendetwas anfangen zu können. Arbeiter aus dem Steinbruch gingen schweigend an ihnen vorüber, das Werkzeug geschultert, die nackten Arme weiß vom Staub. Das letzte

Postauto war abgefahren und hupte seinen Dreiklang in die Kastanienwälder. Eduard stellte sich die heimkehrenden Wanderer vor mit schlaffen Rucksäcken und heruntergestülpten Socken, wie sie dem Postauto nachblickten, das seine Schleifen zog und lackgelb ins Grün der Wälder eintauchte. Und plötzlich, als habe ihn eine Mücke gestochen, platzte er mit der plumpen Bemerkung heraus:

»Weißt du, Rita, was mir an unserer kurzen Bekanntschaft so gut gefallen hat? Wir sind uns nahegekommen, hautnah sogar, wir haben über alles offen gesprochen, und dennoch bin ich nie auf die Idee gekommen, mit dir schlafen zu wollen. Es wäre ja lächerlich gewesen, ich, ein junger Student, und du, eine waschechte, knochige Aristokratin. Und wenn uns der Altersunterschied nicht gehindert hätte, so wäre es dein Körper gewesen, der für mich nie die geringste erotische Anziehungskraft besaß. Du warst mir eine Freundin ohne Fleisch und Blut. Idealer kann man sich ein Verhältnis nicht mehr vorstellen.«

Aufrichtig grinsend blickte er ihr ins braungebrannte Gesicht, dieses stolze Gesicht voller Falten, in dem es einen Augenblick zuckte wie von Peitschenhieben. Dann flog ein spöttisches und doch wohlwollendes Lächeln um ihre Lippen, und nach einer Verschnaufpause, in der die Geißen klingelnd Bocksprünge vollführten, sagte sie gelassen:

»Ich bin froh, dass du den Mut hattest, mir auch das zu sagen, Eduard. Es gehört zur Offenheit zwischen uns.« Sie zeigte lachend auf eine Geiß, die ein kleines

Mädchen, das ihr Salz hinstreckte, vor Ungeduld an die Wand drückte. Damit war die Sache abgetan. Sie tranken in kleinen Schlücken ihren Campari und entspannten sich für das Nachtessen. Es roch schon verführerisch nach Braten. Ein Hutzelweibchen mit einer geflochtenen Hutte schlurfte über den Platz. Das Gewitter zögerte. Der Himmel lastete wie eine graue Blase auf dem Tal. Rita schob die braunen Beine übereinander. Der Rock rutschte ihr weit über die Knie zurück. Für eine Fünfzigerin waren die Beine eigentlich noch sehr straff.

Ja, sie hatten sich während ihrer kurzen Hotelbekanntschaft in diesem Bergdorf hoch über dem Bergell so ziemlich alles anvertraut, was ihr Leben, filtriert durch Gedichte, hergab. Und dennoch kannte er sie kaum, diese seltsame Dame. Sie war einmal verheiratet gewesen, hatte erwachsene Kinder. Aber lebte sie noch, war der Trieb noch nicht erloschen in ihr? Schon am ersten Abend nach Eduards Ankunft überschritt ihr Gespräch die Höflichkeitsgrenzen. Sie hatten ein Zweiertischchen für sich, was sie in den Augen der Serviertöchter zu einem Paar machte. Sie schöpfte ihm die Suppe, als sei sie seine Tante. Begeistert folgte sie seinen Ausführungen über bibliophile Bücher. Nach dem Essen wurde Eduard immerhin so vertraulich, dass er ihr seinen Lieblingsdichter preisgab. Er zeigte ihr seine beige Lederausgabe von Rilkes Gedichten. Sie strich zärtlich mit der gebräunten, dick beringten Hand über das glatte Leder: Nicht viel hätte gefehlt, und Eduard hätte ihr sogar vorgelesen, was unter Büchernarren einer versteckten Liebeserklärung gleichkommt. Sie sagte, seinen Wunsch durchschauend: »Morgen müssen Sie mir vorlesen, Eduard, vor allem die dritte Duineser Elegie.«

Er zeigte ihr Rilkes Bibliothekszimmer mit den Wänden aus Arventäfer. Hier, sagte Eduard und genoss die Rolle eines Fremdenführers der deutschen Literaturgeschichte, insbesondere wenn ihre Räume von den hohen Absätzen einer Dame widerhallten, hier beschrieb Rilke, der sich wie ein verwundetes Tier von seinem unsteten Wanderleben in die Bergwelt zurückgezogen hatte, das Experiment, das er später Urgeräusch nannte. (Sie müssen mir davon erzählen.) Vielleicht kennen Sie den Brief an die Gräfin M., in dem er die Bibliothek mit einem Venusberg vergleicht, die glänzenden Bücher mit dem Gestein im Berginnern? (Wie faszinierend!) Rilke betonte immer in seinen Briefen, dass die Bibliothek andern Leuten nicht zugänglich sei. Sogar noch hier, in diesem gottverlassenen Bergdorf, legte er Wert auf seine Exterritorialität. Ein Elfenbeinturmlyriker per definitionem. (Schreiben Sie auch Gedichte?) Rilkes Vorliebe für alles Altmodische ist bezeugt. Der Geruch einer leeren, alten Schublade konnte ihn aus der Fassung bringen. (Schrieb er für die Schublade?) Rilke hätte Ihnen bestimmt einen Brief hinterlassen, wenn er gewusst hätte, dass Sie einmal hier aufkreuzen. Sie gleichen doch ein bisschen der Fürstin von Thurn und Taxis-Hohenlohe. (Finden Sie?) Der Garten war für Rilke ein Postkartengruß aus Paris: Er liebte beschnittenen Buchs und symmetrische Kieswege.

Am folgenden Tag überraschte Eduard die Dame im Liegestuhl, als sie ihr mürbes Fleisch an der Sonne briet. Der Garten war eine stille Insel, umschlossen von der verfallenen Parkmauer, bewacht von zwei uralten Riesentannen. Tief leuchtend und luftig blühte der Phlox. Eine französische Parkstille. Die Tische der Gartenwirtschaft waren nur spärlich besetzt. Eduard las ihr aus der Lederausgabe vor, erklärte ihr das Experiment mit dem Phonographen und begeisterte sich an der verrückten Idee Rilkes, eine Schädelnaht in ein menschliches Geräusch zurückführen zu wollen. »Merken Sie, wie da der geborene Lyriker hervorbricht, dem das Anfassen von Gegenständen mit Worten eine Qual ist? Lyrik als menschliches Urgeräusch, die Sprache in einem musikalischen Vorstadium, wo sie bloß klingt und noch nichts Bestimmtes meint.«

Rita hörte so gut zu, dass er sich berauschen konnte an seinen Erklärungen; und welches Glück wäre größer gewesen für einen Studenten der Germanistik! So verführerisch sie war, indem sie geistiges Verlangen ausströmte oder auch nur vortäuschte, so abstoßend war ihr Äußeres. Sie war groß, schlank, hatte breite, knochige Schultern und eine braun gegerbte, lederne Haut. Sie wirkte sportlich trotz ihren fünfzig Jahren. Ein künstliches Blond und eine kurze Frisur unterstrichen die Knabenhaftigkeit. Die Gesichtszüge waren hart. Nur das Lachen, bei dem sich ihre Lederhaut in tiefe Falten legte, gab ihr etwas entfernt Weibliches. Die Brust flach. Kleine, lederne Warzen stellte sich Eduard vor. Dagegen wirkte das Gesäß fast üppig, wenn auch die Hüftknochen stark hervortraten. Die straffen Beine, die genauso braun und ledern waren wie alle übrigen Körperteile, ließen immerhin oberhalb der Knie frauliche Weichheit vermuten. Es war fast eine Reptilienhaut. Rita trug einfache, saloppe Kleider, kurze Röcke und bunt bedruckte Blusen, hingegen oft teuren Schmuck. Zu den Abendmahlzeiten schminkte sie sich leicht, ohne dadurch an Weiblichkeit zu gewinnen. Die Hakennase und die schmalen, kaum aus Fleisch, sondern nur aus Haut bestehenden Vogellippen waren dagegen, wenn das luftige Haar dem Gesicht jugendlichen Charme geben wollte. Sie war hässlich und besaß dennoch eine anziehende Attraktivität, der Eduard auf die Spur kommen wollte, da er ohnehin nichts anderes zu tun hatte als seinen Rilke-Studien zu obliegen, die, wie alle derartigen Studien, entweder von selbst gediehen oder gar nicht.

Rita – sie kam ihm manchmal wie eine dürre Banane vor – war zu seinem Unglück eine leidenschaftliche Spaziergängerin. Sie wollte nicht nur Rilkes zerklüftete Seelenlandschaft, sondern auch das Bergell erwandern. Zusammen durchstreiften sie das wildromantische Tal, kletterten in den Ruinen einer Wallfahrtskirche herum, scheuchten Schlangen auf und zerkratzten sich die Beine an den Sträuchern. Es war ihr nicht einmal um ihre Beine schade. Sie besuchten die steinernen Galgentürme. Eduard zeigte ihr das Grab Giacomettis, spielte ihr in einer kleinen, kühlen Kirche auf dem Harmonium Bach vor. Sie lagen im Kastanienwald unter den

Baumriesen im Schatten und sprachen über den Engel in den Duineser Elegien. (Rilke als mimosenhafter Gärtner der Empfindsamkeit, Rilke als Bergsteiger des Gefühls.) Den Staubbach wollte sie sehen und ging so nahe heran, dass Rock und Bluse klatschnass wurden und eng an ihrem hageren Körper pappten. Da glich sie einem Erzengel. Ein Mannweib, das vor Eduard durchs Gras stapfte. (Rilke als Rutengänger der Einsamkeit.) »Man muß sterben, weil man sie kennt. Sterben an der unsäglichen Blüte des Lächelns. Sterben an ihren leichten Händen. Sterben an Frauen. Singe der Jüngling die tödlichen, wenn sie ihm hoch durch den Herzraum wandeln. Aus seiner blühenden Brust sing er sie an: unerreichbare! Ach, wie sie fremd sind ...« Vielleicht dachte Eduard einen Augenblick lang, wenn er ihre braunen, muskulösen Beine sah und den Hintern, der den nassen Stoff prall ausspannte, dass es ein abwegiges Vergnügen sein könnte, mit einer älteren Frau, die noch nicht ganz abgestorben war. Aber dann verwarf er den Gedanken wieder. Er war zu absurd.

Die Lederausgabe bekam allmählich Flecken vom vielen Herumtragen. Und ihr geistiges Verhältnis wurde immer kapriziöser. Obwohl Rita nicht viel von Rilke verstand, verstand sie es ausgezeichnet, so zu tun, als verstehe sie etwas davon. Wenn Eduard ihr vorlas, konnte sie ihn unvermittelt unterbrechen und mit warmer Stimme verlangen: »Lies die letzte Zeile noch einmal, Eduard!« Dann kostete sie im Nachsprechen die Worte auf der Zunge aus und knüpfte ein Gespräch an, das, ausgehend vom Stichwort ›Fragonard‹, in entfernteste Gegenden führte, in eine Landschaft mit Treibhäusern, in denen laszive Orchideen ihren süßlich klebrigen Duft verströmten. (Rilke als mystischer Erotomane.) Sie verstand es immer wieder, dem Gespräch jenen Sex-Appeal zu geben, den ihr Körper vermissen ließ. Sie konnte sich mit Worten kunstvoll umständlich ausziehen, ohne jemals einen zweideutigen Ausdruck in den Mund zu nehmen. Eduard sagte es ihr einmal: »Rita, wenn du ein Gedicht interpretierst, ist das, wie wenn du Striptease machen würdest.« Sie lachte und konnte in späteren Diskussionen plötzlich einwerfen: »Jetzt musst du aber wegschauen!«

Diese Kunst, im Geistigen sinnlich zu sein, während ihr Körper hölzern und spröd blieb, gab ihr einen eigentümlichen Reiz. Eduard konnte sie mit Gedichten verführen, ohne in die peinliche Lage des Mannes zu geraten, der den ersten Schritt tun muss. Und Rita leistete geschickt Widerstand. Gegenseitig durchdrangen sie einander mit ihren Interpretationen von Rilkes Gedichten. Nie war eine körperliche Hemmung da. Sie konnte das Gespräch so führen, dass Eduard immer das Gefühl hatte, ihr unter den Rock zu gucken. Und sie wusste es und duldete es. Sie blitzte mit Worten, verhüllte und entblößte. Wenn sie sich vor einem Spaziergang trafen, waren sie in Spannung wie zwei Verliebte, die genau wissen, dass sie der Weg in eine abgelegene Hütte führen wird. Aber sie wissen noch nicht, wo die Hütte liegt. Und dann, auf dem staubigen Weg zwischen knisterndem Ginster

und Dornen, wenn ihnen fette Smaragdeidechsen kalt-
blütig nachglotzten und sich da und dort eine Schlange
zur Seite ringelte, begannen sie sich seelisch auszuziehen, bis sie nackt voreinander standen. Rita ging mit Gedichtstrophen um wie mit Unterwäsche. Und manchmal
dachte Eduard, wie es wäre, wenn sie wirklich etwas
auszuziehen hätte, wenn er sie mitten im Gespräch ins
Heu werfen würde. Doch dann sah er wieder ihre seh-
nigen Arme, die knochigen Schultern, ihren harten, hölzernen Gang (Rilke und die Marionetten), ihre ledernen
Wangen. Sie setzten sich zwischen Bergnelken und Kuh-
fladen ins Gras, hörten das Rauschen des Baches und
der Autos drunten im Tal, sahen den pilzgroßen roten
Sonnenschirm vor dem spielzeughaften Palazzo und
wie winzige Figuren durch den Park spazierten. Ein
Bus ahmte das schweizerische Posthorn nach, was ihm
gründlich misslang.

»Du erinnerst mich manchmal an das trockene Fluss-
bett einstiger Mütter in der dritten Elegie«, sagte Eduard. Es war als Kompliment gemeint. Etwas Mütterliches
hatte sie bei aller Knabenhaftigkeit und sportlichen Zä-
higkeit. Er erklärte ihr den Satzbau des Brunnensonetts
von Rilke, und sie richtete ihr Fernglas auf die Fontäne
im Wegkreuz des Parkes, um die zwingende Notwendigkeit der Partizipien zu überprüfen. Sie wollte ihm nicht
glauben, dass die Dichter alles bewusst machen, was die
Germanisten herausfinden, aber Eduard parierte ihren
Angriff mit Benns Gedicht über den Satzbau. Bei Benn
versagte ihre Mittelschulbildung.

So waren sie einander immer nähergekommen auf dem Weg der Interpretation, bis Eduard an diesem letzten, schwülen Abend vor dem Nachtessen, als sie vor dem Hotel bei ihrem Campari saßen, das Bedürfnis hatte, sie zu provozieren, vermutlich aus der krankhaften männlichen Einbildung heraus, es müsse noch irgendetwas Entscheidendes geschehen, bevor sie sich endgültig trennten. Rita war offenbar doch Frau genug, um in ihm diese Unsicherheit hervorzurufen. Und statt ihr etwas Nettes zu sagen, schleuderte er ihr diese Beleidigung ins Gesicht. Dabei stimmte es gar nicht, was er gesagt hatte. Ihr geistiger Sex-Appeal hatte sich im Verlauf ihrer Gespräche allmählich auf ihren Körper übertragen, so dass sie in der kargen Umgebung dieser Steinhäuser, Bergbauern und Hutzelweibchen viel fraulicher wirkte als am ersten Tag. Eduard erkannte denn auch seinen Fehler und lenkte ein:

»Darf ich dich heute, da es unser letzter Abend ist, zum Cembalo-Konzert in der Kirche einladen?«

Sie willigte begeistert ein. Eduard skizzierte ihr die kleine Barockkirche mit ein paar Fachausdrücken, um ihr einen Vorgeschmack zu geben von den drahtigen Fugenklängen, die den Raum feierlich gedämpft ausfüllen würden. Sie bat ihn, nach dem Essen an ihre Tür zu klopfen.

Als Eduard durch die Halle schritt, in der Geweihe und düster blickende Schlossahnen hingen, schien sich das Gewitter verzogen zu haben. Er klopfte an die Tür. Sie hieß ihn eintreten.

Im Zimmer herrschte die übliche Unordnung vor einer Abreise. Offene Koffer standen herum, Kleider hingen über der Stuhllehne und an der Schranktür. Rita war noch im Unterrock. Sie stand vor der Waschschüssel und machte sich das Haar zurecht.

»Möchtest du dich nicht setzen?«

Eduard setzte sich auf den Bettrand und blätterte in der Rilke-Ausgabe, die er Rita zum Abschied und zur Versöhnung schenken wollte. Sie ging vor ihm durchs Zimmer, kramte im Täschchen und in den Koffern, und Eduard ertappte sich dabei, dass er auf ihre Beine schaute. In den dunkelbraunen Strümpfen wirkten sie viel länger als sonst. Und auch die flache Brust passte plötzlich zu ihrem Typ. Ein kunstvolles Make-up machte ihr Gesicht zehn Jahre jünger. Die Lippen traten blassrosa hervor. Die braune Haut glänzte straff. Das Lächeln war gekonnt animierend wie bei einer Bardame. Die Augenlider hatte sie mit einem giftigen Blaugrün schattiert. Das Haar war luftig blond, wie frisch gewaschen, und in der Dunkelheit des Zimmers wirkte es sehr jung.

»Stimmt etwas nicht?«, fragte Rita.

»Du siehst viel jünger aus.«

»Findest du?«

Sie ordnete die Blumen in der Vase, als gäbe es nichts Wichtigeres zu tun.

»Willst du mir vorlesen?«

»Ich denke, wir gehen ins Konzert.«

»Muss es denn Cembalo sein?«

»Wie du willst«, sagte Eduard und las die Lieblings-
stelle:

»Über den Gipfeln seines Gefühls gehn sie hervor und
ergießen süß verwandelte Nacht ins verlassene Tal seiner Arme. Es rauscht Wind ihres Aufgangs im Laub seines Leibes. Es glänzen seine Bäche dahin.«

Rita hatte sich dicht neben ihn auf den Bettrand gesetzt, die Knie eng aneinandergepresst und die schmalen Füße steil in den Stöckelschuhen. Sie roch nach fri-
scher Seife. Und plötzlich überrannte ihn das Verlangen,
diesen ausgeglühten Körper zu besitzen, ihre welke
Hand auf seiner Haut zu spüren, ihren durstigen Mund.
Fieberhaft kombinierte Eduard: Sie wollte nicht ins Konzert, sie wollte etwas anderes. Und er saß da wie ein
Holzbock. Der Gedanke, diesen erloschenen Vulkan zum
Speien zu bringen, machte ihn halb verrückt.

»Worauf wartest du?«, sagte sie mit verschleierter
Stimme.

Eduard klappte die Lederausgabe zu, legte sie unter
ihr Kopfkissen und sagte: »Da, eine kleine Liebesgabe.
Schlafen wir zusammen auf Rilkes gesammelten Gedichten!« Er nahm die Brille ab und zog Rita auf die
Decke nieder. Aber sie wand sich los und stellte sich mit
verschränkten Armen neben das Bett:

»Was bildest du dir ein! Du siehst ja aus wie eine
Schildkröte auf dem Rücken ohne Brille.«

Da sich Eduard einmal so weit vorgewagt hatte,
musste er insistieren. Sie blieb hartnäckig:

»Aber nein, du siehst ja, dass ich nein sage.«

Und dann mit einem schmerzlichen Lächeln:

»Es war wirklich schade, dass unser Verhältnis ein rein geistiges blieb. Eine Zeit lang wäre ich zu allem fähig gewesen, damals beim Wasserfall. Aber du hast nicht einmal die Hütte gesehen zehn Schritte weiter. Du bist ein hoffnungsloser Träumer gewesen, in dich vernarrt wie Narziss in sein Spiegelbild.«

Eduard versuchte es noch einmal, mit Brille.

»Mach dich nicht lächerlich. Du hast mir doch soeben gesagt, wie ideal eine Freundin ohne Fleisch und Blut für dich sei. Lies mir das Gedicht zu Ende, aus meiner Lederausgabe!«

Und Rita schlüpfte in den engen Rock, der über dem Stuhl hing, ließ sich von Eduard den Reißverschluss hochziehen.

»Aber der Mann schweige erschütterter. Er, der pfadlos die Nacht im Gebirg seiner Gefühle geirrt hat: schweige. Wie der Seemann schweigt, der ältere, und die bestandenen Schrecken spielen in ihm wie in zitternden Käfigen.«

»Du verachtest mich, Rita.«

»Aber wo denkst du hin, Eduard, nur weil du zu jung bist für Frauen? – Was meinst du, reicht es noch fürs Konzert?«

Tod im Café

Ein schwüler Samstagmorgen im August. Das Café ist
überfüllt wie immer um diese Zeit. Ich sitze in meiner
gewohnten Ecke und blättere in der Zeitung. Vor mir,
auf der braun glänzenden, spiegelnden Tischplatte, steht
der Kaffee, die schwarze Brühe mit dem hellbraunen
Schaum obenauf. Der Kaffee dampft. Das Aroma steigt
in die Nase. Es sind die Gerüche des Morgens, die mir
das Gefühl von Wachheit geben: Kaffeeduft und fette
Druckerschwärze. Neben der Tasse steht das mattsil-
berne Kännchen mit dem Rahm, den ich sorgfältig über
den Kaffeelöffel gieße. Der Löffel, von der linken Hand
gehalten, schwimmt auf der Brühe. So erreiche ich, dass
sich der Rahm nicht mit dem Kaffee mischt, sondern
als kühlfette Schicht an der Oberfläche bleibt. Neben
dem Kännchen steht der Zuckerstreuer, eine prall ge-
füllte und mit Rillen verzierte Glasbirne, und dahinter
der gläserne Aschenbecher mit den vier Kerben an den
Ecken. Bläulich kräuselt sich der Rauch über der Zigarette, die ich nach den ersten Zügen auf den Rand des
Aschenbechers gelegt habe, vermengt sich mit dem
Rauchdunst unter der Decke des niedrigen Raumes. Ein
beklemmender Raum, wenn das Café voll besetzt ist.
Wie gewöhnlich lese ich die Zeitung von hinten nach

vorn. Die ohnehin veralteten Neuigkeiten werden auch so nicht älter. Ich fange an bei den Kinoinseraten, gelange über die Todesanzeigen zu den Unglücksfällen, über die Verbrechen zum Sportteil, wo ich ausführlich alle Berichte lese, um die Augen zu beschäftigen, die sich noch nicht an den Tag gewöhnt haben. Lange halte ich mich bei der Leichtathletik auf, die mich nicht interessiert, lese sämtliche Teilresultate und Schlussresultate, Zahlen, die unbekannten Namen zugeordnet sind, Namen, die nach stählernen Muskeln klingen. Doch mein Lesen ist eine Nebenbeschäftigung. Wie durch einen Filter nehme ich alle Gegenstände, Personen, Bewegungen und Geräusche wahr im Café, das im zweiten Stock liegt, über dem Ladenraum. Die Stimmen aus dem Laden dringen gedämpft herauf. Mit vollen Einkaufstaschen steigen die Frauen die Treppe hoch, keuchend, blicken sich um auf dem obersten Treppenabsatz, sperbern in die Ecken und Nischen nach einem freien Tisch und kehren enttäuscht um, ohne aber die Treppe zu verlassen, weil sie hoffen, jemand schicke sich an zu bezahlen. Meistens sind es Frauen, die sich von ihren Einkäufen erholen wollen, vom ermüdenden Gedränge in den Kaufhäusern. Mit ihren Freundinnen, Kindern und Enkeln besuchen sie das Café, das um diese Zeit überfüllt ist, was sie eigentlich wissen müssten. Trotzdem nimmt das Gedränge kein Ende auf dem Treppenabsatz. Später kommende Gruppen zwängen sich an den Zögernden vorbei in der Meinung, es seien weggehende Gäste.

Ich sitze in meiner Ecke nahe bei der Treppe, wo ich einen Überblick über den Raum genieße und in aller Ruhe beobachten kann, was vorgeht, obwohl gewöhnlich nichts vorfällt. Das übliche Bild an einem Samstagmorgen um elf Uhr. Die Frauen sitzen über ihren Kaffee gebeugt, stechen Patisserie, pressen die Kuchenkrümel mit der Gabel auf und schlecken sie ab, halten ihre Tasse mit Daumen und Zeigefinger, den kleinen Finger weggespreizt, oder sie sitzen in die karamellbraunen Polster zurückgelehnt und plaudern. Herren an Zweiertischen blättern diskret in Zeitungen, die sie mit sicherem Griff aus dem Zeitungsständer geholt haben und nach flüchtiger Lektüre wieder versorgen, nicht wie ich, der ich unnötig lang in der Tageszeitung herumtrödle, statt in meinem Buch zu lesen. Doch es ist unmöglich zu lesen in diesem Gewirr von Stimmen und Geräuschen. Die Registrierkasse klingelt und rasselt, das Klappern von Geschirr und das silbrige Klirren von Besteck dringt aus dem Anrichteraum, Münzen tellern auf den spiegelblanken Tischen, ein Glas fällt zu Boden, Kinder lärmen und stochern mit ihren Röhrchen in den leeren Eisbechern herum. Ein älterer Herr, vermutlich ein Kaufmann, in einem pfeffergrauen Anzug mit Fischgrätenmuster raucht schwarze Sargnägel und hustet nach jedem Zug tief aus der Lunge herauf, ein krächzendes Husten, das in einem erstickten, hohen Hüsteln endet. Dieses verebbt in einer Folge von stoßartig hervorgepressten Gaumenlauten, bis ihn ein neuer Hustenanfall packt. Der Rauch seiner Sargnägel sticht beizend. Der Mann hat ein abgehärmtes

Doggengesicht, bläuliche Tränensäcke unter den Augen und Flechten von roten Äderchen auf beiden Wangen.

Es ist schwül. Obwohl die Schiebefenster offen stehen, bleibt die Luft heiß und dick zum Abstechen. Die Straße liegt in einem weißen Licht, das alle Schatten aufsaugt, in einer dunstigen Lichtbrühe. Jede Bewegung kostet Schweiß. Selbst die Serviertöchter, die sich Mühe geben, den Betrieb gelassen zu nehmen, denn es ist ein vornehmes Café, diskret und biedermeierlich, mit eingerahmten Kupferstichen an den Wänden und purpurrotem Spannteppich, selbst diese aufmerksamen, damenhaft aufgemachten Mädchen, die ihre Gäste im Auge behalten, ohne sie zu beobachten, haben angestrengte, müde Gesichter, eine mehlige Stirn, ein Schnäuzchen von Schweißtropfen auf der Oberlippe. Ihre gepflegten Hände sind aufgeschwollen, die Adern treten dick hervor. Unter den Augen zeichnen sich gelbliche Schatten ab. Die Runzeln sind ausgefurchter, die Nasenflügel glänzen. Unter den weißen Blusen, die eng am Körper kleben, zeichnen sich die noch weißeren Schatten der Unterwäsche ab. Mit vollen Tabletts lassen sie den Blick über sämtliche Tische ihres Reviers gleiten, als suchten sie etwas Bestimmtes, was zur Folge hat, dass man nie besonders lang warten muss, weder auf das bestellte Getränk noch darauf, bezahlen zu dürfen.

Ringsum glänzen schweißige Gesichter. Jedes Lächeln wird zu einer Muskelverzerrung. Die Gesichtszüge treten überplastisch hervor. Die Gäste sitzen schwer in ihren Sesseln, halb liegend, als habe sich ihr Leibgewicht verdoppelt. Und über den Köpfen lagert der Rauch in dicken Schwaden, Zigarettenrauch, Stumpenrauch, Pfeifenrauch. Jeder der vielen Raucher – und fast alle rauchen – kremiert ein winziges Stück seiner selbst, das in einer Aschenraupe von der Zigarre fällt oder zu einem Häufchen Pfeifenerde einsinkt. Vermischt mit dem Rauch, lagern Fußschweiß, Pilzgeruch und die Ausdünstungen der Achselhöhlen über den Tischen. Und dieses Gemisch von Rauch und Dünsten durchziehen Schlieren starker Parfums, die von den Serviertöchtern überdosiert verwendet werden. Vor den Fenstern das geronnene Licht, weiß, dunstig und doch grell, ein blendendes Licht ohne eigentliche Lichtquelle, das die Augen schmerzen macht, und die tropisch feuchte, schwere Treibhausluft, zum Ersticken, die auf der Haut einen klebrigen Belag hinterlässt. Das Fleisch ist schwer. Und all die Herzen, die hier arbeiten in diesem Raum gegen den starken Kaffee, gegen die Hitze, all die Münder, die unhörbar keuchen, nach Luft schnappen im beizenden Rauch! Auf der Straße stockt der Verkehr. Nur mühsam kommen die Autos vorwärts. Die Bewegungen der Fußgänger sind zeitlupenhaft. Alle scheinen sie im Traum zu gehen und auf dem Trottoir festzukleben. Die Stadt wird größer mit jedem Schritt. Ein verborgenes Uhrwerk läuft immer langsamer, bis es zum Stillstand kommt.

Und da beginnt es, am Tisch schräg gegenüber, einem Fenstertisch, der von drei älteren Frauen besetzt ist, die trotz der Hitze ihre Hüte nicht abgelegt haben. Es beginnt im Gesicht jener Frau, die mir gegenüber-

sitzt. Sie hat die Gabel in den Teller fallen lassen, mit
der sie eben noch ein Stück Patisserie angestochen hat,
ein Vermicelles-Törtchen. Die Gabel hat ein klirrendes
Geräusch hinterlassen, das aber nicht laut genug war,
um die Aufmerksamkeit der Gäste zu erregen. Ich habe
sie schon längere Zeit beobachtet. Es ist eine dicke,
etwa sechzigjährige Frau mit grauem Haar, das in gewellten Strähnen um die Schläfen fällt. Der Hut ist mit
künstlichen Blumen verziert. Sie trägt eine cremefar-
bene Bluse mit kurzen Ärmeln. Es ist das käsige Gelb
von alten Lampenschirmen. Weiß und feist quellen die
Oberarme hervor, übersät mit braunroten Punkten. Die
Bluse hängt schlotterig um ihren Oberkörper, obwohl
die Frau sehr dick ist. Eine breite Rüschenstraße teilt
den beutelig hangenden Busen und wird von einer rie-
sigen, filigran durchbrochenen Brosche über dem Ausschnitt verdeckt. Der Ausschnitt ist groß. Er zeigt ein
weißes Feld schrumpliger Haut. Bläuliche Lippen schließen sich zu einer spöttischen Kerbe. Der Ausdruck dieser Lippen ist lüstern. Eine Hakennase steht fremd im
Gesicht. Sie gibt ihm etwas Raubvogelhaftes. Dagegen
hängt die Gesichtshaut in grauweißen Säcken herab.
Dicke Tränensäcke auch unter den Augen. Es ist ein
abgewirtschaftetes Gesicht, ein Gesicht, das abgewei-
det wurde von feuchten Schnauzen, bis nur noch eine
magere Bergwiese übrigblieb. Im müden Blick flackert
manchmal etwas Hektisches auf, das mich zusammen-
zucken lässt. Sekundenlang lebt dieses Gesicht wie unter
Peitschenhieben auf, um alsbald wieder in seine schlaffe

Müdigkeit zurückzufallen. Und nun plötzlich erstarrt es im Krampf. Die schmalen Lippen, die sich über der Patisserie genießerisch angefeuchtet haben, nehmen einen tierischen, schmerzverzerrten Ausdruck an. Die Augen quellen hervor. Sie gehören nicht mehr zum Gesicht. Sie fixieren etwas Ungeheuerliches außerhalb des menschlichen Bereiches. Das Gesicht wird zur Fratze, zu einem gelb brennenden Kürbisgesicht. Und langsam beginnt es zu kreisen, als wolle sich der Kopf in Schraubendrehungen vom Rumpf lösen. Das Kreisen steigert sich. Die Frau presst stöhnende Laute hervor. Die beiden andern Frauen am Tisch, mit denen sie noch kurz vorher gesprochen hat, rutschen unruhig auf den Stühlen umher. Auch sie tragen Hüte mit Schrebergärten. Wie das Stöhnen lauter wird, steht die eine auf und legt ihr den Arm auf die Schultern, redet eindringlich auf sie ein. Doch die Kranke gibt keine Antwort, nicht einmal ein Zeichen. Aufgebäumt liegt sie im Stuhl, den Kopf über die Lehne zurückgeworfen, und sperrt den Mund weit auf, um Luft zu bekommen. Ich sehe, dass sie ein Gebiss trägt, denn es droht ihr dauernd aus dem Mund zu fallen. Die Begleiterin rückt es zurecht, ohne Erfolg. Sie bemüht sich, so zu tun, als geschehe nichts Außerordentliches.

Etwas in mir hat längst begriffen, dass eine Frau stirbt, in einem überfüllten, schlecht gelüfteten Café. Reglos sitze ich da, gebannt von einem entsetzlichen Schauspiel, unfähig zu irgendeiner Hilfe. Ich beobachte und weiß, dass ich durch dieses Beobachten mitschuldig werde, denn der Vorfall wäre weniger grässlich, wenn es niemanden gäbe, der ihn so kalt beobachten könnte. Eine Feder taucht in mein schwarzes Blut und schreibt mit. Ich bin gelähmt vor Beobachtungslust und vor Entsetzen über diese Lust. Und nun bäumt sich die Kranke auf, beugt sich ruckartig vor und greift mit zitternder Hand nach der Gabel auf dem Teller, ohne den Mund zu schließen. Sie stöhnt und röchelt laut. Die übrigen Gäste sind aufmerksam geworden. Sie schauen mit ekelverzerrten Mienen zu. Die blonde Serviertochter steht mit einem vollen Tablett im Mittelgang und beißt sich auf die Lippen. Aus dem Anrichteraum ist die Besitzerin gekommen. Sie steht hinter der Theke, eine Hand vor dem Mund, als müsse sie das Erbrechen zurückhalten. Das Geraschel der Zeitungen verstummt, und das Brummen des Verkehrs liegt stärker in den Ohren. Ringsum blicken sie alle auf den Tisch, an dem sich die kranke Frau aufzurichten versucht. Einige kauen weiter, verdrücken stumm ihre belegten Brötchen, nehmen lautlos einen Schluck Kaffee, schieben Geldscheine und Münzen über den Tisch, um im Fall einer Panik beim Bezahlen die Ersten zu sein. Und der graue Herr, der Sargnägel raucht, ist mit seinem Hustenanfall beschäftigt. Kratzend hustet er in die unheimliche Stille hinein, welches die Stille vor einem Gewittersturm ist, immer von neuem Speichel sammelnd, um seinen Juckreiz auszuspucken. Was alle zurückhalten beim Anblick der erstickenden Frau, spuckt dieser Kettenraucher aus. Ich begreife, dass es für den Menschen keinen Grund gibt, das Kauen zu unterbrechen. Wäre dieser Raum ein Bordell, stünden den Wänden entlang und in den Nischen Betten statt Tische, sie würden fortfahren mit der Begattung, die Köpfe stier abgedreht auf das goldene Krankenbett in der Mitte, in dem eine alte Hure verröchelt.

Die Frau hat die Gabel gepackt und versucht zitternd, die Reste des Vermicelles-Törtchens aufzuspießen. Doch sie trifft daneben, sie stochert im Teller und auf dem Tisch herum. Der gläserne Blick ist an diesen süßen Happen geheftet. Vergeblich will ihr die Begleiterin die Gabel aus der Hand winden. Wie ein Tintenfisch umklammert die Kranke das Esswerkzeug. Ihr letzter Wunsch ist, fertigzuessen, was sie bezahlt hat. Als sie das sinnlose Unterfangen aufgibt, noch ein paar braune Kastanienwürmer zu erhaschen, fuchtelt sie mit der Gabel in der Luft herum. Der Todeskampf beginnt sich abzuzeichnen in der Kurve, welche die Silbergabel in der Luft beschreibt. Ein taumelnder Flugzeugrumpf. Bald hält sie die Gabel wie einen Dolch gegen sich gerichtet, bald fährt sie ihren Helferinnen, die sie nun von beiden Seiten unterstützen, bedrohlich nah vor dem Gesicht herum, fährt ihnen unter die Blumenhüte und in den grauen Haardutt. Endlich knackt der Mund auf. Die Kiefer scheinen auseinanderzubrechen. Sie hat das geschnitzte Gesicht eines sperrangelweit geöffneten Nussknackers, wie man sie in Kitschläden antrifft, ein Brienzer Bauernkopf mit beweglichen Kinnladen am Ende der Zange, die sich öffnen beim Einklemmen der Nuss und schließen, wenn die Schale zersplittert. Das Röcheln endet in einem kurzen, erstickten Schrei, die Patisseriegabel fällt klirrend auf den Tisch, das angestochene Törtchen bleibt zurück auf dem Teller, Schlagrahm, mit braunen Würmern zu einem Brei zerdrückt.

Wie auf Kommando beginnt sich alles zu bewegen. Die blonde Serviertochter lässt ihr volles Tablett auf den nächstbesten Tisch klirren, stöckelt zum Fenster, wo die Tote schlaff in den Armen der zwei alten Frauen hängt, die Hilfe suchend um sich blicken. Der Besitzer des Cafés steht am Telefon hinter der Theke und murmelt knappe Anweisungen in die Muschel. Ein kleines Kind schreit, weil sein Ballon mit dem Reklameaufdruck einer Schuhfabrik sich von der Stuhllehne gelöst hat und der Decke entlangtaumelt. Gäste stürmen panikartig an mir vorbei, prallen auf dem Treppenabsatz mit andern zusammen, die nichtsahnend nach einem freien Platz Ausschau halten. »Arzt« wird von allen Seiten gerufen. Der Besitzer beschwichtigt nickend diese Forderungen, tippt mit dem Zeigefinger auf seine Armbanduhr, von wo die Hand wie abgefedert in die Luft fliegt. Um den Tisch mit der Toten bildet sich ein schwarzer Knäuel. Die Fliegen, die noch eben am Kuchen geklebt haben, kleben nun am toten Fleisch. Und während sich das biedermeierlich diskrete Lokal verwandelt in einen Schauplatz, während Tische gerückt werden und alles wirr durcheinandergerät, packt mich ein grauenhafter Schwindel, der das Entsetzen auflöst.

Ein Abgrund tut sich auf, ich schwebe, spüre die Füße nicht mehr auf dem Spannteppich. Ich verliere die Sicherheit zu entscheiden, wer hier tot sei, die erschlaffte

Frau oder die drängenden Leute um sie herum. Draußen stockt der Verkehr. Die Herzen stocken, das Uhrwerk stockt. Die ganze Stadt ist mit Spannteppich ausgelegt. Das Licht ist ein Glaswürfel, in dem die Fußgänger eingegossen sind, erstarrt in ihren zufälligen Bewegungen. Vor mir liegt aufgeschlagen die Zeitung. Die Buchstaben flimmern, die Druckerschwärze schießt zu schwarzen Rahmen zusammen, in deren Mitte schwarze Namen prangen, Namen von Leuten, die ich gekannt habe. Mein eigener Name. Die Buchstaben der Namen verrutschen, vertauschen sich. Und die Goldrahmen der Kupferstiche an den Wänden sind angeschwärzt. Ich traue meinen Augen kaum. Statt der Biedermeiertrachten und Rokokofiguren zeigen sie pornographische Bilder, Frauen in schwarzen Strümpfen auf purpurroten Kissen, die auffordernd und süß lächeln, mit den Perlenketten spielen, die zwischen ihren überdimensionierten Brüsten hangen. Ich schließe die Augen, will das Traumgespinst von der Tafel wischen, und da sehe ich ein schwarzes Oval, das immer kleiner wird, kleiner und kleiner. Es ist der Rahmen eines leeren Spiegels, durch den ich hindurchblicke ins Bodenlose, und zuunterst liege ich auf dem Bauch, als Kind, vor einer silbergrauen Zwiebackpackung. Im Oval über der Firmenaufschrift ist der Schattenriss eines liegenden Mannes zu sehen, der dasselbe Paket Zwieback in den Händen hält und die kleine, aber noch gut lesbare Aufschrift und den kleinen Mann im kleinen Oval betrachtet. Der kleine Mann hält wiederum ein Paket mit einem noch kleineren Oval, dessen Männchen nur noch ein Tuschfleck ist, sein Paket ein Haarstrich. Stundenlang versenke ich mich in diese unendliche Reihe, weiß, obwohl die Bilder längst versagen, es gibt noch kleinere Männer mit noch kleineren Paketen. Ich verschraube mich in dieses Problem, ohne zu einem Ende zu kommen, und ich wage nicht, meine Bauchlage zu verlassen, bis es gelöst ist.

Jetzt, angesichts der toten Frau, die vermutlich einer Herzschwäche erlegen ist, blicke ich in die Gegenrichtung. Ich starre ins große Oval, ohne einen Mann zu entdecken, der mich betrachtet, dessen Schattenriss ich sein könnte.

Ich öffne die Augen. Das Café ist heller geworden. Die Kupferstiche an den Wänden, die Biedermeiertrachten und Rokokofiguren liegen in einem Treibhauslicht. Immer noch drängen Leute auf der Treppe nach oben, halten Ausschau nach einem freien Platz. Der graue Herr, der Sargnägel raucht, hustet karchelnd. Schräg gegenüber sitzt die dicke Frau mit der gelbseidenen Bluse und drückt mit der Gabel die letzten Kastanienwürmer zu einem Haufen. Es ist schwül. Vor mir steht die blonde Serviertochter mit einer Tasse Kaffee auf dem Tablett.

»Haben Sie noch einen Kaffee bestellt?«, fragt sie unsicher.

»Nein«, sage ich, »aber ich möchte bezahlen.«

Diabelli

Erzählungen

Der Orchesterdiener

Ein Bewerbungsschreiben

Ich, ja, ich, Herr Generalmusikdirektor, bin – wenn es nach meiner Wenigkeit ginge, bräuchten Sie gar keine weiteren Bewerbungen mehr, die ja nur Störkandidaturen sein können, abzuwarten – zweifelsohne der richtige, ohne Zweifel der seit Langem gesuchte Mann für den vakanten, um nicht zu sagen verwaisten, nach dem Tod des legendären Urfer recht eigentlich verwaisten Posten eines Orchesterdieners bei der städtischen Philharmonie. Wie nur, so frage ich Sie und den von Ihnen präsidierten Berufungsausschuss frank, konnte es sich ein so reputierter Klangverein wie das hiesige Symphonieorchester einen ganzen Konzertwinter lang leisten, auf ein so wichtiges Komplettierungsmitglied seiner Garnitur zu verzichten? Ich will hier nicht in den Enthymnisierungs-Tenor gewisser Kritiker einfallen, aber das Gebotene war wirklich dementsprechend. Die Enigma-Variationen von Elgar: durchgefallen; die Turangalîla-Symphonie: durchgefallen; Bruckners Vierte: durchgefallen; und dies nur, so meine, dem Weltbild eines Orchesterdieners entsprechende Ansicht, weil hinter der Bühne, sagen wir mal: der disphonische Brennpunkt fehlte, was ich noch erläutern werde. Keine Formation der Welt hätte eine derart elementare Lücke, eine solche Besetzungskluft eine ganze Saison lang verkraftet, nicht das Leipziger Gewandhausorchester, nicht das Amsterdamer Concertgebouw-Orkest, nicht I Musici di Roma, schon gar nicht die Camerata Academica des Salzburger Mozarteums. Alle diese ja weiß Gott für superlativisch kaum auszudrückende Spitzenqualität bürgenden Vereinigungen hochsensibler Instrumentalvirtuosen beschäftigen nicht nur einen sich auf das Zudienen aller möglichen, für eine Aufführung benötigten Utensilien bestens verstehenden Vertrauensmann, sondern sorgen, für den Fall, dass er plötzlich stirbt – und wo anders findet ein treuer Orchesterdiener den Tod als hinter, vielmehr unter der Bühne –, auch für Nachwuchs, der sozusagen aus dem ad infinitum begeisterungsfähigen Stehparterre der manuell begabten Anhänger rekrutiert wird. Oft ist es ein ganzes Triumvirat. Gastieren die Wiener Philharmoniker in Luzern oder anderswo, heißt es doch, auf Glanzpapier gedruckt, so selbstredend wie oben steht: Unter der Leitung von X. Y. et cetera, unten: Orchesterdiener: Eigenstiller, Jara, Schröcknadel. Ich glaube freilich nicht, dass auf die Dauer drei sich in die Verantwortung teilen können, ein von Zelebritäten vorgeführtes Konzert dorsal abzusichern. Wie dem auch sei, dass Urfer nicht sofort, als ihn eines verpatzten Decrescendos wegen in Felix Mendelssohn-Bartholdys Symphonie in a-Moll der Schlag traf und er in einen wie als Sarg für ihn bereitstehenden Kontrabasskoffer sank, ersetzt, und zwar noch während der Aufführung ersetzt wurde, ist mir schleierhaft. War denn die Direktion der städtischen Philharmonie der Meinung, sie könne, wenn sie sich länger und gründlicher, als es die absolute Unentbehrlichkeit eines Ambrosiahallen-Domestiken erlaubt, nach einem Urfer'schen Ersatz umsehe, einen solchen Zwischenfall a priori vermeiden? Der Tod ist immer ein Skandal. Oder opponierten die Ensemble-Mitglieder, die es gewohnt waren, sich Urfers wie eines genialen Mehrzweckwerkzeugs zu bedienen, gegen eine zügige Nachfolgeregelung? Item, das Interregnum, von dem der Hausdirigent, seine Artifizenz Detmar von Hohenlohe, glaubte meinen zu dürfen, es sei bloß ein abwartliches, es fehle seinem Klangkörper gewissermaßen nur der Nagelauszieher für die Verpackungskiste, war, wie empfindlichen Ohren diesen Winter nicht entgangen sein konnte, ein Interregnum der gefährdeten Konsonanz und Konzertanz, um nicht zu sagen eine kakophonieverdächtige Zwischenzeit. Urfer, gewiss, wer verstiege sich dazu, es ihm gleichtun zu wollen! Er war legendär sowohl in der Unbestechlichkeit seines Gehörs als auch in der Geräuschlosigkeit seiner Zudienereien. Allzeit verfügbar. Unvergesslich, wie Urfer leiden konnte, wie ein neuralgisches Gewitter über sein zerknittertes Gesicht lief, wenn ein Kellner im Operncafé mit einem Glas hantierte, dessen Kristallton irgendwo zwischen fis und f lag. Stimmt gefälligst euer Inventar, ihr Gehörmörder, rief er dann von seiner Orchesterdienerecke aus hinter der Samtportiere, und die pausierenden Sänger zollten Beifall mit den fetten Mundwinkeln. Urfer, so flüsterte man in gewissen Ensemble-Kreisen nach seinem Ableben, sei seiner Artifizenz, Detmar von Hohenlohes wandelnde Stimmgabel gewesen. Orchesterdiener, Gehördiener. Und der Konzertmeister, Esmeraldi, brauchte während der Probe nur ein überspitztes Pizzicato-a zu zupfen, so eilte Urfer, irgendwo in einem Abstellraum aufgestört, herbei, um das Pult einen Zentimeter höher zu schrauben. In dem Maße wie der Dirigent die Musiker, so haben die Musiker den Orchesterdiener im Griff. Einer dirigiert alle, sie alle aber dirigieren einen Einzigen herum. Nun liegt es mir freilich fern, Urfers in einem umfassenden nekrologischen Sinne gedenken zu wollen, muss ich doch vielmehr, um meine eigene Kandidatur nicht ad absurdum zu führen, alles unternehmen, um ihn vergessen zu machen. Ich habe, sehr geehrter Herr Generalmusikdirektor, nur darum auf den Verblichenen zurückgegriffen, um die Behauptung aufzustellen: Gerade das absolute Gehör ist nicht, wie in der Ausschreibung vermerkt steht, wenn auch nur unter den Erwünschtheiten, erforderlich für diesen Posten, gerade diese Eigenschaft hat meinen Vorgänger – ja, spreche ich einmal so von ihm, als sei ich bereits gewählt! – vorzeitig, schlagartig, was ich wörtlich meine, aus dem Musikleben scheiden lassen. Urfers hinterrücks erlittener Schlaganfall habe sich wie ein akustischer Schleier über die Aufführung gelegt, sagen die Holzbläser, sie alle hätten an einer nicht erklärbaren Zugluft gespürt, dass sie den Tod und nicht mehr Urfers Zuverlässigkeit hinter sich hätten. Zugluft, für einen Musiker, während des Konzerts, eine Katastrophe, für die in jedem Fall der Orchesterdiener verantwortlich zu machen ist! Ich will ja überhaupt nicht mit Ihnen, Herr Generalmusikdirektor, über das verpatzte und nachträglich in der Presse aufgebauschte Decrescendo im zweiten Satz streiten. Es ist nicht erwiesen, dass dieses Decrescendo des weilandigen Orchesterdieners Todesursache war, ja nicht einmal, ob es in Felix Mendelssohn-Bartholdys Symphonie Nummer drei in a-Moll, Opus sechsundfünfzig, auch die Schottische genannt, begonnen 1829, vollendet anfangs 1842, uraufgeführt am 13. März selbigen Jahres, in der achttaktigen Einleitung des überaus duftigen Scherzos, Vivace non troppo, flimmernde Geigenstimmen und laute Rufe der Bläser, kurz bevor die erste Klarinette das Hauptthema intoniert, tatsächlich dem letzten Willen des Komponisten entspreche, was umso umstrittener sein dürfte, als sich ja die Streicher ein paar Takte später, wo unter Aufbietung aller orchestralen Mittel in einem Getümmel sondergleichen das Leitmotiv weitergesponnen wird, auf eines der jähesten Diminuendi der romantischen Tonkunstliteratur konzentrieren müssen. Bekäme ich den Posten, würde ich gegebenenfalls besagtes Decrescendo zu verhindern wissen. Urfers tödlicher Schlaganfall könnte auch auf das nicht über alle Zweifel erhabene Assai animato im Allegro un poco agitato oder auf ein vom Blech und von den Schlaginstrumenten in konspirativer Manier vereiteltes Smorzando zurückzuführen sein, wofür dann der Dahingegangene stellvertretend sein Leben gelassen hätte. Aber das ist, wie gesagt, für die Anbahnung meiner Berufungswahl gar nicht oder nur von untergeordneter Relevanz, viel wichtiger, das absolut Neue, in der Geschichte der Orchesterdienernominationen noch nie Dagewesene ist, dass meine Wenigkeit, August Schramm, von Freunden auch der taube August genannt, als zentrale Qualifikation für das verwaiste Amt sein musikalisches Analphabetentum ins Feld zu führen wagt, sofern man unter musikalisch vor allem die Fähigkeit versteht, Töne in Empfindungen und dieselben in mimisch ablesbare Verzückungen umzusetzen. Am Pianoforte völlig intraktabel, hat mein Klavierlehrer immer gesagt, der unter dem Ticken des Metronoms an Schramm zum pädagogischen Krüppel geworden ist. Nichtsdestotrotz bin ich, nachdem ich mir Rostnägel aller Zweifelsgrößen im Schädel krumm geschlagen habe, zur gerade durch Urfers Schicksal gestärkten Überzeugung gelangt, dass man der edlen Tonkunst auch als Missbegabter fronbar sein könne, mit kraftstrotzenden Pleuelarmen und behaarter Brust. Die Sekundärbehaarung von Flötisten, Cellisten undsoweiter, nehme ich an, ist eine höchst minime. Sehen Sie, Urfer, so unersetzbar er in Ihren Augen, durch die Drille der Generalmusikdirektorenwürde betrachtet, erscheinen mag, worauf die einen ganzen Konzertwinter dauernde Berufungskrise schließen lässt – und seine Insubstituierbarkeit wird durch die Legendenbildung nach seinem Tod in a-Moll auf das Wirkungsvollste flankiert –, Urfer war eben doch nicht der ideale Schlussmann für die städtische Philharmonie, weil er zeitlebens ein verhinderter Musikus blieb. Alle seine Orchesterdienerhandreichungen waren im Grunde ein Symphonieren mit untauglichen Mitteln. Der Hammer wurde in seiner Hand zum Paukenschläger, wenn er einen Notenständer verstellte, tat er es con brio, gab man ihm den Auftrag, im Archiv nach einem verschollenen Klavierauszug zu forschen, beantwortete er ihn mit einem Mordent-Hüpfer. Was Urfer während seiner ganzen Orchesterdienerkarriere hinter der Bühne leistete, war nichts Geringeres einerseits, nichts Unbrauchbareres anderseits als dies, dass er als symphonischer Abwart die Musikweltliteratur und alle denkbaren Werkinterpretationen in eine Partitur der Servilität übersetzte. Ich weiß nicht, ob ich mich für ein Bewerbungsschreiben wahlwirksam genug ausdrücke, Herr Generalmusikdirektor. Urfer wurde zum Beispiel von den Philharmonikern nie geduzt, so wie man ja eine Wagner-Oper, etwa Tristan und Isolde, oder, wenn Ihnen dieses Exempel lieber ist, Die Meistersinger, auch nicht tutoyiert. Man setzt sich nicht hin und sagt, jetzt intonieren wir dich mal, zum Werk. Urfer wusste bei aller Dienstbeflissenheit dem Ensemble und selbst Detmar von Hohenlohe eine Art Respekt abzutrotzen, wie man ihn nur einem Opus oder einem veritablen Urheber entgegenbringt. Und als er im zweiten Satz von Mendelssohn-Bartholdys Schottischer über den Rand eines Kontrabasskoffers kippte, wurde nicht nur eine wandelnde Stimmgabel, wurde vielmehr ein musikalischer Kosmos, dessen symphonische Filiale vorne auf der Bühne erklang, begraben. Diese Urfer'sche Totalität im untertänigen Verkörpern dessen, was Musik sein kann – die Begabung war gewissermaßen seine Livree –, will ich nicht schmälern, ich sage nur, indem ich, mit der Wucht einer nahezu verfehlten Existenz, den Namen Schramm ins Gespräch werfe, dass sie nicht zum Erfolg führte, unter Erfolg vorläufig, für den Hausgebrauch der Ambrosiahalle verstanden, dass der Orchesterdiener eine Philharmonie, so wie sie der Dirigent in himmlische Sphären hebt, erdet. Schramm grapscht nicht einfach dreist nach der Ernennung, er bringt, wenn auch nicht Musikalität im angeborenen Sinn, immerhin als Qualifikation eine ganz präzise Vorstellung mit, wie er in die Hierarchie einer Gesellschaft wie der Ambrosiahallengesellschaft einzugliedern ist: er gehört, der taube Vierschrot, auf die Nachtseite der Kunst. Ja, dorthin und nirgendwoandershin! Es werden im Berufungsausschuss, der die Ehre hat, von Ihnen präsidiert zu werden, die unterschiedlichsten Meinungen herrschen über die optimale Beschaffenheit von Urfers Nachfolger. Ein bisschen Harmonielehre schadet nichts, sagen die einen; um Gottes willen kein gestrauchelter Dirigent, Solist, Komponist auf diesem Posten, die andern. Das Gremium mag sich in so extreme Lager spalten, dass hüben ein mit dem womöglich noch absoluteren Gehör als dem Urfer'schen begabtes Bleichgesicht, drüben ein Kesselpaukenstemmer mit gegerbtem Trommelfell gefordert wird. Sei dem so! Meiner unmaßgeblichen und, dies möchte ich in Erinnerung gerufen haben, immer nur kandidierenden Meinung nach darf der Ton-Schaffner nur gerade so viel von Musik verstehen, dass es ihn unwiderstehlich hinter und unter die Bühne zieht. Am verwandtesten unter den Komponisten, aber nur vom Namen her, ist ihm Bruckner. Bruckner habe ich mir in meiner Schrammkindheit immer als Atlas vorgestellt, der seine neun zentnerschweren Symphonien gen Himmel stemmt und einknickt dabei. Der Orchesterdiener tut ein Ähnliches, nur darf er sich nicht Bruckner, sondern muss sich einen Weltmeister im Gewichtheben zum Vorbild nehmen, etwa den Russen Korsakow. Korsakow ist ein Komparativ zu Bruckner, ja, was sage ich, ein Superlativ, ein Elativ. Unterstreichen Sie das bitte, Herr Generalmusikdirektor, oder lesen Sie es kursiv, ich komme darauf zurück. Zunächst noch zwei Subqualitäten: Der Orchesterdiener muss sowohl die Ruhe selbst als auch die Gerechtigkeit in Person sein. Ein enthusiasmierter Wagnerianer, ein in tanzendes Quecksilber verwandelter Saint-Saëns-Jünger kommt für den Posten von vornherein nicht infrage. Ich fordere absolute instrumentale Neutralität. Nicht auszudenken, welche Verheerung der Orchesterdiener in einem vor Lampenfieber sirrenden Philharmonikerhaufen anrichten würde, wenn zum Beispiel vor Konzertbeginn an den Tag käme, dass er innerhalb der klassisch Hohenlohe'schen Formation die Pulte der Holzbläser, was die Abstände oder den Wippraum für die taktierenden Füße betrifft, bevorzugt hätte. Es ist ja das Allerleichteste, den Argwohn der interpretierenden Künstler zu erwecken. Eine Philharmonie ist eine klingende Kabale, die vollkommenste Polyphonie eine intrigante. Da kommt es darauf an, dass der Handwerker im Hintergrund mithilfe von Schneckenbohrer, Bandsäge und Feile das Fagott und die Harfe, den Triangel und die Bratsche wenigstens auf Bühnenzimmererebene miteinander zu versöhnen weiß. Überlassen Sie die Homogenität gefälligst dem Dirigenten, werden Sie einwerfen, Herr Generalmusikdirektor. Sicherlich, sicherlich! Aber ist der Orchesterdiener nicht des Maestros Gegenstück? Es ist leider ein offenes Geheimnis, dass gerade die sogenannten Tutti-Geiger, die es nie zum Einzelvirtuosen gebracht haben, einander während des Symphonierens bekämpfen. Solche Duellanten, wie sie im Fachjargon genannt werden, darf der Orchesterdiener nicht auch noch gegeneinander aufhetzen, indem er den einen mit erstklassigem, den andern mit Occasions-Kolophonium versorgt. Und im Aufspüren und Durchexerzieren solch winziger Ungerechtigkeiten war Urfer ja bekanntlich ein Genie. Urfer hat, wegen seiner Beschlagenheit in der Instrumentenkunde, genau gewusst, wo man die empfindliche Stelle eines Basstubisten suchen muss. Jeder Basstubist wird unweigerlich zum Choleriker, wenn man ihm mit konstanter Bosheit vor jedem Einsatz Piccolotrillerzappeleien unter der Nase aufführt. Schramm wird, erst einmal gewählt, und wenn seine Berufung hintertrieben werden sollte, wird man zumindest die Maßstäbe, die er durch seine Kandidatur setzte, in der Direktion und auch im Ensemble nicht so rasch vergessen, dergestalt, dass jeder Sprengkandidat, walte er noch so mit Leib und Seele seines Amtes, an diesen Maßstäben, ohne sie im Einzelnen zu kennen, scheitern muss, aufräumen mit den parteiischen Sticheleien im Bedienungsstil gegenüber gewissen Philharmonikern. Er wird dem Blech zu geben wissen, was des Bleches ist. Urfer hat doch den von den Wutausbrüchen der misshandelten Kornettisten und Hornisten total demolierten Bläserbunker völlig verkommen lassen. Er war eben eine Streicher-Seele. Sah es bei den Streichern immer so aus, dass man in ihrem Gemach einen Teil des Foyer-Betriebs hätte abwickeln können bei Platznot in der Ambrosiahalle, so bei den Bläsern wie in einem aufgelassenen Mannschaftsraum einer Kaserne. Ja, dem Orchesterdiener eröffnen sich unerschöpfliche Möglichkeiten der Sabotage. Denken Sie nur an die widerspenstigen Metall-Notenständer, die ewig knarrenden Podiumselemente, die instabilen Muschelwände! Es ist der Instrumentalist ein Wesen und die Musik eine Kunst, welch beide in besonderem Maße der Tücke des Objekts ausgeliefert sind. Warum haben denn im Zirkus die Musikclowns immer wieder den größten Erfolg? Weil ihre Späße die hohe Tonkunst, eine Art Seiltänzerei, auf den Boden ins Sägemehl zerren. Ein furzendes Sousaphon mit explodierendem Schalltrichter: immer wieder ein Riesengaudi! Unmittelbar vor Aufführungsbeginn ist die Sabotierlust des Orchesterdieners die größte, die Versuchung, jetzt, da sich alle vor dem Bühneneingang drängen, noch schnell mit dem Flachzänglein eine Saite abzuklemmen, ist so stark, dass er seine Hände hinter dem Rücken ineinander verknoten muss. Die Philharmoniker kommen ja, was ich Ihnen nicht zu sagen brauche, als wandelnde Instrumente die Treppe herauf, fiedelnd, dudelnd, quäkend. Ein Fußtritt gegen die Holzdecke, und man hat beide getroffen: den Cellisten und das Cello. Kaum hat jedoch das Stück begonnen, schrumpft die Macht des Orchesterdieners kläglich zusammen. Die Musiker haben sich in ihre Sphäre hinübergerettet, haben ihn, den Handlanger, auf dem Friedhof der plüschgefütterten Kasten und Koffer zurückgelassen. Sie kümmern sich mit der ganzen Genialität und Werkimmanenz der Beethoven'schen Fünften nicht mehr um ihn. Ensemble und Publikum philharmonieren miteinander, über das vergoldete Scharnier des Dirigenten. Schramm hat in dieser perfekten Kultursymmetrie nichts mehr zu suchen. Darum, Schuster, bleib bei deinem Leisten, mit Kistenbrettern hast du es zu tun, nicht mit Polyhymnia und Terpsichore! Ich bewerbe mich auch nicht um den Posten des Orchesterdieners, um etwa die alten Familienzwiste unter den Instrumentengruppen, den, wenn wir bei der Sachs-Hornbostel'schen Einteilung bleiben wollen, die freilich umstrittener ist denn je, Idiophonen, Membranophonen, Chordophonen und Aërophonen dergestalt wieder aufleben zu lassen, dass Schramm, wie es Urfers Art war, mit seiner ganzen Tätigkeit, von der Orchesterstuhlerei bis zur Musikalienausgabe, daraufhin arbeitet, den Violoncelli zum endgültigen Sieg über die sogenannten Effekt-Instrumente zu verhelfen, zu welch letzteren wir etwa die Windmaschine, das Flexatom und die Singende Säge zählen, Herr Generalmusikdirektor. Nicht dass ich der Meinung wäre, ein notorischer Programmmusikkonsument hätte sich für das Flexatom oder das Trumscheit zu erwärmen, ich lasse mich weder zum Sprecher des einen noch des andern machen, aber Urfer, in seiner leidenschaftlichen Bevorzugungs- und Verleumdungsmanie, hat Detmar von Hohenlohe solche vom Prinzip der instrumentalen Gleichberechtigung her grundsätzlich tolerablen Klangwerkzeuge auszureden gewusst, ganz einfach dadurch, dass er sie immer wieder unauffindbar unter der Bühne versteckte, wenn sie, und sei es nur für einen Einzeleinsatz, für eine klägliche Manifestation der Tatsache, dass es sie gibt, gebraucht worden wären. Urfer hat das Ambrosiahallensymphonieklangfarbenkolorit, das generelle, den Abonnementsinhabern vertraute, viel tückischer zu beeinflussen gewusst, als Herr Generalmusikdirektor ahnen. Wenn ich mich auch niemals erfrechen würde, eine totale Enturferung der obersten Leitung des verehrten Resonanzkastens der Hautevolee unserer Stadt, der in seinem baulichen Stil eine Kreuzung zwischen dem afterbarocken Altcasino von Montreux und einer Filmkopie des Dresdener Bahnhofs darstellt, anzustreben, schadet es doch nichts, im Rahmen meiner Anbiederung ein bisschen an der Patina meines Vorgängers zu kratzen. Zur Sache, endlich, Schramm, zur Sache! Meine Bewerbungstheorie ist in etwa die folgende. Gerade weil der symphonische Abwart schattenhalb der Tonkunst aufgewachsen und wie Schramm zeitlebens harthörig geblieben ist, scheint er mir partiell dazu verdammt, partiell dazu prädestiniert zu sein, im Bühnenhinterraum, welchen ich als Pufferzone zwischen Kunst und Chaos bezeichnen würde, abzubüßen, was vorne am Verbeugungsgeländer an Galavirtuosität zelebriert, um nicht zu sagen verbrochen wird. Der Orchesterdiener, der Erste, der den Saal betritt, der Letzte, der ihn verlässt, der sowohl am Potentiometer seinen Mann stellt, wie wenn es gilt, Kontrabässe herbeizuschultern, Schramm, Feuerwache, Bühnenmeister, Beleuchter in einer Person, die gute Seele, die, wenn falsches Orchestermaterial ausgeteilt wurde, dafür sorgt, dass die richtigen Noten in einer unsichtbaren Blattstafette reihum zirkulieren, er verkörpert die Schattenleitung des Ensembles, er gibt dem Musiker, der, in seinen Part verliebt, die Welt vergisst, Rückhalt, die Gewissheit, dass auch noch hinten bei den Feuerleitern einer da ist, der die Tonschöpfung, welche den Messingtrichtern und Resonanzkörpern entschwebt und von der Muschel, deren Wandelemente er, notabene, zusammengefügt hat, zugluftundurchlässig, nach vorne gespendet wird, absichert, ein Schwerarbeiter im anthrazitgrauen Leibchen der Straßenteerer, einer, der Lohn erhält, nicht eine Gage bezieht. Und gerade er, für den eine Symphonie wie die Schottische von Felix Mendelssohn-Bartholdy am allerwenigsten aufgeführt wird, ringt wie kein Zweiter mit dem Werk, Herr Generalmusikdirektor, denn der Orchesterdiener, von dem die scharfzüngigen Philharmoniker immer behaupten, er sei betrunken während des Intonationsprozederes, er lungere bierschwer hinter dem Gewände in den Gängen herum, sieht sich mit der Kehrseite der Kunst konfrontiert. Was vorne im Publikum genüsslich eingeschlürft, mit dem Feinstgehör eingeatmet, vermittelst der beiden Schläfenlappen des Großhirns als Klangwirkung empfunden wird, erlebt der Orchesterdiener als Disphonie. Ja, die holde Frau Musica hat einen Nachtschoß, der Idioten gebiert, musikalische Hottentotten. Was ist der Hinterhof einer Symphonie? Sie, Herr Generalmusikdirektor, wurden noch nie vom polyphonen Druck an die Brandmauer gequetscht, wenn eine Tondichtung durch Sie hindurch- und von Ihnen wegmarschierte. Immer befinden Sie sich an der Glimmerfront, unter taftenen Roben, pomadisierten Kennern. Kein einziger Komponist hat je einen Orchesterdiener miteinkomponiert. Die ganze abendländische Musik ist an uns, den Schramms, vorbeigeschrieben worden. Da ist das Theater fortschrittlicher. Es gibt Stücke, in denen der Theaterdiener, eine Uniform auf dem Arm, quer über die Bühne läuft, von der Souffleuse angezählt, von der Regie eingeplant, vom Scheinwerferkegel begleitet, womöglich auf offener Szene beklatscht. Doch was kümmern mich die Theaterdiener, ich fühle mich zum Orchesterdiener berufen, ich will nicht Requisiten, ich will Musikalien apportieren. Freilich auch immer nur Musikalien, nie Musik! Schramm ist der menschliche Abfall, der auf der rückwärtigen Flohbühne des absoluten Untalents zurückbleibt, wenn der gigantische gesellschaftliche Akt von kollektiver Tonerzeugung und kollektiver Tonempfängnis

durchgespielt ist. Wenn die Begattung des Gesellschafts-
körpers durch den Klangkörper zum orgiastischen Beifall geführt hat und dieser verebbt ist, bleibt es Schramm
überlassen, Schramm mit der Schaufel zusammenzu-
kehren. Das ist die orchesterdienerhafteste von allen
Orchesterdienertätigkeiten, Herr Generalmusikdirektor.
Urfers Devise war: klingende Musikalien, klingende
Stühle, ein klingendes Dirigentenpult. Was er in die
Hand nahm, wurde zum Selbsttöner. Wie oft hat er in
einer dunklen Ecke des Unterbaus gesessen, ein Stuhl-
bein betrillert und das ganze zu Häupten inszenierte
Werk mitgespielt! Falsch, falsch, falsch! Kongenialität
strebte Urfer an, Kontragenialität Schramm. Wenn der
Applaus durch den nach und nach aus der Vollkommen-
heitsbetäubung zur Lüsterpracht erwachenden Saal tost,
wenn Detmar von Hohenlohe immer und immer wieder
ins Halbrund seiner Philharmoniker geklatscht wird,
wenn sich kandelabrische Foyer-Damen fallsüchtig über
die Samtbrüstung der Estrade lehnen, Kusshände werfen und Colliers baumeln lassen, dann kniet der Orchesterdiener in seinem Reich am Boden vor der Mauer und
schlägt sich die Stirn blutig, als ob er dergestalt mit dem
Kopf durch jene Wand könnte, die ihn von aller Kunst
trennt. Auch dies ist ein Auftritt, Herr Generalmusikdirektor, auch er zehrt an der Substanz. Man sagt, es sei
der Wunschtraum jedes Orchesterdieners, einmal in seinem Leben, nach einer besonders gelungenen Aufführung, nach einem Konzert der Superlative vom Dirigenten auf die Bühne gewinkt zu werden, erst im Abflauen

des Beifalls, wenn schon die Saaltüren aufgestoßen werden, aber doch ins Innere der Muschel, kommentiert mit einer almosenhaften Geste des Maestros: Da, auch diese Biermorchel mit dem Klappmeter in der Beintasche hat im Verborgenen dazu beigetragen, dass der Abend zu einem Triumph wurde. Ich warne den Berufungsausschuss davor, den Orchesterdiener zu irgendeinem Zeitpunkt auf die Bühne zu wünschen, denn das Podest würde seinem Körperdruck nicht standhalten. So bleischwer ist Schramm geworden von der seinen Adern abgezapften Symphonie, dass er wie ein Elefant die Holzquader durchstampfen würde. Wie das? Ausgerechnet ihn sollte das Gerüst, für das er verantwortlich ist, nicht tragen? Und sechzig Musikausübende sind kein Gewicht? Der Künstler ist schwerelos, er gießt sich in sein Instrument um. Man benennt ja die Ensemble-Mitglieder nach ihren Tonwerkzeugen: das Fagott ist zu spät gekommen, die Harfe streikt, das Blech meutert. Der Orchesterdiener würde, vermöchte er sich aufzurappeln, um nach vorne ans Geländer zu treten, durch knackendes Brennholz trampeln. Sämtliche Philharmoniker bis zum hintersten Triangel-Spieler müssten die Ärmel hochkrempeln und Hand anlegen, um einen einzigen Auftritt ihres verschwitzten, imbezil verstörten Formationstrottels zu reparieren. Schramm will nicht einheimsen, was ihm nicht gebührt; der Applaus wirkt ja so, als klatschten tausend Ohrfeigen in sein Gesicht. Wenn er an die Ambrosiahalle berufen wird, wessen er satzweise so gewiss ist, dass er schon beinahe daran denkt, sein

Demissionsschreiben in die Bewerbung einzuflechten, wird er eher umgekehrt verfahren und die Musiker mitten aus der Ovation heraus durch den Artisteneingang lotsen, um ihnen einmal zu zeigen, was ein Schatten-Dirigat ist, was es heißt, das Chaos zum Publikum zu haben. Er würde ihnen glaubhaft machen, dass der Orchesterdiener der einzige Solist ist, der bei der Aufführung symphonischer Dichtungen mitwirkt: ein Solist im Ertragen der Musik. Jede Note wird aus unserem Fleisch gezupft, Herr Generalmusikdirektor! Nichtsdestotrotz, obwohl er diese übermenschliche Leistung vollbringt, ist Schramm auf dem Posten. Vorne inexistent, hinten omnipräsent. Just in der Ovationsphase hat er alle Hände voll zu tun. Wenn die Philharmoniker ihren Vollendungsinfarkt erreicht haben und es aus dem Saal heraufbrandet, eilt der Orchesterdiener, der sich eben noch wie ein Epileptiker schäumend am Boden gewälzt hat, blitzschnell zur Tür, wo er dem Maestro, den er durch die Guckklappe beobachtet hat, wie er sich immer und immer wieder auf Schramms Rücken verbeugte, nicht nur Einzelspalier stehen, sondern auch ein Exzellent ins Gesicht schleudern muss, ein Unübertroffen, ein Nochniedagewesen, denn es liegt in der Natur aller Exekutivkünstler, insonderheit aller Dirigenten, dass sie vom ersten Lebewesen, das ihnen im Augenblick, da sie aus ihren Sphären wieder auf den Erdboden zurückgeholt werden, begegnet, um nicht zu sagen in den Weg tritt, eine kürzestfeuilletonistische Würdigung des soeben Vollbrachten hören wollen. Und dann gilt es, klug

Applaus-Regie zu führen, wozu der Orchesterdiener nur bei absoluter Bravissimo-Enthaltsamkeit, was seine Person betrifft, in der Lage ist. Es gilt, Detmar von Hohenlohe im richtigen Moment aus dem Ovationsorkan zu nehmen und ihm beim Tempieren des Wiedereintritts behilflich zu sein. Will ein Dirigissimus zum Beispiel sofort in den Applaus zurück, muss man ihn, auf die Gefahr hin, dass sie reißen, mit aller Gewalt an den Frackschößen zurückhalten: Nur was man der Menge entzieht, aber nicht zu lange darf man es ihr entziehen, macht man ihr auch wieder begehrenswert. Ich übertreibe wahrlich nicht, wenn ich behaupte: Der Dirigent ist in diesem Moment eine hilflose Aberntungspuppe an der behaarten Hand des Orchesterdieners. Kommt eine Kapazität wie Klinkhammer oder van Impe an einem Festspielabend nicht mindestens auf zehn Applausauftritte – im Theater spricht man von Vorhängen, im Tonbetrieb von diminuierenden oder augmentierenden Persönlichkeitskodas –, stimmt etwas mit dem Türhalter nicht. Und dann, wenn alles vorbei ist, wenn die einzelnen Philharmoniker das Muschel-Heiligtum verlassen, wird der Orchesterdiener doch noch ein klein wenig für die erduldeten Demütigungen entschädigt. Sie haben sich völlig verausgabt, sie schleichen wie heruntergekommene, zuschanden gerittene Violas, Hörner, Celli an ihm vorbei. Ein total entgottetes Fagott, das Fagott, Herr Generalmusikdirektor, man könnte es gleich unter die Bühne schmeißen, auf den instrumentalen Schrottplatz, wo das Harmonium verstaubt, wo ausrangierte Kesselpauken von Haydns G-Dur-Symphonie träumen. Man merkt, dass die Philharmoniker dem Hauch des Nihilistischen, der sie streift, während das Publikum von ihnen wegstrebt, sie indessen hinunter in den Bläserbunker, in das Streicher-Zimmer müssen, um ihre Idiophone und Aërophone einzusargen und den verschwitzten Frack in den Garderobenschrank zu schließen, nicht gewachsen sind. Für jeden Künstler ist der Augenblick nach dem verebbten Applaus der kritische, was er durchmacht, ist eine kurzfristige Entlassung, um nicht zu sagen Enterbung. Ich brauche dich vorläufig nicht mehr, echot das Meisterwerk in ihm. Und da beneiden sie alle Schramm um seine Abwartsfunktionen, jeder möchte gern einen Besen in die Hand nehmen, einen Schalter bedienen, einen Kontrollgang machen dürfen. Sie müssen Schramm darum bitten, ein verklemmtes Schloss am Instrumentenkoffer zu reparieren; ja, alle benützen Schramm als Schuhlöffel, um ins Leben zurückzufinden. Der flehentlichen Schramm-Beschwörungen ist kein Ende. Es genügt in dieser Kehrausstimmung im Treppenhaus, einen Philharmoniker als solchen anzusprechen, schon ist er von der Sinnlosigkeit seines Berufs überzeugt. Also triumphiert der Orchesterdiener letztlich, werden Sie mich namens des Berufungsausschusses fragen müssen, Herr Generalmusikdirektor, doch? Also rächt er sich an den desintegrierten, disengagierten, deroutierten Künstlern für sein Untalent, indem er geschäftig herumrennt und seine Utilität und Ubiquität schamlos zur Schau stellt? Ach, gönnen Sie ihm diesen Pyrrhussieg, sein scheinbarer Vorteil besteht nur darin, dass die Atmosphäre, welche die Artisten nach Schluss der Aufführung anekelt, sein tägliches Arbeitsklima ist. Insgesamt, alles ineinander verrechnet, bleibt es doch dabei, dass die Musik ihre Lieblingskinder, die Hör- und Tonerzeugungsbegabten, auf das höchste beglückt, Schramm dagegen k. o. schlägt, und im Gegensatz zum technischen K. o. im Boxsport würde ich dies einen musischen Nichtberücksichtigungs-K. o. nennen. Da fragt man sich natürlich zu Recht, ob ein solcher Mann, der sich in Wirklichkeit um eine von Geburts wegen verweigerte Begabung und nicht um einen Posten bewirbt, der richtige Mann sei im Ambrosiahallengefüge. Wie kann einer dem Orchester dienen, lautet der ganz simple Einwand, wenn ihn die Musik, die oberste Herrin der städtischen Philharmonie, zum Invaliden macht? Genießen Sie die Berechtigung dieser Rückfrage, Herr Generalmusikdirektor! Schramm verheimlicht sein Gebrechen nicht, wiewohl es kein Arzt bei der sanitarischen Stellenantrittsmusterung diagnostizieren würde. Sein Gehörschaden ist ein innerster, von keinem Ohren-Nasen-Hals-Spezialisten zu beheben. Trotzdem will Schramm den Dienst, will er den körperlichen Ruin, denn seine Gesundheit ist das Einzige, was er als tauber Stockfisch der Musik opfern kann. Wer nicht hören will respektive kann, muss fühlen! Was Musikalität bedeutet, wie es in einem akustisch verwöhnten Resonanzgemüt zugeht, ist für mich schwer vorstellbar. Es muss sich um eine Mechanik handeln, ähnlich der Tastenmechanik im Piano. Die gespielten Töne setzen mittels feinster Pilotendrähte und Wippen ein Heer von Filzhämmerchen in Bewegung, welche den goldkupfernen Saitenbezug im Innern der Tonmimose bearbeiten. Ein Hammerwerk, ihre Begabung, ein Hammerwerk. Zur Musik finden heißt schon als Instrument geboren, heißt als Instrument behandelt und gepflegt werden, Herr Generalmusikdirektor. Als Viola da Gamba müsste man zur Welt kommen, Schramm kann nicht einmal eine entfernte Verwandtschaft mit einem ausgebombten Schifferklavier nachweisen, aus dem die Drähte starren. Darum gibt es für ihn keinen andern Zugang zur Ambrosiahallengesellschaft als denjenigen über die Hintertreppe einer Orchesterdienerberufung. Ich bitte Sie demütiglichst, Herr Generalmusikdirektor, die von Ihnen präsidierte Kommission in der Richtung zu beeinflussen, dass man sich im Gremium geneigt zeigt, sich der Schramm'schen Wenigkeit zu bedienen. Betrachten Sie meine Kandidatur wie den Antrag des anfängerhaftesten Volontärs eines leicht zu ersetzenden Tutti-Geigers um eine nichtige Ergänzung des Orchestermaterials, und vergessen Sie nicht, nach der Lektüre meines Bewerbungsschreibens die Hände zu waschen! Mit vorzüglicher Hochachtung, Schramm.

Diabelli, Prestidigitateur

Eine Abschiedsvolte für Baron Kesselring

Seine Exzellenz, Baron Harry Kesselring, langjähriges Gönnermitglied des Magischen Zirkels, der deutschen Vereinigung zur Förderung der Zauberkunst, hatten unlängst die Güte, sich brieflich nach meinem Ergehen als Künstler und Mensch zu erkundigen, nach meinen Plänen und dem Verlauf meiner Karriere, von der Herr Baron anzunehmen geruhten, sie könne sich nur noch, einem Hyperbelast gleich, der Asymptote der Unikalität nähern, weshalb mir der Titel eines Maître de Magie gebühre, eines Roy des Prestidigitateurs. Dank, Dank, Dank, wenngleich Ihre Elogerie in eine Zeit fällt, da sich Grazio Diabelli in Schwierigkeiten verstrickt hat, aus denen ihm keine Entfesselungsakrobatik hilft. Herr Baron schlossen mit dem Wunsch, unsere Wenigkeit möchten zur Feier des sechzigsten Geburtstags Ihrer Exzellenz auf der Wacholderhöhe vor versammeltem Adel, Adel des Geistes, versteht sich, eine Kostprobe unseres Könnens liefern, ein Allegro von Bravourstücken mit dem Qualitätssiegel Diabellis als artistischen Höhepunkt einer rauschenden Ballnacht, als Schlussbukett des Feuerwerks der zu Ehren Eurer Exzellenz abgehaltenen Festlichkeiten. Das

Ansinnen ehrt mich. Leider wird Grazio Diabelli dieser Einladung nicht folgen können, verehrter Herr Baron, denn als Prestidigitateur und Großillusionist bin ich aller Wahrscheinlichkeit nach restlos vernichtet; nichts deutet darauf hin, dass ich diese meine letzte Hokuspokuskrise noch einmal überwinden werde, wie ich schon so oft einem Springteufel gleich aus einer Virtuositätsdepression wieder hochgeschnellt bin, laufend Depressionen komprimiert und in Verblüffungseffekte transformiert habe – und lediglich aus Anlass Ihres Jubelfestes meine Melancholie abzustreifen respektive in eine vollbengalische umzuwandeln, liegt, so paradox dies aus dem Mund eines Zauberers klingen mag, außerhalb meiner Macht –; nein, ich stehe, wenn die Diagnose nicht täuscht, vor dem Bankrott meines Innersten, und zwar hat mich nicht das werte Publikum, das mir an der letzten Kaltmagiergala in Stockholm, einer Benefizvorstellung für Querschnittgelähmte, zujubelte, abgeschrieben, nicht die Schaumenge, von der der Künstler immer meint, das Schlimmste befürchten zu müssen, eine Bloßstellung, Skalpierung, ein Abbalgen der Haut auf offener Bühne, wie es tatsächlich Pinetti widerfuhr, dem Professor für amüsante Physik, der bekanntlich in Leipzig, statt das Karo Ass an die Tapetenwand zu schießen, blind ins Parkett feuerte; nicht von vorne kam die Attacke, ich selbst, der unsterbliche Diabelli – in Wirklichkeit geisterte ich schon längst nur noch als scheintoter Artist durch die Varietés Europas – habe den Blick hinter die eigenen Kulissen nicht mehr ertragen, ich habe meine Agentur, eine Dauerohnmacht des Managers Affentranger in Kauf nehmend, angewiesen, Paris, Lyon, Marseille unverzüglich abzusagen, nach Salzburg zu telegraphieren, der wegen der Hintergrundadaption ohnehin umstrittene Auftritt in der Felsenreitschule finde nicht statt, Chur zu schockieren mit der Nachricht, Diabelli im Koma seines Künstlertums, auf die Gefahr hin, dass Chur prozessiere, und auch auf der Wacholderhöhe wird es, unerachtet Ihres huldreichen Mäzenatentums, Ihrer jahrzehntelangen Verdienste um die Förderung der Zauberei im Allgemeinen und meiner Täuschungskunst im Besonderen, keine Salonmagie mehr geben für die Nobilität, dem Jubilar stünde an Ihrem Fest – und es jubiliert ja die ganze Baronie – der Prestidigitateur und Juxbaron als Konkursit gegenüber. Mein Fallissement ist total. Ausgezaubert, dies ist mein letztes Wort, wenn auch ein ausführliches, denn zuvörderst bin ich Ihnen, dem Bewunderer meines Talents und Kapitalgeber für meine Ausrüstung, eine Erklärung schuldig, wie es zur großen Desillusionierung gekommen ist, weshalb Herr Baron Kesselring, derweil Herr Baron glaubten, er investiere in ein Genie, in einen Kretin investierten. Und zwar werde ich versuchen, diese Erklärung einzubetten in einen interdisziplinären Tour d'horizon über die Zauberkunst, zum einen, weil mir die Rechenschaft schwerer fällt, als Sie vielleicht denken, bin ich doch in der Tarnrede geübt und nicht im Enthüllen, Bekennen, Beichten; zum andern, weil Herr Baron schon seit geraumer Zeit ein solches Elaborat aus Diabellis Feder wünschten zwecks allfälliger Verwendung in der

Zeitschrift Abracadabra, dem Fachorgan für Laien und Liebhaber der weißen Magie. Meine Devise kann jedoch nur heißen: perire et delectare.

José Antenor Gago y Zavalo Marquis d'Orighuela, L'homme masqué genannt, der magische Poet mit den Feenhänden, ein Artist für verwöhnteste Kenner, Schützling der Gräfin Helene von Nostitz-Wallwitz, soviel ich weiß auch des Grafen Leopold von Andrian: lange habe ich nicht begriffen, weshalb er bei allen Vorstellungen eine schwarze Augenlarve trug, umso weniger, als er infolge seiner digitalen Geschmeidigkeit nie hätte eine Panne, nie eine kapitale Apperzeption befürchten müssen. Kompromisslos in der Anwendung der Überfallstaktik. L'homme masqué näherte sich, sobald er vor das Publikum trat, einer Dame, die einen duftigen Schal um die Schultern trug, welchen er sich erbat, o nicht nur erbat, vielmehr in einer Galanterie sondergleichen von ihrer Büste wand, um ihn zusammenzufalten, einen Augenblick vor der Frackbrust zu schwenken und urplötzlichst mit einer Handverbeugung eine flache Glasschüssel, gefüllt mit feinsten Bonbons, darunter hervorzuziehen, die er der Dame, welche natürlich über jeden Verdacht vorgängiger Absprache erhaben sein musste, ebenso dezidiert dedizierte, Anzüglichkeiten, ihre Schönheit betreffend, unter die lutschechten Bonbons schmuggelnd. Der Bann war gebrochen, L'homme masqué von jener Aura umgeben, welche schnöde Requisiten in Devotionalien verwandelt – aber, wertester Baron, Diabelli hat in einem schmerzhaften Ablösungsprozess von José Antenor einsehen lernen müssen, warum der peruanische Edelmann, der ebenso rätselhaft, wie er kometengleich aufgestiegen war, aus den Salons verschwand und kurz vor dem Ersten Weltkrieg in Galizien verschollen ging, sein Gesicht, seine Facies hippocratica verbergen musste. Die unschuldige Kindergebärde, decke ich meine Augen zu, siehst du mich nicht, mit dem Faktor artifiziellster Verdorbenheit multipliziert. L'homme masqué: Während meiner Ausbildung zum Prestidigitateur ein magischer Name, heute nur noch eine Formel für glanzvolles Scheitern. Nicht weil er etwas zu verstecken gehabt hätte, maskierte sich der Marquis und verkroch sich in einem sechsstelligen Pseudonym, sondern weil es, je virtuoser er auftrat und Luxusdamen mit Bonbonnieren beglückte, nur immer desto weniger zu verbergen gab und, wenn der Vorhang fiel, falls überhaupt noch einer fiel, nichts mehr von ihm übrigblieb als eine Papiertüte mit Klappgefühlen. Sein spezifisches Gewicht als Mensch, wenn Herr Baron die Güte haben, mich verstehen zu wollen, näherte sich demjenigen eines absolut tödlichen Gases.

Damit hängt Diabellis Krise zusammen. Habe illudiert und illudiert und dabei mein Selbst verjuxt, begonnen als Schüler Karachos unter dem Decknamen Santambrogio, Triumphe gefeiert mit der Zersägten Jungfrau als Angelo Masturbanni, die Wirbelwindzauberei perfektioniert als Wendolin Mondelli alias Graziani alias Grazio Diabelli et cetera; verändert sich ein Magier beruflich, das heißt, macht er sich ein neues Trickfeld untertan, verändert er auch seinen Künstlernamen, um seine Glanznummer gleich personifizieren zu können. Who is who in unserem Metier, die Frage könnte ein Heer von Mystifikations-Spezialisten beschäftigen. Man moduliert sich von einer Tonart in die andere, und um herauszufinden, als wer ich eigentlich zu Ihnen spreche, Baron Kesselring, muss ich Diabelli in Graziani, Graziani in Mondelli, Mondelli in Masturbanni, Masturbanni in Santambrogio zurückübersetzen. Ich fürchte, dass auf dem Scheitelpunkt meiner Karriere im alter-egoistischen Fächer kein Ich mehr übrigbleibt, sich zum Bankrotteur zu bekennen, restlos, dass, wenn ich den Ruhm Grazianis für denjenigen Diabellis, den Ruhm Mondellis für Grazianis Ruhm zurückersteigere und so fort, ich am Schluss mit leeren Händen dastehe, und eigentlich wäre meine letzte Chance die, den Traum aller großen Fluchtillusionisten zu verwirklichen: Diabelli und Konsorten unter Verzicht auf das Schwarze Kabinett, ohne Levitationskünste und Spiegelzauberei zum Verschwinden zu bringen, allenfalls wie die Indischen Fakire am Seil, an dem ich meine Bewunderer heruntergelassen habe, emporzuklettern und mich in nichts aufzulösen. Wie das gemacht wird, meine Damen und Herren, überlasse ich der Phantasie jedes Einzelnen – mein Plattenspruch aus den Lehr- und Wanderjahren mit der Kreissäge. Mir ist bewusst, dass ich nach wie vor an den Eid gefesselt bin, den ich bei der Aufnahme Masturbannis in den Magischen Zirkel abzulegen hatte: Nie verrate ich meine Kunst! Ein Mein-Eid. Was, wenn die Kunst mich verrät? Einzig mit einer sprachlichen Trickhandlung könnte es gelingen, mich von diesem Versprechen loszusagen, Herr Baron. Wie in einem Vexierbild soll meine Kapitulation versteckt sein.

Meine Erinnerung an die Jugend ist die Erinnerung an das verdammt schale Gefühl, die andern erwischt zu haben. Himmel und Hölle nannte sich das Spiel, das eine Zeit lang bei uns an der Primarschule grassierte. Es bestand darin, dass man mit dem aus einem quadratischen Blatt gefalzten Salzfass abwechselnd die blaue und die rote Spalte öffnete, die Zahl nachbetend, die das Opfer angegeben hatte, das dann je nachdem im Himmel oder in der Hölle landete. Es gab einen simplen Trick, den Mitschüler mit Sicherheit in die Hölle fahren zu lassen, man musste bei geraden Zahlen mit Blau, bei ungeraden mit Rot beginnen, was aber bald der Dümmste herausbekam, so dass ich, der ich mich mit der mir eigenen Ultrarigorosität in allem, was ich an die Hand nahm, sofort auf diese kleine Papierhölle spezialisierte, genötigt war, von mir aus, aus einem Fundus frühkindlicher Verdorbenheit schöpfend, das Falschzählen zu erfinden, den sogenannten Elmsley Count, der bei Kartenmanipulationen die größte Rolle spielt, für den schülerhaften Hausgebrauch den Elmsley Count, aus mir heraus, nicht angelernt – das war ja das Unbegreifliche, woher diese Originalität als Perfidie –, und zugleich die viel wichtigere Taschenspielergrundregel entdeckte, dass Mentalschläue immer mit Handfertigkeit gepaart sein muss, wenn die Sache hinhauen soll; demzufolge falzte ich meine Schnappfallen aus geschmeidigem Glanzpapier, das mir erlaubte, eine geschlossene Position mitzuzählen, und ich ging sogar dazu über, die Pyramide einhändig zu bedienen – denken Sie an den historischen Schritt: Volte, Charlier-Volte –, dergestalt, dass ich die rote und die blaue Spalte nur noch aufblitzen ließ, nur noch mit Farbzitaten arbeitete – das, wenn du Zeit gehabt hättest, hinzugucken, wäre blau gewesen –, so allmählich ins Prestidigitatorische hineinkam und jeden todsicher in der Hölle hatte, ob er zwölf oder dreizehn sagte, das Auszählen war nur noch eine numerische Verhöhnung seiner Scheinfreiheit zwischen Gerade und Ungerade.

Diese Fertigkeit trug mir Re-, aber auch Despekt ein, sogar bei den Schulmeistern, als Himmel-und-Hölle-Wunder wurde ich von Tür zu Tür geschickt, gastierte vor der Wandtafel des Französischlehrers, schickte das gesamte Progymnasium einschließlich des Mathematikprofessors, der die Falschzählmethode zwar durchschaute, nicht aber meine Anwendung, ins Purgatorium aus scharlachrotem Foliopapier, war, innerhalb des Schulhauskomplexes, ein fahrender Gaukler. Doch wenn das Spiel vorbei war, die Neugierde abgewetzt, saß ich selbst in der Höllentüte, falzte meine Vierspitzen-Pyramide auseinander und betrachtete das Muster der farbigen Dreiecke, den aus der räumlichen Mirakelwirkung in die Ebene zurückgeklappten toten Apparat, erlebte schon so früh den Kater nach verebbtem Applaus, das Hintertreppenhafte der Sensation, das Sterben der Nummer und jenes Departementes im Zauberer, das für sie verantwortlich zeichnete, war mit dem schäbigen Wissen, wie's gemacht wird, allein, und alle Teufelskunst

half mir nicht, in solchen Situationen einen Freund herbeizuzaubern, der vergessen hätte, was ich kann, mich
als seinesgleichen behandelt hätte. Wie oft in meiner
Schulzeit an endlosen Regennachmittagen stand, kniete
ich vor der Milchglastür des Windfangs im Elternhaus
und wartete darauf, dass einer von sich aus auf die Idee
käme, mich aufzubieten, abzuholen, es war, wenn sich
ein Schatten zeigte, meistens der Pöstler, der Makulatur
austrug; nie, so weit ich mich zurückerinnere, hat ein
Schüler mich aus meiner Haft befreit, und das Email-
täfelchen an der schweren Eichentür, Betteln verboten,
habe ich stets auf mich bezogen, ich war der Hausierer
auf der falschen Seite, der Hausierer im Interieur.

Tja, eine Disparitionsmechanik zur Eliminierung seiner selbst zu konstruieren, wäre vielleicht noch eine loh-
nende Aufgabe für den Lebensabend eines abgedankten
Magiers; das Endziel aller Flucht- und Wirbelwindillusionisten, der geheime Limes ihrer Kunst war, sich so rasch,
so rätselhaft wie möglich in nichts aufzulösen. Wenn es
bisher noch keinem überzeugend gelang, mit einer Ausnahme, auf die ich gleich zu sprechen kommen werde, lag
es teils an der Schwerfälligkeit der Hilfsapparate, teils am
mangelnden Willen des Künstlers, à fond zugrunde zu
gehen. Ich erinnere Sie aber, werter Baron, an das Aufsehen, das Buatier de Kolta im New Yorker Hippodrome
erregte, als er auf offener Bühne einen fünfunddreißig
Zentner schweren Elefanten verschwinden, angeblich
nach Burma verschwinden ließ. Ganz Amerika hat sich
darüber den Kopf zerbrochen, weil ganz Amerika nicht

sehen konnte und wollte, dass der Dickhäuter nach dem Wegdrapieren noch da war. Es kommt bei der Disparition nicht, wie der Laie meint, und der Laie ist in den Augen des Scharlatans immer der Dumme – to fool the audience, sagen die Engländer –, nicht auf möglichst zusammenknautschbare Gegenstände an, also nicht nur mit Musselintüchlein und Papierblumen gelingt der Trick, entscheidend ist die Technik des Wegdrapierens, von Buatier de Kolta so meisterhaft beherrscht, dass er, nachdem er die gelbe Seidendecke abgezogen hatte, das Vakuum, das der verschwundene Elefant Roswitha hinterließ, anscheinend – scheinbar, um es korrekt zu sagen, scheinbar und anscheinend werden ja ausgerechnet in den Simulier-Berufen ständig verwechselt – durchschritt, auch mit der Dressierpeitsche hindurchstach, was hinwiederum nur bewerkstelligen kann, wer, wie Buatier, über eine circensische Elefantenerfahrung verfügt, wer über die Psychologie der Urwaldtrotter ebenso viel weiß wie über die Psychologie derer, die er, unter Applaus, für dumm verkauft; niemand kam auf die Idee, und dies ist bezeichnend für die vereinigte Beschränktheit der Vereinigten Staaten von Amerika, Buatier de Kolta, bei John Nevil Maskelyne in die Schule gegangen, habe seine Roswitha palmiert, gerade die absolute Unpalmierbarkeit eines fünfunddreißig Zentner schweren Säugetiers, vielmehr die geschickt zur Schau gestellte Immobilität des Objekts überzeugte das sensationslüsterne Publikum vollends davon, dass ein solcher Koloss nicht im Handumdrehen, nicht mit Hilfe von wirbliger Simsalabim-Mesmerei zu beseitigen sei, und sehen Sie, Exzellenz, darauf kommt es an, auf eine möglichst bedrohliche Präsenz des Eskamotiergegenstandes, den der Zuschauer schließlich um jeden Preis von der Bühne haben will – Herrmann, der Liebling Mephistos, gilt als Begründer der sogenannten Requisiten-Hypnose, nie hat er sein Paradestück des verschwundenen Talers vorgeführt, ohne die Münze zuvor auf den Tisch zu knallen, wieder und wieder, bis die Spektatoren vom Klang des Metalls oreillär betäubt waren, erst dann griff er nach dem umballten Geldstück, wobei die Art, wie die Rechte Faust spielte, nicht minder faszinierend war als das überraschende Vorzeigen der leeren Linken, Faust spielte unter soufflierender Mithilfe des Publikums, denn ihm wird suggeriert, es müsse sich wünschen, was der Manipulator demonstriert. Das Publikum ist die unbezahlte, die Eintrittsgeld entrichtende Souffleuse des Schnellfingerartisten.

Item, was die Eigendisparition betrifft, die mich auf das Nachhaltigste beschäftigt – dem Marquis d'Orighuela traue ich zu, dass er vorsätzlich in Galizien verschollen ging –, rätselt ja die Fachwelt noch heute am Unfall des amerikanischen Illusionisten William Ellsworth Robinson herum, der sich den Schädel kahl rasieren ließ und als Chinese Chung Ling Soo Triumphe feierte. Wieder so eine Alias-Figur! Sein Standard-Trick war der Schuss ins Leere, bekanntlich von Eugène Robert-Houdin ad parnassum geführt, Robert-Houdin, den die französische Regierung 1856 nach Algerien schickte mit dem Auftrag, die aufwieglerischen Marabuts zu entzaubern. Er tat dies, indem er die auf fünfzehn Schritt vom Medizinmann abgefeuerte Kugel mit den Zähnen auffing und lächelnd sagte: Du kannst mich nicht verletzen, aber du sollst sehen, dass mein Zielen gefährlicher ist als das deine. Damit nahm er die zweite Pistole und schoss auf eine weiß getünchte Wand. Ein großer Blutfleck erschien. Der Marabut, nachdem er seinen Finger ins Blut getaucht und sich davon überzeugt hatte, dass es echt war, ließ, wie der Begründer des Théâtre Robert-Houdin in seinen Confidences schrieb, die er auf seinem Besitz Prieuré in vollkommener Abgeschiedenheit verfasste, vernichtet sein Haupt auf die Brust sinken, der algerische Aufstand war der gebrochenste. Chung Ling Soo nun ließ 1918 im Londoner Wood Green Empire Theatre als Clou seiner Abschiedsvorstellung aus zwei Musketen auf sich schießen. Die Patronen waren, wie immer, markiert. Im Pulverdampf brach der Schamane zusammen, der Vorhang wurde so schnell gezogen, dass die vivatschreienden Besucher meinten, der Tod, so trefflich gemimt, gehöre zur Nummer. Der Schuss war aber nicht ins Leere gegangen, sondern ins Herz, sofern bei einem Magier von einem solchen gesprochen werden kann, und derweil Chung Ling Soo vor der Bühne herausgeklatscht wurde, wurde er hinter der Bühne abtransportiert, um noch auf dem Weg ins Hospital seinen allerinnersten Verletzungen zu erliegen. Selbst die Todesnachricht in der Times wurde für eine virtuose Dreingabe gehalten. So war es, Baron Kesselring: Während alle Welt glaubte, Chung Ling Soo habe sich programmgemäß füsilieren lassen, hatte sich William Ellsworth Robinson programmgemäß füsilieren lassen, er, der Imitator des echten Chinesen Ching Ling Foo, nahm auf offener Bühne vor aller Augen die kaltblütigste Entleibung vor, die die Zauberhistorie kennt. Wie gesagt, man rätselt am Motiv herum, aber für mich ist es kein Rätsel mehr, seit ich begonnen habe, die schillernde Haut Diabellis abzustreifen: Robinson musste den tödlichen Beweis erbringen, dass er gelebt hatte.

Von alters her hat das fahrende Volk der Windbeutel und Taschenspieler, die so geheißen wurden, weil sie aus dem umgehängten Fortunatssäckel zauberten, mit der Vorführung von Scheinleben geglänzt, hochwohllöbliche Baronität, freilich waren es nicht die Erfinder selbst, sondern Mechanikusse zweiten und dritten, aber Scharlatane allerersten Grades, welche die Lust der Menge nach Wettermacherei auszubeuten verstanden. Vaucanson musste seine künstliche Ente, die nicht nur die Flügel schlagen, sondern Futter picken und es mechanisch verdauen konnte, in Nürnberg, der Hochburg genialen Uhrmacherspielzeugs, verpfänden. Kopfzerbrechen bereitete dem 18. Jahrhundert Die Unsichtbare Engländerin. In einem hell erleuchteten Saal hing, frei schwebend, eine Verbindung mit den Wänden des Kabinetts schien ausgeschlossen zu sein, ein transparenter Kasten mit einem Sprachrohr, aus dem auf intimste Fragen intimste Antworten ertönten. Chevalier Pinetti de Villedale trug seinen Großsultan, der mittels Glockenschlägen den Wert einer gezogenen Karte angab, auf dem Arm im Saal herum, um zu beweisen, dass er selbständig arbeite, damit das ganze Auditorium auf den Arm nehmend. Das Zeitalter der Vexiersprech-

und Vexierdenkmaschinen, Baron. Während die erlauchtesten Geister, zu denen Ihre Vorfahren gehört haben, die sogenannte Aufklärung vorantrieben, sabotierten sie die Konstrukteure der Androiden. Ausgeklügelte Vernunft in allen Köpfen, aber auch eine Feinmechanik des Scheinlebens. Hofrat Wolfgang von Kempelen, wenn Ihnen der Name etwas sagt, baute für die blinde Klaviervirtuosin Therese von Paradis einen Apparat mit der Stimme eines vierjährigen Kindes, bestehend aus einem Blasbalg, welcher die Lunge ersetzte, aus einer Windlade mit inneren Klappen und einem Stimmrohr anstelle der Stimmritze. Selbiger Hofrat von Kempelen verblüffte das 18. Jahrhundert mit seinem Schachautomaten. Es war Kempelens Schachautomat das Nochniedagewesenste auf dem Gebiet der Roboterkunst. Ein mechanisch gesteuerter Türke thronte hinter einer Schachtruhe und setzte jeden Gegner aus dem Publikum innert kürzester Zeit matt. Der Kasten war in schrankartige Abteilungen gegliedert, die Türen wurden der Reihe nach geöffnet und erlaubten dem Zuschauer einen Blick ins Getriebe. 1804, nur so viel noch zur Historie, ging die Kombinationsmaschine in den Besitz Nepomuk Mälzels, des Erfinders des Metronoms, über, und es bedurfte zur Lüftung des Geheimnisses, kurz bo vor der Apparat dem Brand des Chinesischen Museums in Philadelphia zum Opfer fiel, des detektivischen Scharfsinns eines Edgar Allan Poe. Poe nämlich stellte fest, dass die Türen nie gleichzeitig, sondern nacheinander und immer in derselben Reihenfolge geöffnet wurden. Er entlarvte, nachdem er eine leichte Bewegung in der linken

Schulterdraperie festgestellt hatte, den schachmattisierenden Türken mit einem zurückgenommenen Zug. Die Reaktion des Trickautomaten bewies ihm, dass dieser nicht auf die Vermittlung Mälzels angewiesen war. Zitiere sinngemäß Poe: Dass der Automat einen Zug machen wollte, ist offenbar, die Ursache aber, dass er es nicht getan hat, war ohne jede Vermittlung Mälzels der widerrufene Zug des Gegners, welche Tatsache erstens beweist, dass die Vermittlung Mälzels, der die Züge des Partners auf dem Schachbrett des Automaten wiederholt, für seine Bewegungen gar nicht nötig ist, zweitens und in logischer Folge, dass diese Bewegungen durch den Verstand eines Menschen bewerkstelligt werden, der das Feld seines Gegners überblicken kann. So weit Edgar Allan Poe, Herr Baron, der etwas Wesentliches herausfand: Alle, die vor ihm gegen die Maschine angetreten waren, hatten sich darauf konzentriert, den mit seinem Turban tatsächlich wie echt wirkenden Türken zu besiegen, wo man ihn doch nur schlagen und damit Mälzel ruinieren konnte, wenn man, wie Poe, willentlich gegen ihn verlor, sich munter dem Matt unterzog. Kempelen, in Klammern gesagt, wäre dies kaum passiert, aber Mälzel, zur Strafe dafür, dass er das Metronom erfunden hatte. Kein Publikum ist willens, sich dem Matt eines Zauberers zu unterziehen. Wäre es dies, könnte unsere Gilde zusammenpacken. Mälzels Gehilfen übrigens waren so vortreffliche Schachspieler wie Schlumberger oder Allgaier. Da man sich Kapazitäten vom Kaliber eines Schlumberger oder Allgaier immer in Denkerpose vorstellt und nicht in der verqueren Lage eines

Ungemachs – Denken braucht Platz –, war dem Schachautomaten bis zum Auftreten Poes, des Sherlock Holmes unter den Desillusionisten, der größte Erfolg beschieden.

Die Kinder, les enfants, the children, i bambini, sagen alle Meister des magischen Fachs, sind das undankbarste Publikum, aus dem einfachen Grund, weil Kinder zwischen Wirklichkeit und Trugwerk nicht unterscheiden. Lag die Kugel eben noch unter dem Becher, liegt die eskamotierte Kugel ebenso selbstverständlich nicht mehr unter dem Becher. Mich hat in meiner Kindheit als Zauberer immer alles Künstliche, Gemimte, Supponierte, Imitierte, Spiegelbildliche, Vexatorische, Halluzinatorische, Phantasmagorische fasziniert, nie die Realität und insonderheit nie die Natur. Stundenlang konnte ich mich mit einer silbernen Zwiebackpackung beschäftigen, in deren Medaillon das Schattenbild eines Rokoko-Gecken zu sehen war, der ein ebensolches Paket in der Hand hielt, mit einem ebensolchen, nur viel kleineren Oval, in dem ein ebensolcher Geck et cetera. Das Perpetuum mobile der Fabel vom hohlen Zahn, in dem ein Kästchen verborgen ist mit einem Brief, worin die Geschichte vom hohlen Zahn aufgeschrieben steht, ließ mir keine Ruhe. Als ich entdeckte, dass man, vor einem Spiegel stehend, mit einem zweiten, hinter das Ohr gehaltenen Frisierspiegel das Ich vervielfachen kann bis ins Unendliche, blockierte ich das Badezimmer. Wo meine Eltern Toilette machten, erprobte ich die Kindermaske eines Tausendkünstlers. Mich verbergen, erscheinen, aus dem Nichts auftauchen und wieder dahin verschwinden: existentielle Knalleffekte waren meine Knabenspiele, Herr Baron, nicht Seilspringen, Paradieshüpfen, Völkerball und dergleichen Hafenkäse. Es mag Ihnen wie eine Anekdote vorkommen: Als der Lehrer einmal fragte, welche Wörter man steigern könne, antwortete ich: die Namen. Und als er mich belustigt aufforderte, meinen Vornamen zu steigern, steigerte ich meinen Vornamen, bildete, unter Gelächter, den Komparativ zu Xaver und den Superlativ zu Xaver: am Xaversten. Ich war der Xaverste, der Spottname wurde zur Rangbezeichnung, wenn es galt, etwas Verrücktes herauszuklamüsern. Lieber als über Schulaufgaben brütete ich über Vexieren, die im Pestalozzikalender, manchmal auch im Blindenkalender, paradoxerweise im Blindenkalender abgebildet waren: Das sogenannte Zöllner'sche Muster, von Professor Zöllner anlässlich der Siegesfeiern nach dem Deutsch-Französischen Krieg in Leipzig entdeckt, als er glaubte, die mit spiralenförmigem Reisiggewinde bekränzten Triumphmasten stünden schief; die verschobenen Quadrate, die Treppentäuschung, das verhexte Blockmuster. Ich war der Xaverste im Lösen von Kreuzworträtseln und Scharaden. Die Scherzfrage, was schwerer sei, ein Kilogramm Blei oder ein Kilogramm Watte, führte ich in die Klasse ein. Das Palindrom Reliefpfeiler, den symmetrischen Satz Ein Neger mit Gazelle zagt im Regen nie führte ich in die Klasse ein. Die Vexierspiele waren die besten Exerzitien zur Demonstration, dass die Sinne täuschbar sind. Kein Verlass auf die Sinnesorgane, eine Urerfahrung, Herr Baron: die ganze Schulzeit ein Propädeutikum für höhere Schwindelhuberei, wobei ich es nie nötig hatte, eine Zeugnisunterschrift zu fälschen, ich war, leider, zu gut, kein Streber, aber ein Fex. Schon mein Vorname, der immer beigezogen wurde, wenn ein Wort mit dem seltsamsten aller Buchstaben, mit X buchstabiert werden musste, hatte etwas Vexier- und Elixierhaftes. Der Xaverste, höhnte es mir auf dem Pausenplatz nach, der Xaverste, und einmal schleuderte mir ein Oberschüler die Unverschämtheit ins Gesicht, meine Eltern hätten mich mit einem doppelten Pariser gezeugt. Wahrscheinlich stammen alle Giganten der Verwandlungs- und Täuschungskunst aus einem Milieu der Lieblosigkeit. Wahrscheinlich war die Wurzel meiner magischen Berufung der Wunsch, die Leute möchten sich unausgesetzt meiner annehmen, mit mir als Denksportaufgabe in Person beschäftigen. Ich würde mich anheischig machen, in den Biographien Bellachinis, Dantes, Goldins, Houdinis den wunden Punkt herauszufinden, wo diese Großmeister, einer der größere als der andere, infolge einer tödlichen Verletzung ihrer Kinderwelt gezwungen waren, sich mit einer List zu retten, mit einer Notlüge als Nummer.

Was Diabelli betrifft, fällt mir folgendes Schlüsselerlebnis ein. Das Prinzip der Chicago-Kugeln ist Ihnen geläufig, werter Baron. Ich brauche nur zu sagen: Kalanag raucht Bälle, und die Fachwelt, zu der ich Sie immer und trotz meiner methodisch-didaktischen Penetranz zähle, weiß Bescheid. Ich selbst habe als Schüler einmal in höchster Bedrängnis mit sogenannten Halbschalen operiert, als ich eine Apfelsine, die Geburtstagsfrucht eines Kameraden, mit dem ich um die Favoritenrolle rivalisierte, von seinem

Pult verschwinden ließ. Und zwar stahl ich die Orange, weil er in der Neunuhrpause verkündet hatte, er werde sie in der Zehnuhrpause mit sechs Freunden teilen, zu denen ich mich nicht zu zählen hätte. Mit dir nicht, hatte er gesagt, dirnicht, dirnicht, und das hatte sich eingenarbt. Also stahl ich die Apfelsine und damit meinen sechsfachen Anteil. Getuschel, Aufregung. Alex, so hieß der Krösus, erspähte die Frucht im Tornisterfach unter meiner Bank und verzeigte mich beim Lehrer. Der Lehrer begann sofort ein Verhör. Woher ich die Orange hätte. Ich sagte, damit einen Kapitalfehler begehend, von der Mutter, die in Wirklichkeit nur meine Stiefmutter war. Der Lehrer bestimmte sofort einen Schüler, der sich auf den Weg machen und zu Hause nachfragen sollte, ob mir meine Stiefmutter eine Orange als Zwischenverpflegung mitgegeben habe. Der bleiche und bebrillte Schüler schlüpfte emsig in die Rolle des Landjägers und würde, das wusste ich genau, mit dem vernichtenden Bescheid zurückkommen: Keine Orange als Zwischenverpflegung mitgegeben. Dass ich sofort wusste, dass es der Stiefmutter, die ja dazu angestellt war, mich zu erziehen, nicht, mich zu lieben, nicht im Traum einfallen würde, mich, dessen Notlage sie telepathisch hätte erfühlen müssen, zu decken, war weit schlimmer, als die Folgen des Diebstahls sein konnten. Ein Duplikat musste her, der Stiefmutter oder der Orange, also der Orange! Während der Unterricht weiterlief und meine Bewacher, je gewisser sie meiner Überführung waren, nur desto eifriger daran teilnahmen, trennte ich in einem kunstvollen Schälprozedere unter der Bank mit dem

Sackmesser die halbe Schale von der Orange. Der Schüler als Landjäger kam, wie zu erwarten war, mit dem negativen Bescheid zurück, den er ins Schulzimmer schmetterte, bevor die Tür zufiel. Alle Blicke drückten aus: Endlich hat es ihn erwischt. Aber: Man sollte sich in mir getäuscht haben. Ich beharrte auf meiner Unschuld und warf plötzlich ein: Oder ist dies etwa die vermisste Orange? Dabei bückte ich mich unter Alexens Pult, drehte die palmierte Halbschale nach außen und zeigte, während das Corpus Delicti immer noch in meinem Fach lag, eine zweite, genau gleich reife und gleich große Frucht vor, in der Imitation des zu Unrecht Verdächtigten ein Meisterstück liefernd. Nun war die Reihe an Alex. Er musste vortreten, wurde ins Gebet genommen. Der Schwerpunkt der Untersuchung hatte sich verlagert, ich konnte in aller Ruhe die mit Speichel angefeuchtete Halbschale an das Fruchtfleisch pressen und ihm, nachdem er zwei Tatzen eingefangen hatte, die Orange mit dem Anspruch auf Finderlohn in die brennende Hand legen. Der Lehrer hatte ihm befohlen, sie mit mir zu teilen. Meine Berücksichtigung war nun eine als Strafaufgabe angeordnete. Das Erstaunlichste und für meine berufliche Entwicklung Bedeutendste war: Die reparierte Apfelsine wurde nach dem Vorfall nicht mehr inspiziert, ebenso wenig wie jemand danach gefragt hätte, wo denn meine Orange geblieben sei. Der Verblüffungseffekt hatte die inquisitorische Neugierde neutralisiert, Herr Baron, die Aufmerksamkeit des Zuschauers ist nur punktuell gefährlich. Er will entlarven, aber er ermüdet rasch in dieser Rolle.

Eindrückliche Momente

Wie ich zum Dieb wurde

[handschriftlicher Fließtext, weitgehend unleserlich]

Erste Fassung der Episode um die gestohlene Orange:
der Schulaufsatz ›Wie ich zum Dieb wurde‹ (um 1961),
laut Burger die »Kernszene« von ›Diabelli, Prestidigitateur‹.
In: Schweizerisches Literaturarchiv (Bern),
Nachlass Hermann Burger, Signatur C-2.

Dies dürfte ein Berufungserlebnis gewesen sein, wenngleich noch nicht der archimedische Punkt meiner Zauberei. Ich hatte, notgedrungen, von einer Stiefmutter im Stich gelassen, die beliebige Metamorphoisibilität der Welt entdeckt, in der ich nicht gewillt war, den vernachlässigten Hanswurst zu spielen, freilich, wie sich später zeigen sollte, um den Preis einer höheren, zu hohen Bajazzerie. Und ich war beim Vorzeigen der Halbschale auf die Bedeutung des Winkels gestoßen. Ich hatte mich durch meinen Diebstahl in die Ecke manövriert und in der aussichtslosesten Situation dank einer tadellosen Palmage des fingierten Duplikats – da die Mutter nicht einfach durch eine andere zu ersetzen war – wieder hinausmanövriert. Man spricht von spitzen Winkeln, wenn das zu Verbergende beinahe, nahezu in das Gesichtsfeld des Publikums gerät. Herr Baron Kesselring können ermessen, ein wie großer Winkelvirtuose Diabelli war, immer hat er sich an der kritischen Grenze bewegt. Der Anfänger benötigt hundertachtzig Grad im Minimum, der Fortgeschrittene kommt mit neunzig Grad aus, der Spitzenmanipulator in der Mikromagie mit dreißig Grad. Winkelfehler, etwa bei der Handhabung der Drehmünze, können tödlich sein. Sie auszumerzen, ist der Spiegel der beste Lehrmeister des Prestldigitateurs. Mein Studierzimmer war ein Spiegelkabinett. Nur wem es gelingt, sich selber hinters Licht zu führen, das Wissen um den Ablauf der Trickhandlung mit der Trickhandlung zu überspielen, täuscht auf die Dauer erfolgreich das Publikum. Zähle ich die autodidaktischen Unterrichtsstunden zusammen, die ich im Frack vor meinen Spiegeln verbracht habe, komme ich auf eine horrende Zahl, den Aufwand für ein Medizinstudium inklusive Spezialausbildung zum Schönheitschirurgen. Diabelli en face, im Profil und von hinten, Tag für Tag. Wie der angehende Pianist am Bechstein-Flügel sitzt der Solist per se vor seinem Spiegel-Dispositiv, Zuschauer, Lehrmeister und Schüler in einer Person, um erst dann die reflektorische Muschel mit der jämmerlichsten Vorstadtbühne zu vertauschen, wenn die Digitalfertigkeit seiner Kontrolle entschlüpft ist. Ein berühmter Jongleur sagte mir einmal, Herr Baron: Ich trete mit meinen Keulen erst auf, wenn ich beim Wirbeln die Hände nicht mehr spüre. Von ihm hat Diabelli den Grundsatz übernommen: Die Volte wird erst dann geschlagen, wenn sie sich von selber schlägt. Das Ich muss zum Reflexivpronomen werden, die Trickhandlung zur rückbezüglichen. Ich düpiere mich, ich werde von mir düpiert; es düpiert sich in mir, jetzt wird sich düpiert! So viel zur engeren Grammatik des Spiegellehrgangs. Der Zauberer ist ein Mensch, der im Profil gar nicht gesehen werden kann. Mit Hilfe von Beleuchtungseffekten, Ballettschritten, Ablenkungsgebärden und insonderheit des begleitenden Vortrags weiß er sich immer in eine der Illusion förderliche Position zu bringen.

Tarbell, Dr. Harlan Tarbell, der Verfasser des Tarbell Course of Magic, hat es einmal so formuliert: Der Künstler selbst definiert seinen Spielraum, erweitert den naturgemäß spitzen durch irreführende Rede, geschicktes

Timing und Schnelligkeit zu einem stumpfen Winkel. Er lässt sich im Idealfall von allen Seiten in die Karten gucken, in jene, auf die es nicht ankommt. Das entspricht den Maximen, die schon 1783 in der Berlinischen Monatsschrift in einem Traktat über die Taschenspielkunst und Taschenspielerphilosophie aufgestellt wurden: dass, erstens, ein Taschenspieler nie im Voraus sagt, was er machen wird; dass, zweitens, der Taschenspieler jederzeit die Aufmerksamkeit auf das zieht, was unerheblich ist; dass, drittens, sich der Taschenspieler den Anschein zu geben versteht, er lasse dem Zuschauer die freie Willensbestimmung; dass, viertens und zu guter Letzt, der Taschenspieler die Klugen und Aufmerksamen nur dann zu seinen Experimenten beizieht, wenn nichts mehr oder noch nichts zu verderben ist. Angewandte Psychologie, Verehrtester, im Glamour-Kostüm. Das Geheimnis aller Zauberkunst besteht letztlich darin, die Entwicklung eines Tricks als natürliches Resultat künstlich unterschobener Ursachen erscheinen zu lassen. Dabei spielt die Inkongruenz von Mimik, Begleitvortrag und Abwicklung die größte Rolle, weshalb, wie ich immer betont habe in den Einführungskursen, ein Jungmagier zunächst einmal, bevor er Requisiten anschleppt, lernen muss, schamlos zu lügen, Narrenspuren von Wörtern zu streuen zu dem, was er tut, und zwar: mit den Augen, mit den Händen, mit den Mundwinkeln, ja mit den Ohren zu lügen. Die Lügenschule ist die beste Schule für unser Metier. Je abgefeimter, desto besser! Behendigkeit ist das eine, Ausnützung der blinden Flecken beim Zuschauer, dessen Perzeptionsfähigkeit bekanntlich sehr begrenzt ist, sehr begrenzt, das andere. Negativillusionen, Negativillusionen!

Wir, Baron Kesselring, sind die Blickregisseure. Ich weiß, der magische Eid. Nur so viel: Wenn Diabelli die rote Billardkugel nach dem neunten Wurf das zehnte Mal im Schnürboden verschwinden ließ, wider das Fallgesetz, so überwand er die Schwerkraft mit seinem Oberkörper, mit der vollendeten Pantomime einer auf dem Scheitelpunkt abgebrochenen Wurfparabel, derweil der Ball längst in die Servante geglitten war. In der Kartenzauberei nennt man die beeinflusste Wahl Forcieren. Aber auch der Großillusionist und der Manipulator und der Mikromagier forcieren in einem fort, sie zwingen ihren Opfern eine Erlebnisfolge auf, welche die Kontrolle verhindert. Es wird das Spektatorium in Permanenz als eines behandelt, das alles wissen darf, in Tat und Wahrheit weiß es nichts. Die Kaltmagie, Diabellis Spezialität, lässt sich auf die Formel bringen: Alles ist möglich in niemandes Anwesenheit. Sie sind mein Prüfstand, sage ich zu den Leuten, ich lasse mich coram publico auf den Kopf stellen. Aber sie wissen mitnichten und -abernichten, was woraufhin geprüft werden soll. Nehmen wir nur das Beispiel der Chinesischen Ringe, die ich zur Kontrolle durch die Hände wandern lasse. Zwei Ringe ineinandergeschlagen, bitte, wo soll da eine Öffnung sein? Ein Tausender für jeden, der mir die Ringe auseinanderzwängt! Ich kann nur wiederholen, was ich in den Begleitvortrag zur Zersägten Jungfrau einflechte:

Wenn Sie glauben, meine Damen und Herren, jetzt tut er etwas Entscheidendes, ist es bereits geschehen. Coram publico: mein Werbespruch für die Gebildeten. Die Leute gaffen und gaffen und blicken dabei nicht auf ihre eigene Nase, auf der ich ihnen herumtanze. Mein Versteck ist die Wahrnehmungslücke des Publikums, meine Profondes sind die Geheimtaschen seiner Dummheit.

Freilich haben auch die Apparate, Exzellenz, früher das plumpste Zubehör, eine gewaltige Wandlung durchgemacht. Ich erinnere mich an das sadomasochistische Arsenal von Hilfsmitteln, das bei den Eskamoteuren der zwanziger Jahre in Gebrauch war: Klammern für Klappblumen, Zigaretten- und Münzenmechaniken, künstliche Finger, die ein Seidentuch fassten, schlauchartige Sauger, worein man Bälle verschwinden lassen konnte, Handgelenkriemen mit Saitenschlingen, Gummischnüre, die unter dem Rock durchgezogen und an der Westenrückseite festgehakt wurden, Halbmünzen mit angelöteten Stecknadeln, Ringzieher, Zwingen, Hüftgürtel mit Schnellbändern. Zudem trug der Handzauberer jener Zeit einen vertrackt ausstaffierten Frackanzug mit verborgenen Innentaschen an den Schößen, den sogenannten Frackservanten, mit Pochetten auf der Giletinnenseite. Das Futter seiner Galauniform war ein Labyrinth von geheimen Handgemächern, Schlupflöchern, in welchen sich die fünffingerigen Wiesel verkrochen. Eine Klabautermannhaut der Lüge. Unter dem Frack mit den satinglänzenden Revers ist der Wundersimulant eine Marionette mit saitengezogenen Gliedern, ein aufklappbarer Anatomiemensch. Bänder, Haken, Ösen, Verschlüsse: korsettiert mit technischer Perfidie. Außen Schliff, inwendig, dem Herzen zugekehrt, ein Trickpanzer. Ich habe mich, wenn mir die Stiefmutter mit kalten Fingern den Gürtel für die Wollstrümpfe anschnallte, immer gesperrt gegen dieses entwürdigende Kleidungsstück, habe gezetert, bis die zwölf Perlmutterknöpfchen zugezwängt waren. Und immer, Herr Baron, die Angst, einem Versagen der Hilfsmechaniken zum Opfer zu fallen. Außen ist der Täuschungsartist die Eleganz, innen die Pannenanfälligkeit in Person. Ein Transvestit in Sachen Natürlichkeit und Künstlichkeit. Früher trugen die Scharlatane wallende Gewänder. Draperien und doppelte Böden verhüllten ihre Geheimnisse auf der Bühne. Der Zaubermantel mit Quasten und weit offenen Ärmeln, mit Schlangen-, Sternen- und Blumenornamenten wurde durch Frack und Zylinder ersetzt, der pompöse Zaubertisch mit fransenbehangener Samtdecke, mit Falllöchern, Netzservanten und Pedalzügen durch die Glasplatte. Der moderne Kaltmagier zelebriert im eng anliegenden Smoking, träte, wenn es darauf ankäme, im Balletttrikot vor sein Admiratorium. Seine kostbarsten Werkzeuge, die er ebenso astronomisch hoch versichern lässt wie eine Filmdiva ihre Beine, sind naturgemäß seine Hände. Presto: schnell, digitus: Finger. Eine Kleinfingerluxation, und der Prestidigitateur ist erledigt.

Im ersten Zauberlehrbuch, das ich als Autodidakt benützte, lange vor der systematisch-mäzenatischen Förderung meines Talents durch Eure Exzellenz, waren solche Hände abgebildet, zu Griffen, Kunstgriffen erstarrt, die prämierten Hände Buatier de Koltas, Herrmanns, Hofzinsers Hände und immer wieder die Feenhände des peruanischen Edelmannes, der sich L'homme masqué nannte. Grauenhaft nackte, unbehaarte, nervige Hände, jeder Finger ein Kautschukakrobat. Pianistenhände im Raubflug, wenn Sie lieber wollen, Herr Baron. Wie es beliebt, Herr Baron. Der von Nelson Downs erfundene Griff der Drehmünze, die auf den abgewetzten Nägeln des Mittel- und Goldfingers ins Handinnere gezogen wird. Die Daumenmuskelpalmage eines Fingerhuts. Hände, die zur blitzschnellen Ausführung der Trickhandlung dermaßen verrenkt werden müssen, dass der Gedanke, sie einer Liebkosung zu unterziehen, nur mit Abscheu gedacht werden konnte und kann. Der Gedanke erstirbt beim Betrachten solch lehrhafter Abbildungen im Gehirn. Zuchtmotorische Hände, Herr Baron, die schmierige Fingertruppe eines Manualdompteurs, Schwindel- anstelle von Gichtknoten. Ich erinnere mich an einen Täuschungseffekt aus der Schulzeit, den ich bald so gut beherrschte wie das Himmel-und-Hölle-Spiel. Man setzt den abgewinkelten Daumen der Rechten an den abgewinkelten Zeigefinger der Linken, verdeckt die Bruchstelle und bewegt den abgesägten Stummel in obszöner Manier hin und her. Zynischerweise hieß der Trick Schreiner-Trick.

Eines steht fest: Die beste Fingerdressur für den Prestidigitateur ist nach wie vor die Kartenkunst. Mein Onkel, ein flinker Amateurzauberer, konnte das Herz-Ass

an die Zimmerdecke knallen und die sogenannte Harmonika vorführen, ein Geschicklichkeitsspiel zu Präsen-
tationszwecken, reine Handfertigkeits-Conférence, versteht sich. Als Kind schaute ich stundenlang zu, wenn
er Kartenhäuser baute, luftige Pagoden aus braungel-
ben, abgegriffenen Blättern mit diagonalem Prince de
Galle-Muster. Rüttelte jemand am Tisch oder blies hinein,
war ich nicht enttäuscht, sondern verletzt, und ich hatte
immer den Wunsch, einen babylonischen Turm zu er-
richten, der unumstößlich wäre. Die fragile Architektur
lehrte mich, dass man die Karten als Materie beherrschen kann. Und wie ich von mir aus beim Spiel mit der
Papierhölle auf den Elmsley Count stieß, entdeckte ich
aus eigenem die Volte, war also nie wie meine rasch ab-
geschlagenen Konkurrenten auf das schnöde Zinken der
Blätter angewiesen. Ich muss immer wieder auf diesen
meinen Werdegang hinweisen, Eure Baronität. Nimmt
man gemeinhin an, der Adept lerne den Trick mit dem
Kopf, um ihn hernach zu seinem und der Zuschauer Plä-
sier anzuwenden, bin ich, eine Gleisnernatur de profun-
dis, stets täuschungsempirisch vorgegangen. Als Premiere der Effekt, dann die Theorie, dann die Ausarbeitung
und nochmalige Einstudierung des Kunstgriffs. Wie viel
ist schon über die Volte geschrieben worden, Herr Baron! Der Dilettant vergreift sich an ihr, indem er hinter
seinem fürchterlich runden Rücken, hinter dem Fleisch-
berg, der jedem Wunder im Weg steht, das gezogene Blatt
nach oben schmuggelt. Um die Mitte des 18. Jahrhunderts entwickelte sich die Volte aus dem Scheinmischen.

An den Académies de Jeu in Frankreich trieben sich die Glücksritter herum, Grecs genannt, die mit raffinierten Methoden hasardierten. Corriger la fortune, so bezeichnete man die Schummelei der Falschspielergilde in den meist anonym erschienenen Entlarvungsschriften. Das Forcieren wurde erläutert, das falsche Abheben: mêler à la Parisienne. Lessing dürfte den Trick gekannt haben, denn er lässt in der Minna von Barnhelm Riccaut de la Marlinière sagen: »Je fais sauter la coupe avec une dextérité.« Hofzinser, der Wiener Dr. Johann Nepomuk Hofzinser, Beamter bei der k. u. k. Allgemeinen Hofkammer unter Franz Grillparzer, der genialste Kartenmanipulator des 19. Jahrhunderts, unentthront Inhaber des Ehrentitels des größten Cartiers aller Zeiten: Er nannte als Faustregel, die Volte müsse, damit der Trick für Kunststücke brauchbar sei, mindestens achtzigmal pro Minute geschlagen werden können, wobei geschmeidige, notfalls geschmierte Spiele vonnöten seien, damit die Karten nicht schnatterten oder klebten, ansonsten die Volte verdorben sei, und, so Hofzinser: Eine verdorbene Volte ist ein Peitschenhieb ins Gesicht der Prestidigitation. Grazio Diabelli steigerte sich im Lauf der Jahre von neunzig auf hundert, von hundert auf hundertfünf und schließlich, als persönliche Bestleistung, auf hundertundelf zweihändig geschlagene Volten.

Die Theorie, und Herr Baron Kesselring wünschten ja eine fachkundige Darstellung für die Schwerpunkt-Nummer der Zeitschrift Abracadabra, in deren Vorstand zu sitzen Baronität die Redaktion beehren, ist die einfachste: Das Spiel wird linkshändig gehalten, mit der Rechten teilt man es etwa in der Mitte, indem man die obere Hälfte, Paket eins, mit dem Daumen an der rückwärtigen, mit dem Mittel- und Goldfinger an der vorderen Seite erfasst und hochhebt, um die vom Zuschauer gezogene Karte, und, bitte, den Zuschauer nicht zur Eile antreiben zu wollen, die Eile ist dann Ihre Sache, auf den in der linken Hand verbleibenden Teil des Spiels, auf Paket zwei, legen zu lassen, worauf man die Hälften wieder zusammenbringt, indessen unauffällig den kleinen Finger der Linken zwischen die Pakete schiebt, die sogenannte Kleinfingersperre einschaltet – so weit, so gut; sobald, Herr Baron, die rechte Hand das ihrige auf das untere Spiel gelegt hat, lässt sie Teil Nummer eins los und ergreift klammheimlich Teil Nummer zwo, der in der gleichen Weise mit dem Daumen an der rückwärtigen, mit dem Mittel- und Goldfinger – immer wieder stoßen wir auf die Paarung Mittelfinger-Goldfinger – an der vorderen Schmalseite gehalten wird, worauf unter der Deckung der Rechten die linke Hand das erste Paket seitlich herauszieht, bis es vertikal an der rechten Längsseite des zweiten Paketes anliegt, während die Finger der rechten Hand den ihrerseits gehaltenen Teil Nummer zwo etwas anheben, damit er über die Längskante des vertikal stehenden ersten Paketes hinweggleiten und selbiges glissando unter sich begraben kann, was dergestalt vor sich geht, dass das sich nun unten, weiland oben befindliche erste Paket automatisch und lautlos ins Innere der linken Hand fällt. Wo, bitte, liegt Ihrer

Meinung nach nun das gezogene Blatt? Die beiden Teile lässt man sofort aufeinanderfallen, es sei denn, man wolle das Spiel mittels abermaliger Kleinfingersperre zur allfälligen Rückvolte vorbereiten, was, weniger im Sinn einer Trickversicherung als einer Spielvariantenreserve, immer gut ist. Dies, Herr Baron, mindestens achtzigmal pro Minute, wobei beflissentlich darauf zu achten ist, dass die beiden Hände während des Volteschlagens niemals auseinanderdriften. Die Volte, nicht zu verwechseln mit der Voltige, dem Kunstsprung auf ein galoppierendes Pferd, spielt sich im Intimbereich zwischen den Händen ab, die zu diesem Zweck eine Blitzkopulation durchexerzieren, schneller, als es die Spatzen vermögen. Die obere sollte ganz ruhig bleiben, die untere nasführt. Die untere, Herr Baron, die untere, die, wenn Sie so wollen, empfangende und dennoch empfängnisverhütende. Diabelli hat die zweihändig geschlagene Volte fünf Jahre geübt, bevor er zur Charlier-Volte überging, dem Krönungsartefakt der Kartenzauberei.

Beherrscht man die Volte, und wo anders sollte sie einstudiert werden als vor dem Spiegel, beherrscht man die Kartenkunst. Alles andere sind Ergänzungstricks: das Glissieren, Palmieren, Filieren, Eskamotieren. Forcieren, Voltieren, das ist das Einmaleins der Verblüffung, dagegen sind die Aeronautischen Karten nach Leipziger, sind die sogenannten Svengali-Wunderkarten Scherzartikel. Zur Psychologie des Forcierens sagte mir Cardini einmal: Sehen Sie, Diabelli, man muss den Zuschauer so weit bringen, dass er glaubt, er hätte den Pik-Buben, den man ihm in die Hand mogelt, tatsächlich gewählt. Ich, sagte Cardini, Herr Baron, lasse mich auf keine Risiken mehr ein. Wird das Forcieren wie bei Cardini sozusagen bis zum Kartenausteilen forciert, ist jene Grenze erreicht, wo sich der Laie und der Virtuose treffen. Um einem Deppen, denkt man, den Pik-Buben in die Hand zu drücken, genügt es, die Karten zu kennen. Es genügt, wenn man Cardini heißt. Für die Requisiten-Hypnose in der Kartenzauberei bieten sich die Schaugriffe an, von der Hofzinser-Schule belächelt, von Diabelli als elementares Rüstzeug gefordert. Ein Manipulator muss wie ein Jongleur mit einem Spiel umgehen können, und nie begibt er sich außer Haus, ohne ein solches in der einen, ein Spiegelchen in der andern Westentasche zu haben. Er beherrscht den Wasserfall ebenso wie das Rauschen wie das Fächerschlagen wie das bogenförmige Mischen wie das Auflegen auf dem Unterarm und das Umlegen. Jongleurhafte Handhabung der Kartenblätter als Materie zwecks Erzeugung einer suggestiblen Grundstimmung und infolgedessen einer durchlöcherten Perzeptibilität im Publikum. Schon der ordinäre Spieler weiß, wie sehr er mit dem schnatternden Geräusch, das beim Abriffeln der Karten entsteht, wenn er zwei Pakete ineinandermischt, seine Gegner verwirren kann. Ratsch, und futsch ist die Konzentration! Mir unvergesslich, wie Cardini eine Straße von Kartenbildern auf der Pulsseite des rechten Arms durch einen Muskeldruck umlegte, oder wie er den Handrücken, den unbehaarten, blitzschnell unter der sogenannten Treppe wegzog, um das Spiel im

Flug zu erhaschen. Versteht man dann noch penetrant zu rauschen, ist der Zuschauer gelackmeiert, bevor er gezogen hat. Natürlich hat jeder Künstler seine eigene Technik des Forcierens. Cardini beschreibt den Kniff so: Man schaut die unterste Karte an, etwa den Karo-König, voltiert ihn gegen die Mitte, fächert das Spiel auf und lässt es vor den Augen des Zuschauers durchlaufen, um in dem Moment, da er sich zu ziehen entschließt, den Karo-König ein bisschen vorzuschieben und den Fächer nach rechts abzudrehen. Es muss unbedingt der Eindruck entstehen, man habe den Fächer nur angehalten, um der Versuchsperson die Wahl zu erleichtern, denn jeder, der in einer solchen Situation, unter dem Druck der öffentlichen Erwartung, ob er hereinfalle oder nicht, eine Wahl treffen muss, ist im Grunde froh, wenn man ihn der sprichwörtlichen Qual entbürdet. Während er im günstigsten und für unsereins nur scheinbar gefährlichsten Fall das Problem intellektuell zu lösen versucht, wie es der Vorführende anstelle, ihm das gewünschte Blatt unterzujubeln, greift er unweigerlich nach dem Karo-König. Das heißt nichts anderes, als dass der Detektiv im Bemühen, mir auf die Schliche zu kommen, am zuverlässigsten für mich arbeitet.

Die wirkungsvollste Plece der Kartenzauberei ist eine raffinierte Kombination von an sich läppischen Kunstgriffen in der Einkleidung eines geschliffenen Vortrags unter Einbezug allerlei ablenkenden Beiwerks. Bedenken Sie nur, was der alte Rohnstein alles dem nach ihm benannten Effekt abzugewinnen vermochte, der simplen Tatsache, dass mehrere Karten, in ein Kelchglas gestellt, wie eine wirken. Seine Paradenummer hieß Ben Assais Traum, und die Bemäntelung begann so: Herz-Bube stellt uns einen armen Sklaven namens Ben Assai vor, der die Aufgabe hat, vier hässliche Mägde, die vier Sieben, bei ihrer Arbeit zu beaufsichtigen. Eines Tages aber, von Müdigkeit übermannt, schlummert Ben Assai ein und träumt, die vier hässlichen Mägde hätten sich in vier wunderschöne Königstöchter verwandelt et cetera. An dieser Stelle werden die vier Gläser gegen die Zuschauer gedreht, die nichts von der Blattpalmage mehrerer hinter einer Karte ahnen. Im Ersinnen von Begleitfabeln muss der Cartier ebenso gewandt sein wie im Ausführen der Kunstgriffe, und meistens überbrückt der Gipfel der novella storia den schwachen Punkt seiner Tour. Jede Nummer hat ihre Crux, jede. Amateure modellieren den schwachen Punkt geradezu heraus, indem sie alle Mühe darauf verwenden, ihn zu vertuschen. Wie sagt Goethe in der Natürlichen Tochter? »Sprich vom Geheimnis nicht geheimnisvoll.« Der Zauberlehrling will die Crux weggeheimnissen, der Meister baut sie auf das selbstverständlichste ein. Als Paralipomenon zum Grundsatz der Kalten Magie, dass alles möglich ist in niemandes Anwesenheit, würde Diabelli beifügen: Der Zuschauer ist des Zauberers Stift, der desto dienstbarere, je größer die Neugierde, wie's gemacht wird. Der zu Deppende und zu Neppende dient mir am besten im Erregungszustand des Um-jeden-Preis-Wissenwollens-wie's-gemacht-wird. Hohe Baronität: Wie schnell

lässt sich doch die Menschheit Scheinbeweise aufoktro-
yieren!

Ein Beispiel aus der Geschichte der Levitation. Asra,
die Frau, die sich von hinnen hebt, hieß vor dem Ersten
Weltkrieg die sensationelle Kombination einer Flucht-
und einer Schwebe-Illusion. Die durch die Luft radelnde
Aerolithe musste ja der schwerfälligen Mechanik wegen
bald abgesetzt werden. Aber die seidendrapierte Asra
hob sich auf die beschwörenden Gesten des Magiers
empor, schwebte waagrecht, senkte sich wieder, und als
der Elevations-Künstler das Tuch von ihrem Körper zog,
hatte sie sich in nichts aufgelöst. In den Reihen des Magischen Zirkels und des Magischen Klubs und der Vereinigung Perlicke-Perlacke wusste man natürlich: Der
schwache Punkt dieser Nummer liegt in der physikali-
schen Tatsache, dass kein Körper schwebt, ohne dass er
emporgezogen oder emporgestoßen wird. Also ersann
Blackstone, wenn ich mich nicht irre, eine Konstruktion,
die es erlaubte, den Nickelreifen um die drapierte Dame
zu führen und also den sogenannten Schwebebeweis zu
erbringen; beim Kopf anzusetzen, die Luft bis zu den Füßen zu durchschneiden, den Reifen flach zurückzuneh-
men und noch einmal um den Körper zu schälen. Dieser
Blackstone'sche Schwebebeweis hielt über zwei Jahr-
zehnte vor, eine Ewigkeit, wenn man das emsige Treiben
der Erueure und Klamüseure in Rechnung stellt. Niemand kam auf den Verdacht, dass die bestimmte Füh-
rung des Rings etwas mit der Konstruktion der Nummer zu tun haben könnte, und zwar jenes flankierenden

Tricks wegen nicht, der zur Präparation der Disparition vonnöten war. Asra als schönes Beispiel dafür, dass der Zauberer, wenn er zur Beweisführung schreitet, beweist, was nur insofern infrage gestellt ist, als er diesen Punkt dem Publikum als wesentlichen aufzuschwatzen wusste. W. z. b. w. mussten wir in der Geometrie unter einen bewiesenen Lehrsatz schreiben: Was zu beweisen war. In unserem Metier heißt W. z. b. w.: Was zu bewundern war. Bewiesen wird gar nix.

Auch die Weltklassenummer »Die zersägte Jungfrau«, Paradestück aller Horror-Illusionisten, hat ihre Geschichte im Technischen wie im Rhetorischen. Stets haben jene Darbietungen, in denen der menschliche Körper scheinbar verstümmelt wird, sei es durch Abtrennung einzelner Gliedmaßen oder deren Verbrennung, Durchlöcherung et cetera, die Schaumenge am nachhaltigsten beeindruckt: das Schwerterkabinett, das Korbstechen, die Enthauptung, welche auf den Ursprung der Jahrmarktschreierei zurückgreift. Vor Goldstein, der sich Horace Goldin nannte, 1874 in Polnisch-Russland geboren, wurde eine geschlossene Kiste, aus deren Stirnseiten die zierlichen Füße und der somnambule Kopf der Wunderdame ragten, unter schneidendem Ritzegeratze entzweigesägt. Übrig blieben die zuckenden Extremitäten eines Lurchs. Um der Spekulation, es hielten sich zwei Akrobatinnen in der Kiste versteckt, entgegenzuwirken, führte Horace Goldin zu Beginn der zwanziger Jahre den offenen Sarg ein, einen schwarzen Koffer mit herunterklappbaren Türen, die ohne Spiegeleffekte den von einem Abendkleid umwickelten Körper der Sklavin sowohl am Stück als auch als Unterleibs- und Oberleibstorso zeigten; ging dann, um den Verstümmelungstrick noch nervenzersägender zu gestalten, 1931, nachdem bereits der Engländer Selbit mit der flachen Kiste gearbeitet hatte – To saw a woman in two –, zur anfangs von Hand, dann motorgetriebenen Kreissäge über, wobei am Eingang seines Theaters eine Krankenschwester und zwei blutverschmierte Sanitäter postiert waren, die das Publikum in eine Ambulanzstimmung versetzten. Grazio Diabelli hat die Einkleidung der Nummer im Großen und Ganzen vom Italo-Franzosen Patrese übernommen. Sie müssen wissen, Herr Baron, dass die Zauberkünstler einander entweder schamlos kopieren oder schamlos blamieren. Aftervirtuosen sind wir, reine Aftervirtuosen.

Als ich für eine Saison mit dem Plachenzelt unter die Schausteller ging, nannte ich mich Masturbanni. Ein Clown ist kein Clown, der nie in der Manege stand, ein Tausendkünstler ohne Budenstadterfahrung kein Tausendkünstler. Wie Patrese habe ich die Leute mit dem Sägeblatt hypnotisiert, indem ich mit syntosiler Stimme ins Mikrophon schleimte: »Es ist klar, dass ich nicht jeden Abend zwei Dutzend Frauen umbringen kann, sonst säße ich längst im Zuchthaus. Aber, meine Damen und Herren, trotzdem werden Sie mit eigenen Augen sehen und erleben, wie das Fräsenblatt aus Stahl mit zweiundsiebzig Zentimetern Durchmesser und zweitausend Touren pro Minute sich in Anastasias makellosen Körper frisst und ihn durchschneidet, als ob nix vorhanden wäre.

Ohne Schutz und ohne Abdeckung liegt sie auf dem Operationstisch, darum sind zur Vorstellung nur Erwachsene zugelassen. Versäumen Sie nicht, was ich Ihnen zu bieten habe: den gefährlichsten Trick auf dem Gebiet der Illusion. Gleich ist Anfang, gleich ist Beginn.« Dahinter, Exzellenz, schade, dass Sie mich damals noch nicht gekannt haben, als Orchestrierung meiner Kuriositätenschau das Aufheulen der Sirenen in der Geisterbahn, die Hammerschläge der Lukas-Glocke, das Drehorgelgeleier der Kinderkarussells, die metallischen Stimmen der Ansagerinnen, das Rollen der Achterbahn-Loren, die geilen Aufschreie der Himalaja-Fahrer. Die Introduktion ist der Fliegenfänger. Bleibt das Volk nicht kleben, bringt man die Bude nie voll. Habe Abend für Abend mein Zelt vollgequasselt, das seitlich der Vorbühne mit Gruselplakaten dekoriert war, in glasigen Farben. Das entblößte Fleisch der Diva unter dem sausenden Zackenrad leuchtete gelbgrün. Fluoreszierende Haut, stockrote Nägel und Lippen. Ich sagte: »Aber bitte, treten Sie doch näher, signore e signori, avanti prego, non mancare questa sensazione, pericolo non c'è, es geschieht Ihnen nichts. Das Publikum verlässt immer noch das Theater, begeistert, wie Sie sehen, bitte fragen Sie zu Ihrer und unserer Reklame, was die Leute drinnen erlebt haben!« Man muss mit denen, die geneppt sind, immer jene ködern, die man neppen will. Der Kreislauf der Konkursverschleierung. »Es gibt immer wieder Leute unten im Publikum, die behaupten, das Fräsenblatt sei aus Gummi. Überzeugen Sie sich selbst in Masturbannis Illusionstheater, dass dies nicht stimmt. Ganz aus Stahl, ich garantiere es Ihnen mit meiner Person. Andere wollen beobachtet haben, dass die Frau mit einem Tuch zugedeckt wird, so dass der Einschnitt verborgen bleibt. Auch das ist nicht wahr. So wie Sie Anastasia hier außen sehen auf hell erleuchteter Bühne, genauso, ohne Schutz und ohne Abdeckung, wird sie gefesselt an ihren Armen und ihren Beinen. Steif und starr liegt sie vor Ihnen.« Vor der Vorstellung riffelte ich mit dem Schraubenschlüssel zur Verstärkung der Requisiten-Hypnose über die Schneidezähne und klopfte mehrmals mit flacher Hand auf den Schragen. Ich spannte ein Sperrholzblatt um den Bauch meiner Assistentin, damit das Eindringen der Fräse in ihren Körper akustisch vernehmbar sei. Und Anastasia hatte zu kreischen wie eine Gebärende. Die Nummer in Masturbannis Ausführung hieß: Der Kaiserschnitt mit der Kreissäge. Der magische Eid, werter Baron, lässt nicht zu, dass ich in die Details gehe, und im Rahmen meiner Abschiedsvolte ist ja auch die Frage, wie's gemacht wird, weniger wichtig als die Frage, *warum* es gemacht wurde. Ebenso gut hätte ich, Herr Baron, und ich hätte es in letzter Konsequenz auch tun sollen, die Dame ohne Unterleib zeigen können.

Analysiert man die erfolgslüsternen Physiognomien großer Gehirnakrobaten, Wirbelwindillusionisten und Prestidigitateure, stellt man einen gemeinsamen, von den vokalreichen Künstlerpseudonymen wie Marquis d'Orighuela, Chevalier Pinetti de Villedale et cetera sozusagen operettenhaft vertonten Zug fest: eine bonforzionöse Eitelkeitsgeschmeidigkeit, eine im Spiel der Lippen und Augen liegende autoerotische Laszivität, etwas Urzweideutiges und Zwitterhaftes, Pornographie der Mundwinkel, eine blutschänderische Versalität, willfährige Anbiederungsmimik gepaart mit eiskaltem Hohn; Gesichter, Baron Kesselring, die nicht davor zurückschrecken, alles Metaphysische zu entjungfern, Ejaculatio praecox um Ejaculatio praecox ins eigene Blut. Harry Houdini: heruntergehurt im Dauernarzissmus, ein Name, notabene, wie der einer Geschlechtskrankheit; Cardini: das Lächeln einer Balletteuse mit männlichen Gesichtshormonen; der Mentalist Dunninger: die Maske eines verstörten Wunderkindes; Horace Goldin: ein Vexierantlitz aus Kopulationspaaren; Johann Nepomuk Hofzinser: Casanovabrunst zur Höflichkeit erstarrt. Die Ausdrucksfähigkeit des Schauspielers wird in den Zügen des Magiers zur Universalität pervertiert. Buatier de Kolta unter dem steifen Zylinder blickt drein mit seinem Vollbart wie der Direktor eines Schmierenzirkus von Triebverbrechern.

Wenn ich, jeweils nach der letzten Vorstellung, wenn die Glühbirnen auf dem Rummelplatz, die nicht zerborsten waren, erloschen, mit meiner Assistentin Anastasia im Wohnwagen hinter Masturbannis Illusionstheater verkehrte, sah ich mich gezwungen, das Weib, das ich ohne Schutz und ohne Abdeckung zerstückelt hatte, notdürftig, was wörtlich zu verstehen ist, Baronität, zusammenzuflicken, in ihren Unterleib war ich vernagelt, und wie beim Artefakt des Schreiner-Tricks mit dem künstlich verstümmelten Finger schien ihr Oberkörper hin und her zu gleiten. Aufgebockt und glotzend lag sie da, wenn das Geschlechtswerkzeug in sie eindrang und Masturbanni keuchend repetierte, was zur Nummer gehörte:... sich in ihren makellosen Körper frisst und ihn durchschneidet... nur Erwachsene zugelassen... wie's gemacht wird, meine Damen und Herren, überlasse ich Ihrer Phantasie. Kein Laut von Anastasia, kein Laut. Wäre sie gravid geworden, wäre es aus gewesen mit der Illusion vom aufgeschnittenen Bauch, daher immer bei allen Kopulationen nach der letzten Vorstellung die doppelte Verhütung, weiblicherseits durch das Pessar, männlicherseits durch den Kondom. Gummi stieß auf Gummi, Herr Baron, ebenso gut hätte man von der mechanischen Vereinigung zweier Trickautomaten sprechen können, wertester Baron, Fickautomaten. Anastasia als Samentöterin ausgerüstet, und der sogenannte Orgasmus: der am eigenen Körper erfahrene, das Rückenmark hochjagende Schmerz, wie ich ihn den ganzen Abend lang auf der Bühne suggeriert hatte. Oberleib und Unterleib versuchte der Kaltmagier mit dem Stift zu verdübeln, aber die Fräse schnitt uns entzwei.

Das Handwerkliche, müssen Sie wissen, weilandiger Mäzen, lief in meiner Biographie nebenher. Einen Nürnberger Zauberkasten habe ich nie geerbt, über das Alter, da ich mit der verrußten Laterna Magica spielte, war ich bald hinaus. Der Ursprung meiner Zauberkarriere war meine Einzelkindsituation und die aus der Einzelkindsituation resultierende Sucht nach Originalität, Andersartigkeit, Einmaligkeit, Unverwechselbarkeit. Ich war kein Sonntags-, ich war ein Karfreitags-, aber ein Wunderkind. Phantasie und Originalität: Diese beiden magischen Wörter beherrschten meine Jugend. Bei frühzeitiger und gezielter Erfassung meines Talents hätte ich durchaus etwas Dinulipattiähnliches werden können. Sie hätten meine Zeichnungen sehen sollen, Herr Baron. Aus eigenem erfand ich die Perspektive, und zwar eine den Kubismus für mich privat vorwegnehmende Perspektive, bevor ich recht gehen konnte. Als eine Käuferin meiner Zeichenstiftphantasien in die Hände klatschte und ausrief, das Motiv sei ja perspektivisch erfasst, stellte ich mir darunter noch eine Lokomotive vor. Die Einbildungskraft war immer größer als die Lebenstauglichkeit, ich würde sagen, Letztere verhielt sich zur Ersteren wie eins zu unendlich. Darum faszinierte mich immer das Zeichen für unendlich, die liegende Acht, die Tatsache, dass es ein Zeichen für unendlich gab und dass es eine auf dem Bauch liegende, hundskommune Zahl war. Zeichnete ich, und ich zeichnete stundenlang am Tag, lag ich immer auf dem Bauch. Warum dann aber plötzlich weg von der begonnenen Laufbahn in Richtung hoher, ja höchster Kunst, weg vom Reich des Schönen, das offenstand, und hin zur Juxbaronie? Haben Exzellenz dafür eine Erklärung? Natürlich sind Exzellenz mit dem Ansinnen, ausgerechnet dafür eine Erklärung zu haben, nicht minder überfordert als Diabelli, das Alibi für Graziani, welcher das Alibi für Mondelli war undsofort, mit der Strafaufgabe, von der bemäntelnden zur entmäntelnden Rede zu finden. Nur so viel:

Im Alter von wahrscheinlich etwa fünf Jahren, vielleicht waren es auch erst vier, trennte ich mit der Papierschere eine Ziehharmonika auf, weil ich ein für alle Mal wissen wollte, woher die Musik kam, die mich zu Tränen rührte. Als ich die beiden Hälften des Balges nach anstrengender Zerstörungsarbeit in den Händen hielt, sah ich, atmete ich: sie kam nirgendswoher. Dem rubinrot geflammten Gehäuse, den Perlmutterknöpfen, den verchromten Zierleisten, den volutenförmigen Schalllöchern, den Blendarkaden der Instrumentenarchitektur entsprach im Innern kein das Raffinement des Äußern um ein Tausendfaches übersteigendes Geheimniszentrum. Nur staubige Falten, faule Luft. Ich hatte mich in die Harmonika, die ein virtuos orgelnder Onkel mir zu schenken sich erdreistet hatte, verliebt wie in nichts zuvor auf der Welt, in das Wort Akkordeon, in die Ländlerläufe, in die auf Hochglanz polierten Lettern HOHNER verliebt wie niemals in ein Spielzeug, geschweige denn in einen Menschen. Aber die Stiefmutter, die mich anstelle der leiblichen Mutter auferzog, verbot mir, das Instrument zu lernen, weil es, wie sie sich ausdrückte, ein erniedrigendes Instrument sei, ein Bettler-, allenfalls Gaukler-, allenfalls Bajazzo-Instrument. Nun müssen Herr Baron, mussen die Leser der Zeitschrift Abracadabra und muss die Welt wissen, woher der Wunsch kam, eine Handharfe zu besitzen: nämlich aus dem Zirkus. Im Zirkus, es war mein erster Zirkusbesuch und das erste Erlebnis überhaupt, an das ich mich erinnern kann, hatte ich einen Clown die Konzertina spielen hören. Nachdem der dumme August von allen gefoppt und in den Hintern und ins Sägemehl getreten worden war, so dass man, sich in den Rohheiten der Menschen noch nicht auskennend, annehmen musste, er sei erledigt, zauberte er aus der Tasche seiner grob und grell karierten Jacke eine achteckige Konzertina und aus der mit Kusslippen gespielten Konzertina eine himmlische Musik hervor, für die ich heute nur einen behelfsmäßigen Vergleich aus dem Spirituosenbereich finden kann: eine Musik wie Danziger Goldwasser. Es waren Töne, Herr Baron, von denen ich mit frühkindlicher Absolutheit wusste, dass sie mir galten. Kaum das Licht der Welt erblickt, nämlich das Scheinwerferlicht in der Arena, bekam ich schon zu Gehör, was in mir steckte. Die Folge dieses Urerlebnisses, das alle ähnlichen in Künstlerbiographien berichteten Erstlingserkenntnisse das Wesen des Schöpferischen betreffend um eine Dimension der Urerlebnishaftigkeit übersteigt, war, dass ich mir innigst, da Konzertinas damals noch nicht auf dem Markt zu sein schienen, ein der Clownharfe möglichst nah verwandtes Instrument wünschte und nach einer langen Periode erfolglosen Wünschens, welche mir als eine Periode trockener Tränen in Erinnerung bleibt, auch geschenkt bekam von meinem Onkel, der in den Augen meiner Stiefmutter als ein zur Liederlichkeit neigendes Subjekt galt, das bei Tanzanlässen aufspielte, geschenkt also gegen den Willen meiner Erzieherin, welche die Hohner sofort behändigte und wegsperrte, so dass ich, um an das verbotene Instrument zu kommen, den Schrank aufbrechen musste und schließlich auch das Akkordeon auftrennte, zerstörte, was ich nicht beherrschen lernen durfte, in der Hoffnung, wenigstens zu erfahren, woher die zauberhafte Musik komme.

Ich sah, als ich den Balg schnaufen hörte: sie kam nirgendswoher, wie ich, Xaver, genau genommen, nirgendswoher kam, kein mütterliches Fundament hatte. Darum die Originalität, die lebenslängliche, aber als Eklektiker. Als das erste Mal das Wort originell an meine Ohren drang – was für ein originelles Kind! –, narkotisierte es mich dermaßen, dass ich mich entschlossen haben muss, ihm mit meiner Karriere, gleichviel in welcher Richtung, eine einmalige Füllung zu verleihen. Wo immer und wann immer eine Bedrohung auf mich zukam, hielt ich mich mit Originalität über Wasser, und die allergrößte Bedrohung war ja wohl, ohne dass ich dies in der Kindheit hätte wissen können, dürfen: die Geburt. Dem Geburtstrauma begegnete ich mit dem Gegenzauber einer inkommensurablen Andersartigkeit, letztlich dann Abartigkeit, also dem Tod, denn: wie ich erst viel später erfahren habe: was ich als blinde Hypothek durch das halbe Leben schleppte: an meiner Geburt starb meine Mutter. Ich hatte, von den siebeneinhalb Monaten der Schwangerschaft abgesehen, und diese Zeit war erwiesenermaßen zu kurz, um meine Existenz matern zu verankern, nie eine andere als eine tote Mutter gehabt, und Herr Baron dürften wohl einsehen, dass alle meine Anstrengungen in weißer und schwarzer, heißer und kalter Magie im Grunde darauf hinausliefen, die bei der Geburt verlorene, durch den Akt der Geburt umgebrachte, geborenwordenerweise beiseitegeschaffte und also für immer eskamotierte einzige Frau, auf die es in den ersten Lebensjahren – wenn nicht in der ganzen Vita überhaupt – ankommt, herbeizuzaubern. Wo anders hätte ich denn die Leidenschaft hernehmen sollen für meine Kunst? Das Leben ist eine Dissertation über den Tod. Dass ich zum outrierten Exzentric degenerierte, lag einerseits an der nicht zu bewältigenden Fülle und Vertracktheit meines Themas, anderseits an der Immaternisierbarkeit meiner Existenz. Der magische Eid, den ich hiermit gebrochen habe, zwang mich dazu, in die Details zu gehen. Genug, Baron Kesselring? Noch nicht genug! Mein Beitrag soll ja die Pièce de résistance abgeben in der Schwerpunktnummer der Zeitschrift Abracadabra. Freilich, als Diabelli im Showgeschäft und im Glanz seiner besten Tage hätte ich mir nie leisten dürfen, was ich mir in der für Sie geschlagenen Abschiedsvolte leiste, Baron Kesselring: die Ökonomie dermaßen zu vernachlässigen. Nie im selben Programm Münze durch den Hut, Zigarre durch den Hut, Kugel durch den Hut, das weiß jeder Anfänger. Allerdings hat auch der völlig ertaubte Beethoven zu dem von Antonio Diabelli komponierten Walzer nicht eine, sondern dreiunddreißig Variationen geschrieben, das neben der Missa Solemnis und der Neunten Symphonie entstandene Klaviermonsterwerk der Diabelli-Variationen.

Was den ominösen Eid betrifft, gehört es zur Psychologie der Zauberkünstler, dass sie zwar die Sphinx herauskehren, wenn es um ihre eigenen Tricks geht, einander gegenseitig aber ständig entlarven und der Lächerlichkeit preisgeben. Jacob Philadelphia, Künstler der Mathematik und Magie, in Schillers Gedicht Laura am Klavier zitiert, erlebte seine größte Blamage 1777 in Göttingen durch Georg Christoph Lichtenberg, der den Magus im berühmt gewordenen Anschlag-Zeddul im Namen von Philadelphia glossierte, und zwar durch Übertreibungen wie, er verpflanze, ohne aus dem Salon zu gehen, den Wetterhahn vom Turm der Jacobi-Kirche auf die Johannis-Kirche. Die Wirkung war keine geringere, als dass Philadelphia unverrichteter Dinge aus Göttingen verduften musste. Giuseppe Pinetti fand seinen Meister in Henri Decremps, der in seiner Schrift La Magie blanche dévoilée Bravourstücke wie das verbrannte und an die Wand geschossene Karo-Ass in Text und Kupfern aufklärte, und diese Schrift eilte seinen Auftritten in ganz Europa voraus, so dass sich der Chevalier verschiedentlich mit Enthüllern duellieren musste. Und schließlich ist das Topphänomen dieser Sparte zu erwähnen, Ehrich Weiss alias Harry Houdini, der Mann mit den tausend Leben, der sich nach seinem Rücktritt darauf spezialisierte, pseudomediumistischen Hokuspokus aufzuklären, angeregt durch das Geisterkabinett der Brüder Davenport, die ihrerseits von John Nevil Maskelyne, dem Begründer des Home of Mystery in Egyptian Hall, als Entfesselungsakrobaten zur Strecke gebracht wurden. Der Taschenspielexperte ist der geborene Desillusionist, weil er von vornherein weniger auf die Trickhandlung selbst als auf deren Zurüstung achtet. Als alter Mann verkleidet, entlarvte Houdini das Trompetenmedium Cassadaga, das mithilfe eines Sprachrohrs den Verkehr mit Geistern im Jenseits eingerichtet hatte, indem er sich Zugang zum Kabinett verschaffte und unbemerkt das Mundstück der Trompete mit Ruß schwärzte, so dass Mrs Cassadaga, als die Scheinwerfer wieder aufleuchteten, mit schwarz umrandeten Lippen gegen sich selber sprach. Allein in Los Angeles sind auf Veranlassung Houdinis an die hundert spiritistische Medien verhaftet worden, und was dabei am meisten erstaunt, verehrter Baron, ist weniger das Mediensterben als die Tatsache, dass ein Artist von der Genialität des Handschellenkönigs, für den die Befreiung aus einer Zwangsjacke, in der er, kopfunter an einem Wolkenkratzer hängend, steckte, ein Kinderspiel war, sich, als er bereits im Begriff war, zur Legende zu werden, nur noch dadurch übertrumpfen konnte, dass er den Ruhm anderer zunichtemachte. Aus Verehrung für Robert-Houdin, dessen Memoiren ihn seine Berufung hatten erkennen lassen, hatte Ehrich Weiss seinen Künstlernamen demjenigen seines Idols angeglichen, hatte er den französischen Roy des Prestidigitateurs namentlich kopiert. Aber in seinem Buch The Unmasking of Robert-Houdin, worin er den Orangenbaumtrick und andere Wunder der Soirées Fantastiques aufklärte, annullierte er ihn. Am liebsten hätte er alle seine Rivalen, die lebenden wie die toten wie die künftigen, vernichtet, am liebsten Kalanag ausradiert, der mit einer Schau von achtzig Personen und siebzig Tonnen Gepäck um die

Welt reist, am liebsten Marvelli und Cardini und Pollock auf mysteriöse Weise verschwinden lassen, alle Zeugen und Mitwisser seiner Kunst, um letztlich als monumentale Trophäe übrig zu bleiben, Houdini, der nur noch Houdini zu fürchten brauchte, wenn er tausend Dollar Belohnung aussetzte für den Schlaukopf, der ihm nachweisen konnte, dass er bei der Entfesselung in der Folter-Wasserzelle Luft bekam.

Sagt Ihnen vielleicht zufällig der Name Auzinger noch etwas, Herr Baron? Max Auzinger, Spielleiter am Nationaltheater in Berlin, das 1883 niederbrannte, wurde durch Zufall zum Erfinder des Schwarzen Kabinetts, das Buatier de Kolta für seine triumphale Disparition des burmesischen Elefanten Roswitha verwendete. In einem Schauerdrama allerniedrigsten Ranges war ein Kerker zu zeigen, und um dessen Inneres für die Zuschauer so horribel wie möglich zu gestalten, ließ der Regisseur das Verlies mit schwarzem Samt ausschlagen. So weit, so gut. Nun sollte kurz vor der Peripetie des Gruseldramas ein kohlpechrabenschwarzer Mohr im Gefängnisfenster auftauchen und in die Handlung eingreifen. Doch vom Mohrenkopf war nichts zu sehen als zwei Reihen weißer Zähne, ein in der Luft schwebendes Grinsen, und die Szene, so sehr auch dieses Grinsen dazu beitrug, dass man insbesondere in den Logen das Fracksausen kriegte, war verpufft. Auzinger, von jener Fehlausstattung an eine verkrachte Theaterexistenz, erkannte sofort die Tragweite seines Einfalls. Er zog sich von der Bühne zurück und verblüffte zwei Jahre später, nachdem er in der

Dunkelkammer seines Genies mit der rußgeschwärzten Puppenküche seiner Tochter Sulamith experimentiert hatte, als Ben Ali Bey die Öffentlichkeit mit dem Spektakularium Indischer und Ägyptischer Wunder, allesamt auf der optischen Täuschung des Schwarzen Kabinetts aufgebaut. Tatsächlich aber hat Auzinger mit diesem Kabinett nichts Geringeres geschaffen als ein getreues Guckkastenmodell der künstlichen Seele des Zauberers, in der sich keine Regung mehr abhebt vom schwarzsamtenen Hintergrund seiner pervertierbaren – und das, das ist meine Krankheit! – Persönlichkeit. Was ist, leugnet er ebenso gewandt, wie er behauptet, was nicht ist, sei. Die Künstlerseele ist das Verwandlungsorgan par excellence. Und Exzellenz können ihrem ehemaligen Mäzenanden nur dann helfen, wenn Exzellenz mir einen Spezialisten nennen, der in der Lage ist, Seelen zu transplantieren. Genau genommen: Jedes einzelne menschliche wahre Gefühl müsste transplantiert werden!

Jeder Artistenname steht für einen Superlativ im Bereich der Magie, aber auch für eine existentielle Katastrophe. Buatier, Sohn eines reichen Seidenhändlers in Lyon, wurde durch Zufall vom ungarischen Edelmann de Kolta im Café de Paris anlässlich einer Amateurvorstellung entdeckt und unter Vertrag genommen. Der Ungar subordinierte sich dem künstlichen Naturtalent, das einen goldenen Vogelbauer verschwinden ließ, plus vite que l'éclair, als Manager und Assistent, bis er dem Anschlag eines in Rage geratenen Desillusionisten zum Opfer fiel, der mit einer Gummischleuder auf die geisterreflektierende Glasscheibe zielte. Von da an, und das ist das Ungeheuerliche, eignete sich Buatier die Person des tödlich verunglückten Helfershelfers als Bei- und Ziernamen an, Buatier de Kolta war die Summe von Triumph und Verhängnis. Eliaser Bamberg wurde bei der Explosion eines Pulvermagazins an Bord eines Kriegsschiffes so schwer verletzt, dass ein Bein amputiert werden musste, was ihn mitnichten daran hinderte, unter dem Spitznamen Amadeus der hölzerne Teufel weiterhin durch die Lande zu ziehen und obendrein die Prothese als Geheimfach für seine Requisiten zu benützen. Als Diable boiteux brillierte er noch und noch.

Die Invalidität, und sie ist ja nur ein Zeichen für die innere Verstümmelung, der ich mich radebrechend annähere, hinderte diese Subjekte nicht daran, mit ihren zweifelhaften Künsten sogar dem Tod ein Schnippchen schlagen zu wollen. Von den Indischen Fakiren hat sich der Trick des Lebendigbegrabenwerdens erhalten. Die Knaben mussten sich von frühester Jugend an darauf vorbereiten. Durch einen operativen Eingriff wurde die Zunge, das Artikulationsorgan notabene, Baron, so weit gelöst, dass sie auf die Speiseröhre zurückgelegt werden und auch die Luftröhre verschließen konnte. Alle Körperöffnungen wurden mit Wachs verstopft. Der Fakir versetzte sich in einen Trancezustand, in welchem er ins Grab gelegt und mit Erde zugestampft wurde. Nach vierzig Tagen erfolgte die Exhumation, und der Scheintote erwachte zu neuem Leben. Wie es gemacht wurde, dies der europäischen Phantasie zu überlassen, war hinduistische Geheimhaltungstradition. Beim Indischen Korb-trick wird ein Mädchen in ein Fischernetz geschnürt und in einen ovalen, niedrigen Korb gepackt, der mit verschlossenem Deckel auf der Bühne steht. Der Scha-mane, meistens der Erzeuger des Opfers, tanzt um das Geflecht herum, beginnt sein Kind zu verfluchen und sticht mit einem langen Degen in zunehmender Wut von allen Seiten durch den Korb, bis das Blut in Strömen fließt. Wenn das anfänglich laut und lauter stöhnende und dann immer leiser wimmernde Schlangenmädchen ausgelitten hat, reißt er den Deckel ab und zeigt das leere Behältnis vor, während seine Tochter am andern Ende des Saales auftaucht und Geld einsammelt, so-fort den Schock in klingende Münze verwandelt. Diese Menschendurchlöcherung und Übertölpelung des Todes basiert, wie Eure Baronität ja vermutlich wissen, auf einem rhythmischen System, gemäß welchem sowohl das Opfer, das sich schlangenartig in den ovalen Wulst presst, als auch der Scheinmörder bei jedem Degenstich um nicht weniger und nicht mehr als einen Sechzehn-tel des Korbumfangs weiterrücken, was eine jahrelange Abstimmung erfordert. Der Magus sticht in einen Hohl-raum, aber derjenige, der dem schauderbaren Akt bei-wohnt, fragt sich, Blutgeschmack im Mund: Wo soll da noch ein Hohlraum sein? Und er hat recht mit der Frage. Nicht einmal ein Vakuum bleibt übrig, wenn unsereins verschwindet.

Weitaus am weitesten trieb es, Herr Baron, seine Ma-jestät der Entfesselungskunst, der Handschellenkönig

Houdini, dessen Geschäftspartner, wie die Biographen schreiben, der Tod war. Houdini konnte als Einziger von sich sagen: Mein Publikum ist die Weltbevölkerung. Er wusste es an seinen Tricks zu beteiligen, indem er die neue Dimension der Herausforderungskunststücke und der Freiluftnummern in die akrobatische Magie einführte. Houdini: eine Aktiengesellschaft des Menschenunmöglichen, welche bei jeder Vorstellung Todesgrausen als Dividende auszahlte. Englische Marinesoldaten fesselten ihn an die Mündung einer Acht-Zentner-Haubitze, einer geladenen. Befreite er sich nicht innerhalb von zwanzig Minuten, zerfetzte ihn das Geschoß vor der Menge. Die Zehen wie Finger benützend, so die Augenzeugenberichte, habe Houdini das Schlingwerk gelöst und sei drei Minuten vor der Detonation vom Rohr gesprungen. In Boston ließ er sich, zu einer starren Puppe gefesselt, in einen präparierten Walfisch einnähen. Der Kadaver war zusätzlich mit Ketten umschnürt. Keine Viertelstunde verging, und der Neue Jonas kroch heraus, freilich schwer benommen von den Dämpfen der Arseniklösung, die der Präparator verwendet hatte. Die Folter-Wasserzelle führte Houdini erstmals 1912 im Zirkus Busch in Berlin vor. Der wassergefüllte Tank, in den er sich kopfüber hängen ließ, bestand aus metallgefasstem Mahagoni, ein Sichtfenster ermöglichte den Blick ins Innere. Den Deckel bildeten zwei Fußblöcke mit Scharnieren. Waren die Füße einmal drin, konnten sie unmöglich durch die Gelenköffnungen gezogen werden. Zusätzlich wurde der Tank außen mit Stahlbändern gesichert. Einer von Houdinis Helfern stand mit einer Axt sturmbereit neben dem Kabinett, das den intimen Befreiungsakt den Blicken entzog. So exhibitionistisch Houdini veranlagt war und so voyeuristisch er sein Publikum erzog, den eigentlichen Dreh stellte er nicht zur Schau. Das Orchester untermalte den dergestalt herausgeforderten Ertrinkungstod mit Katastrophenweisen. Aber das Vaudeville, das Varieté, selbst die Manege wurde Houdini zu eng. Die Massen galt es zu mobilisieren. Er sagte: Die Menschen sehen zwar nicht gern, wenn einer von ihnen stirbt, doch wenn es passiert, sind sie gern dabei gewesen. Einer seiner vielen Brückensprünge wäre ihm beinahe zum Verhängnis geworden. In Detroit hatte man ein Loch in den vereisten Fluss geschlagen, damit der Star von der Bell-Island-Brücke tauchen konnte, die Hände in Fesseln auf dem Rücken. Unter Wasser befreite er sich sofort, doch die Strömung trieb ihn vom Loch ab. Dank des geringen Zwischenraums zwischen Strom und Eisdecke vermochte er mehrmals Luft zu schnappen und in immer weiteren Kreisen den Kolk anzuschwimmen. Es war die Beinahe-Katastrophe, und Houdini wusste sie als Reklame zu nutzen. In Städten ohne Fluss sprang er vom höchsten Bauwerk in ein Binnengewässer, in Paris von der Mauer des Leichenschauhauses in die Seine. Doch auch auf einer Brücke hatten immer noch zu wenig Schaulustige Platz. Die Menschenunterbringungs- und -zusammenpferchungs-Industrie hielt nicht Schritt mit Houdinis Selbstmord-Attraktionen. Nur, von Houdini aus gesehen, fünfzigtausend Gaffer drängten sich in der

Innenstadt von Baltimore, als der Verrückte sich, kopfunter am Haken einer Seilwinde an einem Wolkenkratzer hängend, aus einer fünfriemigen Zwangsjacke befreite, zappelnd wie ein Fisch an der Leine. Nach dreieinhalb Minuten fiel die Jacke unter tosendem Applaus auf die Straße, und Houdini vollführte eine umgekehrte Verbeugung in der Luft, verneigte sich gen Himmel. Immer wieder wie durch ein Wunder alle Ketten gesprengt, Herr Baron, und doch nie von sich selbst befreit! Immer höher und höher hinaus wollte Houdini, und den Ertrinkungstod fand er, was nur höhnischste Ironie des Schicksals genannt werden kann, in einem Fass Bier. Sein Chefassistent Kukol hatte zu spät eingegriffen, der Abstinent Houdini war betäubt vom Alkohol, der durch seine Poren gedrungen war. Tausend Dollar zahlte er jedem, der ihm nachweisen konnte, dass er in der Folter-Wasserzelle Luft bekam, und krepierte in einem Fass Bier. Nie ein Glas Bier ge- und in einem Fass Bier ertrunken, werter Baron. Houdini wäre freilich zuzutrauen, dass auch dies nur eine Legende war und bleibt.

Baron Kesselring: Sie haben mich beiläufig um einen Beitrag für die Zeitschrift Abracadabra gebeten, jenes Organ des Magischen Zirkels, das, im Gegensatz zu Periodica wie Hokuspokus, Simsalabim wirbelt durch die Welt et cetera, auch Laien zugänglich ist, und Sie haben mich auf die Wacholderhöhe eingeladen. Nun wundern Sie sich vielleicht über das verbale Zaubergewitter, das aus diesen Anlässen – Zusage, was den Essay, Absage, was den Auftritt betrifft – losgebrochen ist. Das hängt, wie ich bereits anzudeuten die Ehre hatte, damit zusammen, dass Diabelli im Kaschieren besser geübt ist als im Entschleiern. Der Vortrag des Täuschungskünstlers ist ein wahres Feuerwerk von Anaphern, Oxymora, Tautologien, Euphemismen, rhetorischen Fragen und Paraphrasen; Winkelparliererei und metonymischer Mummenschanz. Eine Mauldiarrhö sondergleichen. Jedes Wort das Falsifikat eines Sachverhalts, immer im Bestreben, eternisierte Knalleffekte zu produzieren, immer im Bemühen um Inkongruenz. Der Mensch, wenn er normal spricht, der Normalsprachverbraucher begleitet bekanntlich seine Worte mit kongruenten Gesten, kongruenter Mimik. Sagen mir die Sätze nicht, was er meint, sagen es die Mundwinkel, die Augenbrauen. Nicht beim Zungenprestidigitateur, bei ihm gerade nicht. Inkongruenz von Trickhandlung einerseits, Begleitvortrag und Mienenspiel anderseits ist sein wichtigstes Ablenkungsmittel. Der Magier ist ein Ventriloquist und Engastrimant, das heißt ein Mensch, der nicht so sehr vermöge einer eigentümlichen Beschaffenheit seines Stimm- und Sprechapparates als vielmehr durch Übung die Fertigkeit erlangt hat, Töne und Wörter ohne bemerkbare Bewegung des Mundes und auf die Weise vernehmbar zu machen, dass der Hörer glaubt, sie kämen von einem ganz anderen, entfernteren Orte her, eben aus dem Bauch.

Baron Kesselring wundern sich nach dieser Erklärung, die freilich nur eine provisorische sein kann, bestimmt nicht mehr über die Anhäufung von Fremd-Wörtern in Diabellis Abschiedsvolte. Tatsächlich ist mir kein

Zeichen abstrus genug, wenn es gilt, das Handwerk des Illudierens zu beschreiben. Eine möglichst kuriose Ansammlung von Buchstaben in kurioser Reihenfolge – der Wortschatz als Kuriositätenkabinett –, die sich bei der Enthüllung – und das Ihnen, verehrter Herr Baron, aufoktroyierte Nachschlagen im Fremdwörterbuch führt ja zu nichts anderem als dem Entlarven solcher Lautverrenkungsgebilde – als phonetischer Lärm um nichts erweisen, als Kautschukakrobatik der Zunge ohne inneren Auftrag: das ist der dem Zauberer angemessene Duktus. Unser Deutschlehrer hat uns Gymnasiasten die Fremdwörter auszutreiben versucht mit dem Argument, sie nähmen sich im Gewand der gehobenen Prosa wie missfarbene Flicken aus. Wider die Fremdwörterei! war sein Schlachtruf. Eindeutschen! sein Credo. Als ich, nach dem Berufsziel gefragt, Prestidigitateur sagte statt Schnellfingerkünstler, war ich im doppelten Sinn abgeschrieben: als Mitglied der Sprachgemeinschaft und des Geheimordens derer, welche die höhere Schöngeistigkeit anstreben. Eine A-Matura in die Karriere eines Magiers zu investieren, schien meinem Deutschlehrer ein apriorischer – hier schreckte er vor dem Lehnwort nicht zurück – Verhältnisblödsinn zu sein, ein Missgriff bezüglich der Proportionen von Bildung und Beruf. Xaver, höhnte er, will partout ein reziprokes Genie werden. Ein Revax, ja, ein Revax. Ich hätte ihm erwidern können, aber dazu war ich damals noch nicht in der Lage: Woher, Herr Professor, sollte ich eine sogenannte Muttersprache nehmen, wenn es mir zeitlebens am mütterlichen Element gefehlt hat?

Etwas anderes, was Sie vielleicht gestört hat, Exzellenz, ist der Hang zu Superlativen, zu Apodikta, das Apodiktatorische generell. Auch dies, die Vorliebe für die Präfixe ultra-, super-, hyper- et cetera, ist in unserem Metier begründet. Lesen Sie daraufhin Plakate und Anschlagzettel von Zaubervorführungen. Mit hoher, ja höchster Bewilligung kündigte der unerreichte Ludwig Döbler die größte und außerordentlichste Vorstellung auf dem Gebiet der unterhaltenden Physik an, in welcher, wie Döbler versprach, die anziehendsten Experimente dieser Art, welche nur von den berühmtesten Künstlern, als da seien Philadelphia und Pinetti, gesehen worden seien, gezeigt würden. Den besten Mustern in dieser Gattung nachstrebend, sei es dem Darbietenden, der diese ehrfurchtsvolle Einladung zu erlassen das Glück habe, vor Jahren schon gelungen, durch seine Produktion selbst die allerhöchste Zufriedenheit der Kaiserlichen Majestäten mehrerer durchlauchtigster Glieder des Kaiserhauses zu erringen, undsoweiter, undsofort. Lichtenberg, der Philadelphia entzauberte, gelang dies, indem er dessen superlativisch angekündigten Experimente durch eine zusätzliche Superlativisierung ad absurdum führte. Ob Marvelli, Kellar, Dante, Kalanag, Houdini, jeder ist in seinem Fach der Allerunübertroffenste. Servais Le Roy: Worlds Monarch of Magic. Alles großgeschrieben! Horace Goldin: The Royal Illusionist. Lauter Majuskeln! Die Prestigestrategie des Prestidigitateurs, werter Baron. Jeder ist sein eigener Prestigeprestidigitateur.

Würden Sie nun die Ehre haben, begreifen zu wollen, Exzellenz, warum Grazio Diabelli seine Kaltmagierkarriere unverzüglich abbricht? Habe ich, anders gefragt, genug Fakten aus der Zauberhistorie dazu angestiftet, gegen mich zu sprechen? Denken Sie aber bitte nicht, Baron Kesselring, dies, dass ich, statt an Ihrem sechzigsten Geburtstag eine Dame zu zersägen oder auf mirakulöse Weise verschwinden zu lassen, Ihnen auf schriftlichem Weg eine Kostprobe meines Scheiterns gebe und Sie, meinen langjährigen, um Diabelli – also auch Diabellis Bankrott – höchlichst verdienten Mäzen, hinter meine Kulissen blicken lasse, rückhaltlos, sei nur eine neue und besonders raffinierte Form von Comedy Magic, jener jüngst in Mode gekommenen, clownesken Mischung von gelungenen Tricks und eingeplanten Pannen. In der Tat ist das präparierte Misslingen ein altes Stilmittel in der Akrobatik wie der Zauberei, auf der psychologischen Erkenntnis fußend, dass ein Publikum im Wahn, es hätte den Magier durchschaut, nur umso gewisser auf die Glanznummer hereinfällt. Ein Trapezkünstler, der sich beim ersten Anlauf zum dreifachen Rückwärtssalto ins Netz fallen lässt, verliert ja dadurch nicht an artistischer Glaubwürdigkeit, er vermag sie im Gegenteil noch zu steigern, als Didaktiker des Nervenkitzels. Es wäre die Frage zu stellen: Warum schreit die Arena auf, wiewohl sie weiß und sieht, dass der Akrobat nur ins Netz fällt? Das Publikum, so meine Antwort, Baron, gaukelt sich den Todessturz vor, probt den Schock, so wie der fliegende Tarzan im einstudierten Fall ein Gran des effektiven Unglücks erlebt. Das ist das höhere Circensische: die aus Berechnung nicht erhaschte Keule des Jongleurs, der aus Berechnung zu wenig hoch katapultierte Schleuderakrobat, der aus Berechnung gewagte Fehltritt auf dem hohen Seil. Das höhere Circensische in der Zauberkunst ist das Spiel mit der Aufklärung. Je natürlicher sich der Virtuose gibt – jene Bewegung finden und einüben, hat Dante gesagt, die kraft ihrer Natürlichkeit die wahre Absicht verschleiert –, desto weiter kann er gehen mit der Einweihung der Zuschauer als Unterhaltungssupplement. Es ist, als ob Sie fortwährend an der Nase gekitzelt würden, Herr Baron, und doch nicht niesen könnten. Der letztlich prohibitive Reizschnupftabak der vorgespiegelten Demaskierung. L'homme masqué, der vorgab, nicht erkannt werden zu dürfen.

Diabellis Abschiedsvolte hat in diesem Sinn mit dem höheren Circensischen nichts zu tun. Keine Rückversicherung, keine tollkühne Variante komödiantischer Magie, kein Lippenbekenntnis, wenn auch, wahrscheinlich, Ventriloquismus im höchsten Grade. Hierin liegt meine Schwierigkeit: Ich muss Sie bitten, Baron Kesselring, Diabelli um meinetwillen kein Wort zu glauben, meiner Wenigkeit aber, Diabellis unerachtet, des Prestidigitateurs und Wirbelwindillusionisten, dessen Name auf der Wacholderhöhe, wenn die Fackeln am Festtag die Zufahrt zu Ihrem Schloss erhellen, ein gelöschter sein wird, alles zu glauben, auch was nicht respektive nur sagbar war. Genug jetzt!

Zentgraf im Gebirg oder das Erdbeben zu Soglio

Kurzgefasste Schadenmeldung an den Schweizerischen Erdbebendienst

Der Zufall wollte es, wie man so schön sagt, dass ich just zu dem Zeitpunkt, als sich das Erdbeben von Albstadt ereignete, die schwerste tektonische Erschütterung in Deutschland seit Kriegsende, in meiner Funktion als interimistischer Privatsekretär des Privatgelehrten und Privatpatienten Anatol Zentgraf – viele sahen in ihm lediglich einen anarchistischen Thanatosophen in eigener Sache – Vollpensionär des Hotels Palazzo Salis, ehemals Hotel Willy, in Soglio im Val Bregaglia war, jenem elfhundert Meter hoch gelegenen Terrassendorf, das der Maler Giovanni Segantini, dessen Bild »Werden« in der arvengetäferten Bibliothek hängt, als Schwelle zum Paradies bezeichnet hat: »Soglio è la soglia del paradiso«. Der sogenannte Schweizerische Erdbebendienst, ein relativ autonomes Annexforschungszentrum des Instituts für Geophysik der Eidgenössischen Technischen Hochschule, hervorgegangen aus der 1878 anlässlich der einundsechzigsten Jahresversammlung der Schweizerischen Naturforschenden Gesellschaft gegründeten

Erdbebenkommission, welche erstmals eine Intensitätsskala für die Beschreibung aller makroseismischen Erscheinungen erarbeitete, notabene neben oder nach der Versuchsanstalt für Hydrologie und Glaziologie eine der bedeutendsten wissenschaftlichen Stätten unseres Landes, nicht zuletzt dank der erratisch aus dem akademischen Geröll herausragenden Persönlichkeit ihres geistigen Oberhauptes, Professor Dieter Mayer-Rosa, hat, wie immer in solchen Fällen, in der Presse einen Aufruf erlassen, man möge bitte außerordentliche Erschütterungen in der Schweiz, die als in eindeutigem Zusammenhang mit Albstadt gesehen werden müssten, umgehendst vermelden, insonderheit schwere Schaden- und Todesfälle, wobei es natürlich – dass ich nicht lache – grundsätzlich keine leichten Todesfälle gibt. Item, hier sind, sehr geehrte Herren Seismologen, wenn auch noch ungeordnet, des Privatsekretärs Anatol Zentgrafs Beobachtungen, meine seismogrammatischen Observationen.

Am Vorabend der Katastrophe war eine zwölfköpfige Bergwanderergruppe, die vorgab, für den Engadiner Ski-Marathon zu trainieren, dieses volkssportliche Renommiergroßereignis, von Osten her ins Dorf einmarschiert, den sechsstündigen Höhenweg von Casaccia am Fuß des Septimer- und Malojapasses über Maroz Dent, Cadrin, Plan Vest und Tombai in den Beinen. Anatol Zentgraf nahm mich beim Aperitif vor dem Hotel ins Diktat und befahl mir festzuhalten, dass die Knülche alle rote Bergsteigersocken trügen mit dicken Zopfmustern – was

nicht stimmte, auch hatte keiner einen Eispickel aufge-
schnallt – und dass sie Gletschermilch im Blick hätten,
dieses gefährliche Firneleuchten von Kompaniekom-
mandanten der Gebirgsinfanterie, diese unverkennbare
Erstbezwingungs- und Direttissimamentalität. Dann zog
sich der Marode in die Bibliothek mit den gekuppelten
Fenstern über dem gesprengten Segmentgiebel des Pa-
lazzoeingangs zurück und spielte wie jeden Abend vor
dem Nachtessen auf dem stumpfen Bösendorfer Klavier mit den nikotingelben Tasten, von denen einzelne
Elfenbeinplättchen abgebrochen waren, die Asdurpolonaise von Chopin, con furioso, womit er regelmäßig
die teils lesenden, teils Kartengrüße ersinnenden, teils
der lockeren Appetizermuße pflegenden Gäste aus dem
Segantinizimmer vertrieb. Es war, als ob ein automati-
sches Pianoforte losschmettere, immer überfallartig und
mit derselben Wucht die Asdurpolonaise, die, so Zentgraf, Entladung seiner geballten Krankheit – ja, ich bin
kein Mensch, ich bin Dynamit – in der südlichen Gebirgs-
landschaft, die konzertante Sprengung des Bondasca-
gletschers und der Sciora-Gruppe. Und ebenso abrupt,
wie er die Polonaise begann, brach er sie mitten in den
fortissimo gehämmerten Oktavgängen ab und ließ sie in
endlose Tritonusfolgen ausarten. Könnte ich, hatte mir
Zentgraf auf einem der freilich immer nur fragmenta-
rischen Spaziergänge diktiert, dürfte ich, hätte ich die
Kraft und Ausdauer und Schulung, auf einen dieser
Granittürme zu klettern, über die Kluckerführe in die
Südwand des Ago di Sciora einzusteigen, hätte ich vor

allem – wenn Sie die Güte haben wollen, dies zu unterstreichen, Privatsekretär – als Alpinist noch eine Lebenserwartung zu verspielen, würde ich dort oben auf der Fiamma, Schwierigkeitsgrad fünf, auf der Spitze der Nadel, auf der nur eine Person Platz hat, mich anschicken zu versteinern, gleich der Madonna auf der Cima di Castello, und mit mir versteinerten alle die Schöpfung betreffenden Lästerungen, so dass künftige Touristen, welche den Kletterzapfen in Angriff nähmen, künftige Arschzapfen di Fiamma, letztlich auf meinem Schädel als einer zu Granit erstarrten Frevelstätte stünden und meine Verseuchung in Form terrestrischer Strahlen in sie aufstiege im Moment des triumphalen Rundblicks.

Mein Vorgesetzter war, abgesehen von den Ausbrüchen in As-Dur und den Tritonusstörungen, ein ruhiger Gast, an den warmen Spätsommernachmittagen lag er meistens im französischen Garten hinter dem Hotel unter einer der mammuthaften Wellingtonien, umrahmt von Malven, Rittersporn und Phlox, und las in Ingram von Scherzmanowskys Roman »Kadaverinhaber«, dem, wie er glaubte, äußersten Buch, das ihn hienieden noch beschäftigen werde. Meine Aufgabe bestand lediglich darin, die vom Scherzmanowsky-Schüler unterschlängelten Sätze ins schwarze Wachstuchcarnet zu übertragen und für den Abend zitierbereit zu halten, was allmählich darauf hinauslief, den ganzen Roman, diese von eins bis hundertdreiundvierzig durchnummerierte Nacktaufnahme in Prosa abzuschreiben, denn Zentgraf soulignierte immer mehr und zuletzt alle Sätze, Sätze

wie diesen: »Der Mensch ist und bleibt ein Todesan-
alphabet, er lernt nie, dass *ein* Kreuz als Unterschrift
genügt.« Ein paarmal, freilich, kam es zu peinlichen
Auftritten. Zentgraf richtete sich auf in seinem Liege-
stuhlwrack und trompetete mit zugeklemmten Nasen-
flügeln aus dem für Hotelgäste reservierten oberen Teil
des Parks ins Gartenrestaurant hinunter: Alle mal her-
hören! Von wem stammt der berühmte Satz: »Es kada-
vert in uns und um uns und knirscht von zertretenen
Chitinpanzern«? Von wem die Definition: »Der Tod ist
die revolutionäre Bewegung per se«? Von wem denn, ihr
unbedarften, Bratwurstleichen verzehrenden, gebirgs-
opernglasbewehrten, wanderweghörigen Universalba-
nausen? Von Scherzmanowsky natürlich, mein Privatsekretär belegt es euch. Oder er ging gar so weit, mich
vor den Ausflüglern Eckermann zu nennen: Mein Eckermann zeigt es euch schwarz auf weiß.

An dieser Stelle ist ein kurzer Exkurs über Anatol
Zentgrafs freies Lesertum vonnöten. »Freier Leser«
hatte er auf dem Anmeldeformular unter Beruf eingetragen. Als wir einmal in der Art unserer ungestümen
Exkursionen buchstäblich über Stock und Stein durch
den Kastanienhain Brentan oberhalb von Castasegna
stolperten, blieb der Gelehrte wie angewurzelt stehen
und kündigte ein autobiographisches Privatissimum an:
Sehen Sie, Eckermann, hier, wahrscheinlich genau unter
dieser Edelkastanie habe ich im Alter von fünfzehn Jahren auf einer Schulreise, einer dieser zweitägigen obligatorischen Schulreisen unter dem Motto »Wir erwan-

dern einen Zipfel der Schweiz« anstelle des damals als durstlöschend gepriesenen Tuttifrutti den Hölderlin aus der Lunchtasche gezogen, Großherzog Wilhelm Ernst-Ausgabe, Dünndruck, schieferblaues Leder. Es hatte geheißen in der Vorbesprechung: Jeder nimmt das Nötigste selber mit. Aber an die Kollation hatte ich nicht gedacht, nicht an Thunfisch, Landjäger und dergleichen Obszönitäten. Als freier Leser, betonte Zentgraf immer wieder, habe er, was von der Weltliteratur wert sei, gekannt und durch die Art, wie man als Mensch zugrunde gehe, interpretiert zu werden, unversöhnt, also disparat, also tritonushaft, oder wenn man lieber wolle: ungeerdet im Kopf. Zum Schrecken seiner selbst sei ihm Scherzmanowskys allumfassende Krepanz in keiner Weise rätselhaft. Zum Schrecken seiner selbst sei er im restlosen Begreifen – was nicht heiße: Auflösen – dessen, was er gelesen habe, mit der Zeit zu dem geworden, was er gelesen habe, so dass er selber eines Lesers bedürfe, eines Zentgraf-Spezialisten, der ihn als Œuvre überhaupt erst einmal zur Kenntnis nehme und im Hinblick auf eine historisch-kritische Gesamtausgabe verarbeite, mit Siglen garniere und Fußnoten spicke. Was ich als sein Eckermann in mein Büchlein notiere, seien lediglich Paralipomena zum Korpus seiner windschiefen Genialität.

Item, die Neuankömmlinge hatten ihre Zimmer in der Dependance bezogen, einem turmhohen Bruchstein-haus an der Westseite des von einem schindelgedeckten Waschbrunnen beherrschten Dorfplatzes. Sie okkupierten den Speisesaal, ließen drei Tische zusammenschieben und verzehrten das reich garnierte Cordon bleu in einer ihrer Wanderleistung angemessenen SAC-Hüttenlaune. Dazu tranken sie öligen Veltliner aus dickwandigen Gläsern. Anatol Zentgraf und ich, und eigentlich müsste ich Scherzmanowsky dazuzählen, wir saßen in der gegenüberliegenden Ecke des weiß getünchten Saales, der Privatgelehrte immer mit dem Rücken zur Öffentlichkeit, immer in diametralem Protest gegen die Öffentlichkeit. Die Decke zeigte die Form eines flachen Muldengewölbes; Tonnenkappen über den vergitterten Fenstern, welche mit rubinroten, filigran durchbrochenen Vorhangkulissen mehr dekoriert als verhängt waren. An den Wänden hingen zum Verkauf angebotene Aquarelle von Sonntagsmalern, denen es gelungen war, die Bondasca-Gruppe mit Wasser und den feinsten Künstlerfarben von Schmincke-Horadam – alle, nach Zentgraf, von geringster Lichtechtheit – in heroischem Dilettantismus zu bezwingen. Kitsch, definierte mein Vorgesetzter, ist der Priapismus einer impotenten Seele. Freilich gibt es, fügte er mit einem vernichtenden Blick auf die Casaccia-Gruppe hinzu, auch kitschige Formen der Naturbewältigung. Einen Höhenweg, einen sogenannten Panoramaweg abwandern, immer vom Motiv beherrscht, immer Cengalo und Badile im Hintergrund, ist Kitsch im höchsten Grade. Nehmen wir doch als Beispiel die klassische Wanderung des Bergells, den Treppenweg La Plota von Stampa nach Soglio! Zentgraf zückte den Baedeker von Kümmerly und Frey. Was schreiben diese Naturschwulen? »Malerisch ist der Blick durchs Tal aufwärts, imposant und gewaltig erheben sich die nackten Bergeller Berge zum blauen Himmel empor.« Et cetera, Eckermann – den Parmigiano her! –, et cetera, dabei müsste es in diesem Landschaftsromanführer heißen: Im Hottentottentrott La Plota absolvieren und sich vom unfruchtbaren Granit anöden lassen! Wer wie wir – und Ingram von Scherzmanowsky schien ihm recht zu geben –, wer wie wir in einem renaissancierten und barockisierten Palazzo, in der Casa Battista stationiert ist, in einem Arvensaal mit Hunderten von schwarz tränenden Astaugen, aus denen die Geschichte auf den Patienten starrt, ausgezählt – wenn Sie verstehen, was ich meine, aber Sie notieren nicht, also verstehen Sie einen Deut – von den Rüfen-Sanduhren des Gebirges, der hat nur noch zwei Möglichkeiten: den Granadaweg gehen gen Osten bis zur Graskanzel über Bondo und den Absturz ermessen; den entgegengesetzten Weg gehen durch die Krüppelwiesen über Lottan bis zum Grenztobel und die Tödlichkeit einer natürlichen Grenze ermessen.

Das Hotel Palazzo Salis in Soglio war gegen Ende der Hochsaison noch recht gut besetzt, an die fünfzig Voll- und Halbpensionäre versammelten sich jeweils ab neunzehn Uhr im kapellenartigen Speisesaal, um in gedämpfter Geselligkeit die Mahlzeiten einzunehmen: der treuherzig genial dreinblickende Hobbymaler mit der massiven Finnin, die in langen Abendkleidern und schweren, brachial anmutenden Brasseletts zu den Diners erschien; die Lektorin mit dem Bergwindschnupfen und der Sektenfrisur: sie breitete die Druckfahnen in der Bibliothek aus und trotzte selbst Zentgrafs Chopin-Attentaten; das rüstige Kurztourenehepaar aus Oberbayern, das sich auch im Zigarrenrauchen ergänzte: sie Brasil, er Sumatra; das stille Botanikergespann, das jeweils beim Frühstück mehrere Thermosflaschen mit ungesüßtem Tee abfüllen ließ; ein Trio teilinvalider Überlandchauffeure, immer zu Späßen aufgelegt, fleißig fotografierend; der Herr mit der Frankfurter Allgemeinen Zeitung, der viel in der Eingangshalle vor dem Barometer stand und die Tischnachbarn aus Oberbayern darüber aufklären zu müssen glaubte, dass die Alpensüdseite und das Engadin in meteorologischer Hinsicht zusammengehörten; die beiden Stricktanten, die anstelle des »Menüüs« immer »Kanneloni« wünschten. Die sourdinierte Saalgemeinschaft, der fast so etwas wie Sanatoriumskitt anhaftete, beschränkte sich darauf, dass man sich freundlich zunickte, in der Überzeugung, mit der Schwelle des Paradieses die einzig richtige Erholungsbotschaft gefunden zu haben – und im postsaisonalen Nachsommer die einzig richtige Urlaubszeit. Zentgraf und ich wurden am Vorabend der Katastrophe – es gab, wie gesagt, Cordon bleu, dick mit Käse gefüttert, dazu Broccoli und Bäckerkartoffeln, voraus eine Bündner Gerstensuppe und zum Dessert einen Savarin – von Olympia bedient, welche auch den Tisch mit den Sportwanderern betreute. Zwölferplatten hatte sie dort anzuschleppen, und Flasche um Flasche. Als wir den von den Stimmungskerzen und vom Speisendunst brodemhaft erwärmten Saal verließen, war bereits das größte

Trinkgelage im Gang. Der Privatgelehrte sagte im Hinausgehen: Widerlich. Zur Finnin mit dem Raucherbass und ihrem Aquarellisten: Widerlich! Zur Lektorin, die eine angequetschte Banane schälte: Widerlich!

Es gibt in der Casa Battista nicht viele Möglichkeiten, den Abend zu gestalten. Man kann sich in die Bibliothek zurückziehen, Segantinis Alpenruhe auf sich wirken lassen und in der »Neuen Alpenpost« blättern, dem Special-Organ für Alpenkunde, Touristik, Balneologie et cetera; man kann sich in die Bündnerstube hinübersetzen, unter das gipserne Schirmgewölbe, und den Einheimischen beim Kartenspiel zusehen oder den Gästen beim Eile-mit-Weile, allenfalls das ausgediente Lochbillard mit dem tintengrünen Filzbezug und den schadhaften Banden reaktivieren; man kann vor dem Hotel auf und ab gehen, die Sterne repetieren und die Dorfältesten belauschen, die in der Dunkelheit des Kastanienhofs auf einer Steinbank vor der Casa Max sitzen und in ihrem Bergeller Dialekt, dem sogenannten Bargaiot, die Tagesereignisse besprechen. Das Spannendste war eigentlich zu beobachten, für welche Möglichkeit sich die einzelnen Voll- und Halbpensionäre entschieden, weshalb ich mich gern mit einem doppelten Whisky und einer Alibilektüre auf das Biedermeiersofa in der Eingangshalle setzte, während Anatol Zentgraf, dieser Brestenberg von Mensch, Scherzmanowsky las oder die Notizen, die ich über ihn und Scherzmanowsky gemacht hatte. Zwischen den Wandleuchtern hingen speckig-brüchige Fruchtstillleben, Traubenbeeren wie Bernsteinmurmeln. Von meinem Platz aus konnte man die Officenische und die Telefonkabine, den Zugang zu den Vorratskatakomben und die Reception, die Sonnerie und die Toiletten bequem überblicken, und irgendwie schien mir, dass ich meinem Auftraggeber diesen Überblick schuldig sei, dass es zu meiner Pflicht gehöre, Arrivée und Départ zentgräflicher Anarchismen zu überwachen. Ich hatte in der Bibliothek ein stockfleckiges Werk von Eduard Guyer über »Das Hotelwesen der Gegenwart« aus dem Jahr 1874 entdeckt mit 57 Originalplänen von renommierten Häusern wie dem Beaurivage Ouchy, dem Curhotel Baden, dem Berliner Hotel am Ziethenplatz und dem Schweizerhof Rheinfall und vertiefte mich in einen Abriss über die Kellnerwissenschaft, erfuhr zum Beispiel, wo in der Hierarchie des Personals ein Patissier-Entremetier oder ein Casserollenputzer einzuordnen sei. Wurde eine Gemischte Glace mit oder ohne Rahm, mit oder ohne Hüppenrollen in die Bündnerstube hinübergetragen, versuchte ich dies in meine Lektüre einzubeziehen.

Mein Diktator hatte wie jeden Abend noch eine kurze Exkursion zum Friedhof unternommen, aber weniger der Gräber wegen, die zumeist auf Giovanoli oder Torriani lauten, als aus architektonischer Begeisterung für ein Gebäude, das in jeder Hinsicht aus dem Haufen der eng aneinandergedrückten, gneisplattenbedeckten Wohnhäuser und Ziegenställe herausragt: das von ihm so genannte, lombardisch anmutende Negozio-Absturzhaus, in dem der einzige Laden von Soglio untergebracht ist. Am Eingang des Dorfes, der Gassenschlucht, die auf den Hotelplatz führt, thront es rechter Hand am Steilhang hoch über dem unteren Bergell und der Maira, drei- auf der Berg-, sechsgeschossig auf der Talseite, ein abgedeckter Mauerstockzahn, Rundbogenfenster und zinnobergrüne Jalousien, die Aufschrift »Negozio« bräunlich schattiert und verwaschen, ein Buchstabensgraffito. Nichts, sagte Zentgraf auf dem Sofa mir gegenüber, während ein Glühwein passierte, wahrlich nichts ist die Casa Max mit ihren schmiedeeisernen Korbbalkonen, mit den Ringträgerfratzen am Stallazzo und den Kreuzrippengewölben in den kahlen Treppenhäusern, mit den labyrinthischen Besitzverhältnissen der bergbäuerlichen Nachfahren eines großen Geschlechts – man braucht ein Wegrecht für den Abort – gegen diesen Soglio und meine Existenz in Soglio nach außen – und das heißt: nach unten, sottoportawärts – vertretenden Negozialerdkratzer. Seit unserer Ankunft hatte er täglich einmal den Laden betreten und sich bei der Negoziantin Nardini mit Bleistiften und Radiergummis eingedeckt. Es ging ihm bei seinen Hamsterkäufen lediglich darum, die krayonnierenden Dilettanten zu sabotieren, die bekanntlich keine Landschaft abzupinseln vermögen, ohne dass sie vorher das Motiv mit hartem Bleistift aufreißen und an dieser Skizze endlos herumradieren. Hindert man diese Stümper am Vorkrayonnieren, braucht man ihnen nicht das Malzeug wegzunehmen. Traun fürwahr das Trutztobelhafteste, doppelte Zentgraf nach, was mir in der Negozialarchitektur je begegnet ist. Notieren Sie bitte, Privatsekretär: Dort Scherzmanowsky lesen, dort einen Bösendorfer Hammerflügel traktieren!

Skizze vom »Negozio-Absturzhaus« (3. September 1978).
In: Schweizerisches Literaturarchiv (Bern),
Nachlass Hermann Burger, Signatur A-1-e.

Der Casaccia-Gruppe im Speisesaal war es gelungen, Olympia an ihren Tisch zu locken und in bescheidenem Maße zu frivolisieren. Auch die Finnin und ihr Schoßkünstler, auch die Lastwagenchauffeure hatten sich der fröhlichen Runde angeschlossen. Es wurde gesungen und angestoßen, gezotet und gelacht. Ein bärtiger Pfadfinder kam sogar zu uns hinaus in die zugige Halle und wollte uns animieren, ein Glas Veltliner mitzutrinken, was Zentgraf, den Scherzmanowsky auf den Tisch schmeißend, mit den heftigsten Schmähungen quittierte: Unerhört! Stumpfsinnige Bacchanalien! Hedonismus! Babylon! Der angeheiterte Sportwanderer zog sich befremdet zurück. Möglich, dass Zentgrafs Verstimmung auf die Serviertochter Olympia zurückzuführen war, die stämmige Circe aus Chiavenna, die ungeniert mittat; mir schien, der Privatgelehrte habe im Verlauf unseres Arbeitsaufenthaltes in Soglio einige Anbahnungsversuche unternommen, er habe ihr eine erotische Komplizenschaft anzuherrschen versucht. War sie nicht einmal kichernd und das Schürzchen zurechtrückend aus dem Utensilienraum neben der Bibliothek gestürzt, wo sich der Patient auf einer zerschlissenen Ottomane beim Plätschern des Waschbrunnens von den Tritonusfolgen zu erholen pflegte? Aber was kümmerte mich das! Meine Funktion war, laut Anstellungsvertrag, als Seismograph Zentgrafs so präzis wie möglich zu funktionieren. Ich darf vielleicht in diesem Zusammenhang, sehr geehrte Herren vom Schweizerischen Erdbebendienst, an den Einundzwanzigtonnen-Universalseismographen de Quervain-Piccard erinnern, für dessen träge Masse Stahlklötze verwendet wurden, die ursprünglich zur Herstellung von Granatmänteln bestimmt waren; verglichen mit dem Horizontalseismographen Mainka, stationäre Masse vierhundert Kilogramm, und dem Vertikalseismographen Wiechert, lediglich hundertdreißigfache Vergrößerung, ein gewaltiger Fortschritt. Item, Zentgraf tobte weiter, auch den Herrn mit der FAZ verstörend, der einmal mehr das Barometer konsultierte: Gottverdammte Malefizer! Haloderis! Pardauzbrüder! Die Asdurpolonaise war zu befürchten. Dann kommandierte er in Richtung Office: Wirtschaft! Zahlen, die Rechnung, sofort! Er verabschiedete sich jedoch, ohne die Note abzuwarten.

Unser Zimmer lag im zweiten Stock und ging gegen den Kastanienhof. Man erreichte es vom sogenannten Rittersaal aus, einer kassettengedeckten Halle, die vollgepfropft war mit Elchgeweihen, Morgensternen, Feuerhaken, Ahnenschwarten. Hinter einer opernhaften Balustrade posierten zwei Rüstungen mit hängenden Greifern. In der Mitte des Raumes, auf einem achteckigen Tisch spreizte ein ausgestopfter und mit Arsenikseife präparierter Adler die Flügel. Immer wenn wir die Treppe hochkamen, glaubte Zentgraf, der Raubvogel erwache soeben aus seiner Giftnarkose. Ich trank in aller Ruhe meinen Whisky aus und studierte im Guyer die Tabelle des Approximativen Inventars für ein Hotel mit zweihundert Herrschaftsbetten, worin zum Beispiel Tintengeschirre, hundertachtzig Stück, Samoware, Draperien erster und zweiter Klasse, achtzehn Huiliers und ebenso viele Nussknacker aufgeführt waren, auch vierundzwanzig sogenannte Rinçoirs. Von Zeit zu Zeit querte Olympia wie eine aufgescheuchte Henne das Vestibül, um ihrer Kollegin die Anzüglichkeiten der Kavaliere am Zwölfertisch zu schildern, mit einem rammligen Unterton in der Stimme. Wahrscheinlich waren die zentgräflichen Avancen ausgelöst worden durch das allnächtliche Liebesgestöhn des tagsüber stummen – um nicht zu sagen: versiegelten – Botanikerpaars, das durch die dünne Arvenwand unseres Zimmers zu hören war, vom ersten bis zum letzten Laut. Freilich hatten wir nie darüber gesprochen, der Thanatosoph nicht, weil er bis tief in die Nacht beim grünlichen Licht der Glasrüschenlampe Scherzmanowsky las, Scherzmanowsky in eine nokturnale Partitur transponierte; ich meinerseits nicht aus der sich für einen interimistischen Privatsekretär geziemenden Zurückhaltung im eigenmächtigen Nominieren von Gesprächsgegenständen. Gerade weil wir seiner aber in keiner Weise Erwähnung taten, gewann das unter dem Täfer versteckte Brasten eine penetrante Eigengesetzlichkeit, und ich musste über den Graben zwischen unsern Bettkähnen hinweg Scherzmanowsky in der Hand Zentgrafs recht geben: Es war, so mit dem Kopf zur Membrane wahrgenommen, kaum zu unterscheiden vom Röcheln sterbender Zimmernachbarn.

Lange lag ich an diesem Abend noch wach im Arvensaal. Die Zechbrüder hatten aufgehört zu singen, allmählich verstummte das Murmeln der Einheimischen im Hof. Der Brunnen plätscherte, die Bergeller Tage rückten zusammen zu einem glasstarren Bild: Nossa Donna und die Galgentürme im Wald bei Vicosoprano; der Kastanienhain Brentan und das Maiensäß Löbbia; die Marmitte dei Giganti, die Gletschermühlen rund um das Schloss Belvedere auf dem Malojapass, und die Ledermasken der alten Weiblein, die mit Hutte und Holzrechen zu den Graskanzeln hinaufstiegen. Und ich dachte an das Soldatengrab bei Stampa, das ovale Granitbett für einen menschlichen Körper, den in die Landschaft eingelassenen Sarkophag. Hier, stand im Notizbuch, könnte man tatsächlich begraben sein wollen, in dieser meiner Negativexistenz entsprechenden Gussform. Sarkophag bedeutet ursprünglich: fleischfressender Behälter. Der für Totenladen gebrochene Kalkstein hatte die Eigenschaft, den Leichnam innert kürzester Zeit in Asche zu verwandeln. Eine Kombination von Erdbestattung und Kremation, steinerner oder kalter Kremation!

Was war das für ein Mensch, dieser Privatanarch Zentgraf, der für die letzten Tage seines Lebens – woher nahm er überhaupt die Gewissheit, dass es die letzten sein würden? – einen Detektiv engagierte zur Observation seiner Gedankenschritte? Vorgestellt, gleich nach unserer Ankunft im Palazzo, hatte er sich in der Bibliothek am verstimmten Klavier, über dem ein leinernes Tableau in rauchigen Regenfarben hängt, ein Schäferidyll unter einem ruinösen Triumphbogen. Was ist das für ein Intervall?, hatte er gefragt. Ein hässliches, Herr Zentgraf. In der Tat. Was Sie hören, Verehrtester, ist der sogenannte Tritonus, die übermäßige Quarte, zusammengesetzt aus drei übereinanderliegenden Ganztönen. Mit keinem andern Intervall bildet der Tritonus ein Paar. Dem Choristen ist er ein Greuel, die Musiktheorie befehdet ihn, als Geist, der stets verneint. Man nennt ihn »diabolus in musica«. Wenn nicht durch die vorangehenden Intervallfolgen die Verwandtschaftsbeziehungen eindeutig festgelegt sind, hat man bei diesem zwiespältigen Intriganten immer die Wahl zwischen zwei gleich guten – oder gleich unbrauchbaren – Auflösungen, je nachdem welchen der beiden Tritonustöne das strapazierte Ohr als Leitton zu akzeptieren barmherzig geneigt ist. Zentgraf begleitete seine Ausführungen mit unerbittlichen Tritonussadismen. Ich habe Kenntnis von einem Klavierlehrer, der sich an einem verhassten Schüler dadurch rächte, dass er ihn durch unausgesetztes Übenlassen und Vordemonstrieren übermäßiger Quarten umbrachte, mittelst des Tritonus als einer perfekt verborgenen Mordwaffe und somit eines perfekten Alibis auf dem Drehschemel zu Tode quälte. Sie werden sich, sagte Anatol Zentgraf abschließend zu seiner Vorstellung, an mich als einen Liebhaber dieses Intervalls gewöhnen müssen. Sie werden in Soglio auch Ihres Amtes als Tritonussekretär zu walten haben, was immer das vorderhand heißen mag.

Item, am Morgen des 3. September ereignete sich, kurz nach sechs Uhr, in Deutschland das schwerste Erdbeben seit Kriegsende. Der Schütterradius war beträchtlich, die Stöße erreichten Werte bis zu 5,4 auf der nach oben offenen und also für Katastrophen unbegrenzten Ausmaßes zuständigen Richter-Skala. Freilich darf nach Mayer-Rosa angenommen werden – und vermutlich hat bereits Scheuchzer in seiner »Historischen Beschreibung aller Erdbidmen, welche in dem Schweizerlande von zeit zu zeit gespüret worden« diese Ansicht geteilt –, dass die begrenzte Festigkeit der Erdkruste keine Beben mit unendlich großer Magnitude zulässt. Die sogenannte Medvedev-Sponheuer-Karnik-Skala reicht bekanntlich von Epizentral-Intensität eins – die Erschütterung liegt unterhalb der Fühlbarkeitsgrenze – bis Intensität zwölf, »Landschaftsverändernd«: Tiefgreifende Umgestaltung der Erdoberfläche, ausgedehnte Felsstürze und Uferabbrüche. Stufe fünf »Aufweckend«, würde bedeuten: Freihängende Gegenstände pendeln erheblich, Flüssigkeiten aus gut gefüllten Behältern laufen in geringen Mengen über; Stufe sechs, »Erschreckend«, dass kleine Turmglocken anschlagen. Ich kann Ihnen, was Albstadt respektive Soglio betrifft, nur sagen: Ein umarmender Riss lief an diesem frühen Morgen des 3. September durch die astäugige Arvenummantelung unseres Hotelschreins im Palazzo Salis, mir war einen Augenblick zumute wie einem Scheintoten, der in einer unter immensen Pressionen knackenden Zigarrenkiste liegt. Natürlich wusste ich, als das Waschgeschirr auf der Kommode klirrte, sofort, was los war. Zuerst dachte ich, noch halb im Traum, an einen seismischen Tritonuseffekt. Dann: Er lässt es auf eine Zerreißprobe ankommen. Dann: Der Planet hat Anatol Zentgraf bestätigt. Ich war in das Fait accompli

einer höchstpersönlichen Naturkatastrophe hinein erwacht und hatte mich ab sofort als Generalsekretär eines Toten zu betrachten, der in der Bettburg neben mir
zum postum diktierten und somit als letztwillige Verfügung zu verstehenden Satz erstarrt war: Ich bin das
Epizentrum. Um dieses einen Satzes willen, sehr geehrte
Herren vom Schweizerischen Erdbebendienst, habe ich
meine Schadenmeldung aufgesetzt. Sie werden ihn nun
auszuwerten haben.

Beim Frühstück entnahm ich den Morgennachrichten
die ersten Fakten: Albstadt, tektonisch unruhige Landschaft, Dutzende von Verletzten, Schockwirkungen, Teile
der Hohenzollernburg vom Einsturz bedroht, Schäden in
Millionenhöhe. Ein Augenzeuge erklärte: Wir glaubten,
die Welt gehe unter. Olympia, übernächtig, zerzaust, ver-
kündete mit nachbebender Stimme von Tisch zu Tisch:
Terremoto, terremoto! Wie hätte man ihr begreiflich machen wollen, dass sie von Anatol Zentgraf spreche, wie
von einem unflätigen Liebhaber? Draußen vor dem Hotel in der glarigen Morgensonne machte sich die zwölfköpfige Casaccia-Gruppe für den Rückmarsch bereit, im
Kater Witze reißend über das Gepolter in der Frühe. Ich
meldete dem Direktor in aller Diskretion, nachdem die
Lunchpakete verteilt waren, dass mein Zimmernach-
bar in der Nacht heimlich und ohne besondere Todesursache, sozusagen aus Verachtung für den moderierten
Kurbetrieb der Menschheit, auch, was nicht zu leugnen
sei, in einem ziemlich militanten Antialpinismus da-
vongestorben sei und dass ich den Tod erst nach dem

Erdbeben von Albstadt entdeckt hätte. Das Erdbeben sei für mich nun natürlich nach diesem Vorfall das Erdbeben von Soglio.

Ich beschloss, noch ein paar Tage im Katastrophengebiet zu bleiben.

Parerga

ECCO!

Wie ich im fünften Nebenberuf
Amateurmagier wurde

Während der tschechische Kameramann, der mich mit seinem Humor nicht an einen Menschen, sondern einen Film erinnert, an den *Launischen Sommer*, noch Probleme hat mit dem Führungslichtschatten des Chapeau Claque auf den Falten des bischofsroten Entree-Vorhangs des Bernhard-Theaters; während der Regieassistent in einer andern Ecke das zu zwei Dritteln abgebalgte Kaninchen trockenföhnt, das ich aus einem präparierten Zylinder ziehen muss zur bildlichen Erläuterung der These, dass alle Giganten der Täuschungskunst aus einem Milieu der Lieblosigkeit stammten; während der blinde Clown auf seiner diatonischen Hohner-Handorgel Passagen aus Beethovens *Diabelli-Variationen* übt, was so klingt, als hätte Nino Rota eigens für uns die Filmmusik komponiert; während die Klappe, diesmal eine »Schnapsklappe«, vorbereitet wird und die an der Einstellung beteiligten Team-Leute des Schweizer Fernsehens, das diesen Beitrag für das kulturelle Monatsmagazin dreht, sehnlichst auf das Kommando »Ton ab, Kamera läuft« warten; während sich dies alles simultan vor meinen Augen abspielt, sitze ich in einer Ecke des leeren Theatersaals, am Tisch Nummer 13 im C-Sektor, und versuche aufgrund der Notizen in den wachstuchenen Oktavheften mit dem brombeerroten Farbschnitt den autobiographischen Essay ›Wie ich im fünften Nebenberuf Amateurmagier wurde‹ ins Reine zu schreiben, zunächst in einer handschriftlichen Fassung für die dermaleinst meiner Wenigkeit gewidmete Vitrine in der Zentralbibliothek. Ab und zu ein Schluck Jack Daniels aus dem Flachmann, dann und wann ein Dannemann-Pierrot-Cigarillo. Das ist meine Welt: ein leeres, ein morgentaubes Theater in Rottönen, von Bordeaux bis Karmin, zugezogene Vorhänge, draußen im Regen der Quai-Verkehr.

Und ich erinnere mich an mein erstes Illusions-Erlebnis: im orange gestrichenen Singsaal des Menziker Gemeindehauses wurde, nach einem Satz aus der *Kindersymphonie*, eine Kasperle-Aufführung des Märchens *Von den Fischer un syne Fru* gezeigt. Wie der Papst im Torbogen des Schlosses verschwand, beschäftigte mich; hingegen noch mehr das Wunder, dass der an der Angel ins Publikum hängende Butt sprechen konnte. Als mir später ein mitgespielt habender Schüler verriet, der Lehrer hätte hinter dem Theater auf dem Bauch liegend dem Fisch seine Stimme geliehen, stellte sich la prima volta der Ecco-Effekt ein – und auch die Enttäuschung über das »Hintertreppenhafte der Sensation«. Das italienische Wort ›ecco‹ heißt einerseits »sieh da, da kommt«; anderseits aber auch »da hast du's«. Wenn ich, zweiunddreißig Jahre nach dieser Puppentheater-Desillusionierung zum Amateurzauberer avanciert, einen meiner bescheidenen Tricks zeige und er ausnahmsweise gelingt, sage ich immer: »Ecco!« Und über dieses »ecco!« lachen die Leute dermaßen, dass ich über das nötige Ablenkungsvolumen verfüge, die nächste Nummer vorzubereiten. Alles ist möglich, sagt Grazio Diabelli in der gleichnamigen Erzählung, in »niemandes Anwesenheit«. Tatsächlich gehen auch die professionellen Prestidigitateure, Wirbelwindillusionisten und Mikromagier genau nach dieser Methode vor. Eine Zaubervorführung scheint ein Perpetuum mobile an Verblüffungseffekten zu sein: einmal aber muss es in Bewegung versetzt werden, durch verbale Irreführung und Ausbeutung der Wahrnehmungslücke im Publikum. Das Publikum ist von Hause aus nicht dumm, wie die Comedy-Magic-Spezialisten immer behaupten (to fool the audience), es ist nur kein Mensch in der Lage, seine Sinnesorgane auf mehrere Vorgänge gleichzeitig zu konzentrieren.

Item: Schon als Kind beschäftigte ich mich – die Schulaufgaben mit der linken Hand erledigend – mit den schwierigsten Problemen der Transformations-Magie, zum Beispiel mit der Persönlichkeits-Transplantation. Ich nervte meine Mitschüler ständig mit der Frage: Wer in der Klasse möchtet ihr am liebsten sein, wenn ihr euch gegen einen andern austauschen könntet? Die Klasse war insgesamt – und das sei beileibe nicht zu ihrer Schande gesagt – solchen Personenrätseln nicht gewachsen. Und einmal auf dem Heimweg, in der

Grünaustraße, vor dem langgestreckten, mehltaugrünen Lagerhaus der Stumpenfabrik Weber & Söhne, wurde die Devise ausgegeben: Den prügeln wir durch. Einfach so, ohne Gerichtsverfahren. Ich war der Schwächste, ich war »dran«, und ich hatte die Denksportaufgabe zu lösen: Wie dribbelst du dich da raus. Also kam ich auf die hirnverbrannte Idee, meinen Peinigern je einen Stängel Süßholz von jenem Süßholzbaum zu versprechen, der – so schwörte ich – in unserem Garten wachse. Es ist mir heute noch schleierhaft, weshalb die Bande darauf einging. Auf jeden Fall wurde ich abgeführt bis vor das hintere Gartentor. Wo, wollten sie wissen, steht der Süßholzbaum? Ich zeigte auf einen Strauch zehn Meter innerhalb der Parkmauer. Wenn du das elterliche Terrain erreichst, so hoffte ich, bist du gerettet. Ich brach fünf Zweige ab, kaute dem Quartiersschreck Süßholz vor, und – ecco! – alle waren überzeugt, Süßholzgeschmack auf der Zunge zu haben. Noch heute atme ich auf vor Erleichterung, wenn ich die Bande in meiner Erinnerung abzotteln sehe, stolz auf die erpressten Lutschstängel. Zu den Erziehungsmaximen meiner Mutter gehörte das Wort: »Wer einmal lügt, dem glaubt man nicht, und wenn er auch die Wahrheit spricht.« Ich hatte den Satz in dieser Notsituation auf den Kopf gestellt: Man braucht nur kunstvoll genug zu lügen, dann wird einem die Unwahrheit abgekauft. Dass mein schauspielerisches So-tun-als-ob tatsächlich meine Befreiung zur Folge hatte, dies war, so glaube ich heute, eines jener Grunderlebnisse, die dazu führten, dass ich, nachdem ich der Theologie abgeschworen hatte, Künstler werden wollte, egal in welcher Sparte. Auch der Wunsch, als Pfarrer eine Kanzel zu besteigen, hatte mit Magie zu tun: mit der Disparition und mit der Apparition. Das einzig Interessante an den von der Friedhof-Großmutter mir abverlangten Kirchenbesuchen war jeweils der Augenblick, da der schwarze Vogel zu den Orgelklängen durch den Mittelgang schwebte, die Kanzeltreppe hochstieg und hinter dem Mauervorsprung des Chorbogens verschwand, bevor er vor der Gemeinde auftauchte. Er hätte ebenso gut für immer verschwinden, sich in nichts auflösen können. Das wäre ein meinen Bedürfnissen entsprechendes »Wunder« gewesen; dass Jesus Wasser in Wein verwandelte – nun gut, den Trick kannte ich aus meinem Zauberkasten.

Das Theatralische, das Circensische, das Magische: für mich liegt der gemeinsame Nenner in der Spannung zwischen dem, was sich vor und hinter den Kulissen abspielt. Als wir unsere eigene Puppenbühne hatten und im »Sälchen« des großväterlichen Gasthofs »Waldeck« jeweils in der Wintersaison Vorstellungen für die Menziker und Burger Schuljugend gaben, lag ich – wie der erwähnte Lehrer – auf dem Bauch, lüpfte die Seitendraperie und beobachtete, wie die Kinder in den vorderen Reihen auf das Regengeräusch reagierten, das wir mit getrockneten Erbsen simulierten, die in einem Kartondeckel hin und her rollten. Als der Circus Knie ausnahmsweise einmal in Menziken auf der Fluckmatt gastierte (anstatt turnusgemäß im benachbarten Reinach), verfolgte ich die Vorstellung vom Artisteneingang aus und schrieb den obligatorischen Aufsatz – was fällt den Deutschlehrern anderes ein, als immer die aktuellsten Erlebnisse der Schüler auszubeuten? – unter dem Titel ›Circus von hinten‹. Dabei hatte ich Borra, dem Dieb von Bagdad, sehr genau auf die Finger geschaut. Einen angehenden Diabelli musste man natürlich nicht mit einer »Zigarettenmechanik« und schon gar nicht mit der Daumenmuskelpalmage bluffen wollen. Ich habe immer sehen und wissen wollen, »wie's gemacht wird«; meine Gier, hinter die Kulissen zu blicken, war und ist unersättlich. Tatsächlich habe ich im Alter von fünf Jahren mit der Stoffschere meiner Mutter die Ziehharmonika aufgetrennt, die spielen zu lernen mir aus musikpädagogischen Gründen verboten worden war, und bin dem Geheimnis, wo und wie die zauberhafte Musik erzeugt wird, insoweit auf die Spur gekommen, als ich erkannte: »Nur staubige Falten, faule Luft« und billiges Blech-Holz-Gekröse. Als es bei der Vorbereitung zur *Chinesischen Mauer*, die das Kantonsschüler-Theater 1958 im Aarauer Saalbau aufführte, um die Rollenverteilung ging, meldete ich mich als Beleuchter, um von meinem Sitz aus ungestört die auf der Bühne präparierten und produzierten Effekte im Zuschauerraum überprüfen zu können.

Diabelli habe ich als Transvestiten in Sachen Künstlichkeit und Natürlichkeit bezeichnet. Ich war der Special-Effects-Maestro auch im existentiellen Bereich, und letztlich ging und geht es ja um den Blick hinter die Kulissen des Todes. Zu den beiden Hauptereignissen unseres Lebens, zu Geburt und Tod, haben wir nichts zu sagen: also kann unser Beruf nur der sein, was hinter den Kulissen der Geburt und hinter den Kulissen des Todes geschieht, auszuleuchten, im Falle des Schriftstellers: mit Worten, Fiktionen. Der Tragödie, dass wir weder über den existentiellen Introitus noch über das Exitusgeschehen Bescheid wissen, kann man als Schreibender nur mit Komödien und Grotesken, als Zauberer mit Comedy-Magic begegnen. Von Finsternis zu Finsternis gilt die Devise »Perire et delectare«. Schreiben ist keine Tätigkeit, sondern eine Existenzform, eine mit Hilfskonstruktion vorweggenommene Quadratur des Zirkels.

Zum ›Diabelli‹-Stoff kam ich über den Umweg eines Hesse-Titels, *Kindheit eines Zauberers.* Ich notierte mir, als ich das Buch, nach einem Totalschaden mit dem Auto noch einmal davongekommen, zufällig in einem Schaufenster stehen sah, weil ich zu Fuß das Stationsgebäude der Schweizerischen Bundesbahnen in Baden aufsuchen musste, im Raucherabteil des Bummelzuges: »Bizarre Kindheit eines Zauberers: rote Gemächer, rote Windeln. Ich hatte die allerbizarrste Kindheit, und mein Wunsch, Magier zu werden, war die logische Konsequenz aus dieser Bizarrerie. Ich wollte die Menschheit als die kälteste erfahren und als die verblüffteste zum Publikum haben. Wahrscheinlich bin ich mit einem doppelten Kondom gezeugt worden. Meine Rachsucht als Entertainer ist unerschöpflich.« Etwas später kam der Satz hinzu: »In sich das Gefühl dafür abtöten, was echt, was gespielt ist:

der Natur fällt ja, was die Jahreszeiten betrifft, grundsätzlich auch nie etwas Neues ein, der Kirschbaum tut
nur so, als ob er blühe, in Wirklichkeit inszeniert er das
Blühen; er hat, was er kann, bei der Erschaffung der
Welt auswendig gelernt und geübt, als es noch keine
Menschen, das heißt kein Publikum gab.« Der Rest war
Fremdsprachenunterricht. Ein Vocabulaire anlegen und
lernen, was ›eskamotieren‹, ›palmieren‹, ›filieren‹, ›glissieren‹, ›voltieren‹ heißt, was eine ›Charlier-Volte‹ ist
und wie der Nelson-Downs-Drehmünzen-Griff funktioniert. Ich will hier nicht extemporieren, wie der Autor
bei der Arbeit vorgegangen ist, sondern zu erklären versuchen, worin ich die Parallelen zwischen Zauberei und
Schriftstellerei sehe.

Das berühmte Ateliergespräch zwischen Lisaweta
Iwanowna und Tonio Kröger: »Was aber das ›Wort‹ betrifft, so handelt es sich da vielleicht weniger um eine
Erlösung als um ein Kaltstellen und Aufs-Eis-Legen der
Empfindung? Im Ernst, es hat eine eisige und empörend
anmaßliche Bewandtnis mit dieser prompten und ober-
flächlichen Erledigung des Gefühls durch die literarische Sprache. Ist Ihnen das Herz zu voll … Sie gehen
zum Literaten, und alles wird in kürzester Frist geregelt
sein. Er wird Ihnen Ihre Angelegenheit analysieren und
formulieren, bei Namen nennen, aussprechen und zum
Reden bringen, wird Ihnen das Ganze für alle Zeit erledigen und gleichgültig machen und keinen Dank dafür
nehmen. Sie aber werden erleichtert, gekühlt und ge-
klärt nach Hause gehen und sich wundern, was an der

Sache Sie eigentlich soeben noch mit süßem Tumult ver-
stören konnte. Und für diesen kalten und eitlen Scharla-
tan wollen Sie ernstlich eintreten?« Kurz zuvor erzählt
Tonio Kröger die Geschichte des Bankiers, der in seiner
Freizeit Novellen schreibt und aus triftigen Gründen eine
schwere Freiheitsstrafe zu verbüßen hatte. Erst in der
Strafanstalt sei er seiner Begabung innegeworden, seine
Hafterfahrung bildete das Grundmotiv seiner Produktionen. »Man könnte daraus, mit einiger Keckheit, folgern,
daß es nötig sei, in irgendeiner Art von Strafanstalt zu
Hause zu sein, um zum Dichter zu werden.« Ecco! Damit ist die aus drei Unbekannten bestehende Gleichung
auf dialogischer Ebene in novellistischer Form für die
erste Hälfte des 20. Jahrhunderts gelöst: K = H + M =
die Künstlerschaft ergibt sich aus dem Teufelspakt der
Summanden Haft und Magie.

Als ich in jenem katholisch geführten Kinderheim
hoch über dem Walensee als Fünfjähriger dafür büßte,
dass meine Eltern an einer Konferenz der Moralischen
Aufrüstung in Caux hoch über dem Lac Léman teilnahmen, habe ich mein Sträflingsdasein mit Buntstift-Magie
überwunden: Ich habe Tag für Tag in den Stunden, da
mich meine Peiniger in Ruhe ließen, gezeichnet, ich habe
den Kubismus noch einmal erfunden, ich habe meine
Sujets in Simultanperspektive wiedergegeben. Und dies
war doch ein Hinter-alle-Kulissen-Blicken! Einen Buick,
einen Chevrolet, einen Studebaker, einen Nash en face
zu zeichnen: langweilig. Man musste zugleich die Küh-
lerschnauze und die Heckpartie und das Dach und den

Boden sehen. Nur so war es ein ›ganzes‹ Auto. Diese meine Universal-Limousinen mit violetten Kotflügeln und kanariengelben Schiebedächern habe ich dann zu Hause meinen zahlreichen Tanten und Verwandten verkauft, das Blatt zu einem Preis von einem Franken. Und wenn ich beim nächsten Besuch entdeckte, dass meine Bilder gar nicht aufgehängt, sondern auf dem Harmonium oder auf der Nähmaschine oder dem Zeitschriftentischchen unter dem Blindenkalender ad acta gelegt worden waren, nahm ich sie in einem unbeobachteten Moment wieder an mich und verkaufte sie ein zweites und drittes Mal. Das war eine kindlich-unschuldige Eskamotage aus ökonomischem Instinkt: mit dem Erwerb kaufte ich meinen ersten Zauberkasten. Vielleicht hieß der Kasten von Franz Carl Weber auch »Der kleine Alchemist«, ich weiß es nicht mehr genau.

Schreiben heißt von der Frage ausgehen: Was wäre, wenn ...; der Prestidigitateur und Großillusionist lässt die Entwicklung eines Tricks als natürliches Resultat und logische Konsequenz künstlich unterschobener Ursachen erscheinen. Wenn ich sage: Meine Damen und Herren, ladies and gentlemen, ich zeige Ihnen nun ein präpariertes Kartenspiel – und dazu den Fächer schlage –, dann ist das Spiel natürlich nicht präpariert. Alle konzentrieren sich darauf, das Ordnungsprinzip der Blätter herauszufinden, und während sie mit dieser Aufgabe beschäftigt sind, bereite ich vor, was man mit einem beliebigen Spiel zeigen kann, sofern einem niemand auf die Finger schaut.

Beim Schreiben, so könnte man sagen, ist der Ablauf ein reziproker. Der Autor wälzt einen Stoff, zu dem er alle Materialien im Zettelkasten oder in den Notizbüchern bereit hat, aber den ›Schlüssel‹ nicht findet. Das heißt: er weiß genau, dass er etwas sagen will und zu sagen hat, aber er weiß im Grunde nicht, wovon er spricht, *was* über ihn als verbales Stellwerk zur Sprache kommt. Diabelli sagt, im Rahmen seiner »Abschiedsvolte« für Baron Kesselring sei die Frage, wie's gemacht werde, weniger wichtig als die Frage, »*warum* es gemacht wurde«. Hier spricht er im Namen des Autors, der während des Schreibprozesses alles wissen darf, nur das eine nicht, was die Diskutanten nach Lesungen immer wissen wollen: Warum schreiben Sie? Bestünde nicht diese ewig quälende Diskrepanz zwischen dem Wie und dem Warum, dem Instinkt einerseits, die richtige Fabel und Sprache zu finden, der totalen Unwissenheit anderseits, was den zentralen wunden Punkt betrifft, keiner würde die Mühe auf sich nehmen, an einer Schreibmaschine jedes einzelne Wort auch noch buchstabenweise zusammenzusetzen. (Man stelle sich, nebenbei gesagt, einen Maler vor, der jedes Rot für jeden Pinselstrich neu herstellen müsste!) Aus diesen Gründen ist der Autor nach Abschluss eines Manuskripts, da er noch keinerlei Distanz zu seinem Werk hat, dem Verleger oder Lektor völlig ausgeliefert. Sagt der kritische Leser: Das ist ein Mist, neigt er dazu, es ihm zu glauben.

Und nun kommt die reziproke Figur, der Magier. Er geht, wie gesagt, nicht von der Frage aus: Was wäre, wenn ..., sondern er erklärt: »Hier haben wir ein Rohr, das ist innen hohl, Sie können hindurchgucken, Sie können es überprüfen.« Alle Welt muss aufgrund der Sinneseindrücke bestätigen: Dem ist so. Aber nichtsdestotrotz holt der Prestidigitateur mit einer blitzschnellen Handbewegung ein Seidentuch nach dem andern hervor: rot, grün, gelb, blau, violett, die ganze Farbenskala. Wie macht er das, wie ist das möglich? »Dies, meine Damen und Herren, zu erraten, überlasse ich Ihrer Phantasie.« An diesem Punkt schneiden sich die parallelen Geraden des Schriftstellers und des Zauberers sozusagen im Unendlichen. Beide sind auf die Phantasietätigkeit des Publikums angewiesen. Sartre schreibt, das Lesen sei eine »création dirigée«. Die chinesische Schaukel mit vier ineinandergeschlagenen Metallringen ist auch eine »création dirigée«, mit dem Unterschied, dass sie, außer Verblüffung, nichts bewirkt. Literatur sollte über den artistischen Effekt hinaus etwas in Gang bringen. Dürfte man daraus folgern, der Schriftsteller, der als Hobby ein bisschen zaubert, wenn auch dilettantisch, sei ein »Hungerkünstler«, der, damit er den strapaziösen Beruf des Hungerkünstlers aushält, zwischendurch ein Gabelfrühstück zu sich nimmt? Da ich im Hauptberuf Schriftsteller bin, weiß ich es ehrlicherweise nicht. Das Wort ›ecco‹ verbietet sich in diesem Zusammenhang. Beide, der Schriftsteller und der Zauberer, bedienen sich beim Sprechen der ›Allegorie‹. Das Wort geht auf das griechisch-lateinische ›allegoria‹ zurück, das ›anders reden‹ bedeutet. Der Magier erzeugt die Inkongruenz zwischen Begleitvortrag und Trickhandlung zwecks Ablenkung von dem, was das Publikum nicht sehen darf. Der Schriftsteller redet ›anders‹, ›uneigentlich‹, weil er nur so auf das Eigentliche hindeuten kann, was auf direktem Weg nicht auszudrücken ist.

Zur Abrundung und Auflockerung meines Versuchs über den Antagonismus von Metaphern- und Requisiten-Magie noch ein paar Anekdoten und Pannen aus meiner Praxis als Prestidigitamateur. An einem Empfang an der Frankfurter Buchmesse kam ein Verleger auf die unselige Idee, Diabelli für eine kurze Mitternachtsshow zu engagieren. Ich bereitete alles vor an meinem Tischchen in der Ecke beim Flügel der Jazz-Band, unter anderem drei Glocken für meine Version des Bechertricks. Da kam eine Dame und fragte, ob sie sich eine Glocke ausleihen dürfte, um dem Kellner damit ein Bimmelzeichen zu geben, sie kriege nämlich nichts zu trinken. Obwohl ich genau wusste, diese Glocke siehst du nie wieder, habe ich sie aus der Hand gegeben in Anbetracht der respektablen Schönheit dieser Person. Da das Requisit tatsächlich nicht retourniert wurde und also als definitiv verschollen zu gelten hatte, konnte ich das betreffende Kunststück nicht zeigen, was zur Folge hatte, dass mir aus Ärger über die verpatzte Introduktionsnummer alles missriet. Als ich nach Ende der ›Vorstellung‹ völlig geknickt meinen Krimskrams in den Koffer packte, kam unter der zweiten Glocke eine goldene Damenuhr zum Vorschein. Obwohl es unwahrscheinlich anzusehen war, dass jemand unter meiner Glocke eine Uhr verloren hatte, meldete ich den Fund beim Patron. Er sagte: Die Dame hat Ihnen was genommen und was gegeben und lässt fragen, ob Sie mit dem Tausch einverstanden seien. Ecco! Ein andermal zeigte ich an einem Tisch vor zwölf Personen den bekannten Uri-Geller-Trick mit dem verbogenen Löffel, auf meine Weise, das heißt: ich knickte einen vergoldeten Waterman-Füller, nahm ihn hernach in beide Fäuste und zerbrach ihn vor aller Augen, das heißt: er hat sich in nichts aufgelöst. Da sagte mein Vis-à-vis: Das kann ich auch. Er bat um das Requisit. Ich in meinem Dilettantismus händigte ihm das kostbare Schreibzeug aus. Er nahm den Füller, magische Formeln murmelnd, langsam vom Tisch auf, umballte ihn mit beiden Fäusten, drückte, drückte, und – knack – er war wirklich entzwei. Wissen Sie, sagte er darauf, ich bin Großunternehmer, das heißt: ein Zerstörer. Ecco!

Präsente und Diebstähle halten sich in etwa die Waage. Nach dem erwähnten Verlagsempfang kam eine Blondine, eine norddeutsche, zu mir und bat: Zaubern Sie mir den Herz-Buben herbei. Da ich gerade ein Spiel aus lauter Herz-Königen in der Pochette hatte, wollte ich einen Herz-König anbieten. Sie aber beharrte auf dem Herz-Buben. Sintemal ich ihr nicht nur das Sternzeichen – Wassermann –, sondern auch den Geburtstag dank äußerster Konzentration der mentalistischen Fähigkeiten hatte sagen können, fasste ich Mut und fragte: Wo sitzt er? Sie versetzte: In der Revolutionsregierung von Nicaragua. Diabelli musste sich für einmal geschlagen geben, aber die Blondine gab keine Ruhe und lag mir bis zur Stunde des Wolfs, als die letzten Gäste frische deutsche Morgenluft atmeten, mit ihrem Revolutionär in den Ohren. Ich hab' dann noch ein Telegramm aufgesetzt, das wahrscheinlich nie angekommen ist!

Zum Schluss noch ein Tipp für Zauberlehrlinge: Es gibt, wie wir aus der Ballade von Goethe wissen, das eine Malheur, dass die »Geister«, die man gerufen hat, nicht mehr zum Verschwinden zu bringen sind, das heißt, dass wohl die Apparition klappt, nicht aber die Disparition. Das andere, das kleinere Übel ist für einen Vollblutartisten das größere: dass die Geister das Stichwort nicht kennen und den Auftritt verschlafen. Dann gibt es nur eine Lösung: die Panne in den Trick einbauen wie Auzinger, der, als er im Schwarzen Kabinett die königsblaue Seidendecke vom Schimmel wegdrapierte, aus dem Gelächter des Publikums schließen musste, dass der Lipizzanerhengst nicht ganz verschwunden war. Tatsächlich sah man noch den Schwanz. Hat Auzinger kapituliert? Mitnichten. Am nächsten Abend zeigte er das Verschwinden eines Pferdes auf offener Bühne genauso wie am Vortag, und alles lachte über den weißen Schweif. »Wer zuletzt lacht«, sagte Auzinger, »lacht am besten!« Ging hin, hängte den Schwanz ab und steckte ihn zur allgemeinen Verblüffung in seinen orientalischen Mantel. Ecco!

Der Kongress der Zauberer

Gewiss, Schreiben ist eine höhere Form der Schwindelhuberei: sag eine Lüge, lautet ein Sprichwort, so hörst
du die Wahrheit, doch dies ist keine getrickste Fiktion
mit doppeltem Boden und dreifacher Ladung. Nicht nur
Ärztinnen, Wirtschaftsmanager, Atomphysiker und Philatelisten führen Jahreskongresse durch, auch die einzigen Märchenerzähler, die das 20. Jahrhundert noch
kennt, die Zauberkünstler. Als halbwegs mit der Materie
vertrauter Amateur, der sich einen Teil seiner Unschuld
bewahrt hat – noch immer versetzt mich die Zig-Zag-Il-
lusion in helles Entzücken –, wollte ich endlich mal wissen, was es damit auf sich hat. Ist ein Magierkongress
ein Schaulaufen von Spitzenartisten oder ein Trocken-
blumenstrauß von mysterioakademischen Referaten?
Wird da das Geheimwissen der Zunft zelebriert oder
vermittelt? Wie gelingt es, die allermimosenhaftesten
Individualisten des Showbusiness unter einen Chapeau
claque zu bringen? Wo treffen sich die Täuschungsvirtu-
osen, Wirbelwindillusionisten und Mikromanipulatoren,
in einem »Magischen Theater« mit versteckten Servan-
ten von Klubräumen und Binnenvarietés, das von außen
als Kopfbahnhof getarnt ist? Oder in irgendwelchen Ber-
muda-Lokalitäten des Magischen Zirkels in tiefster Ver-

schollenheit und nur nachts? Gibt es noch eine andere Öffentlichkeit als die der Insider?

Weil mir alle diese Fragen im Grunde seit Jahren keine Ruhe mehr ließen, meldete ich mich ganz ordnungsgemäß auf dem Formularweg als »Diabelli« für den Kongress des Magischen Zirkels der Bundesrepublik vom 8. bis zum 11. Mai [1986] in Frankfurt an. Dieses Vorgehen entspricht der leichtesten und sichersten Technik, den Pik-Buben zu forcieren. Man verwendet tolldreist ein Spiel aus lauter Pik-Buben. Da der Zuschauer so anständig ist, es nicht kontrollieren zu wollen – man suggeriere ihm ja kein Kontrollbedürfnis –, funktioniert dieser Trick zur Verblüffung aller. Noch kühner gab sich der berühmte amerikanische Mikromagier Bob Little an der Close-up-Gala. Er schleuderte ein Spiel in die Luft, fing eine Karte auf und rief ins Publikum: »*Name a card, name a card!*« Als eine Dame Herz-Zehn rief, drehte er sie um und strahlte: »*Ten of heart*«. Wie das funktioniert? Ganz einfach. Der Zauberer verrät ja nie im Voraus, was er machen wird. Hätte die Dame Kreuz-Sieben gerufen, hätte Bob Little seine Karten zerrissen und gelacht: »*Forget it*«. Einen solchen Abgang kann man sich aber nur dann leisten, wenn man sich der ›Comedy Magic‹ verschrieben hat, seine Tricks mit vorsätzlichen Pannen und Clownerien würzt. Aber damit sind wir schon mittendrin, und ich wollte, so weit es das Thema zulässt, der Reihe nach erzählen.

Das Paradies der Amateure

Zunächst traf mich fast der Schlag. Einen ernüchtern-
deren Tagungsort als das rundum betonierte Nordwest-
zentrum in der Nordweststadt von Frankfurt hätte sich
die Kongressleitung kaum aussuchen können. Hier in
dieser auch kulinarisch verwaisten Satellitenwüstenei
an ein Wunder zu glauben, konnte wohl nur einem
Blinden möglich sein. Mein Begleiter, der Magier
Deutschlands aus dem Jahre 1981, Wolff Baron von
Keyserlingk, der sogenannte Zauberbaron, überbrückte
diese Arrivée-Krise geschickt, indem er mich gleich
nach den Einlassformalitäten – »dies ist mein Freund
Diabelli aus der Schweiz« – ins Reich der Amateure
führte, zu den kunterbunten Ständen der Händlermesse.
Wohl wissend, was er tat, hatte er mir zuvor die Brieftasche entwendet, ansonsten wäre ich Gefahr gelaufen,
meine gesamte Barschaft zu verjubeln, bevor der Kongress begann.

Hier leuchteten all die Namen auf, die einem sonst
nur aus traktätchenhaften Katalogen und Werbezetteln
vertraut sind: Magic by Boretti, Kellerhof, Klingsor, Me-
phisto-Huis, Western Twist. Die Farben Pink, Dottergelb
und Eukalyptusgrün dominierten. Hier an diesem Jahrmarkt der Illusionen präsentierte sich alles grell gefä-
chert und elegant hindrapiert, was das Herz begehrt,
schwarzsamten, goldbronziert und lamettagesprenkelt:
Zombie-Kugeln, Taubenkasserollen Dove Pan mit doppelter Ladung, Chinese Sticks Partyausführung, Chicago-

Billardballs, Diminishing Banknotes, Buatier de Koltas Wunderröhre, Farbrauchtabletten, Chinesische Ringe, dazu *Dai Vernon's Symphony of the Rings*, Original und Übersetzung, Zauberseil am Meter, Svengali-Karten, Fünf-Mark-Mystic-Coins, Hopp-Hopp-Kaninchen, Herz-Damen-Foulards, Mirakelmilch, die Reisenden Knoten nach Pavel. Und alle diese Requisiten wurden einem auf Wunsch vorgeführt und erklärt, bevor man sie kaufte. Das ist in den Zauberboutiquen sonst nicht üblich. Da glitt ein schwarzer Würfel lautlos durch zwei quer in ein Silo geschobene Metallplatten, da druckte ein Rumäne Hundert-, Fünfzig- oder Zwanzigmarkscheine am laufenden Band und verwandelte sie wieder in Blankozettel, da inszenierte ein Fachmann die Chamäleon-Chips-Routine zur *Unvollendeten* von Schubert, ein vollendetes Ballett der Finger als Kautschukakrobaten.

Hier, kommentierte der Baron, tummeln sich nur die Amateure, die auf sogenannte Selbstgänger scharf sind, Kunststücke, die sich ohne Fingerfertigkeit oder mit Hilfe von Elementargriffen zeigen lassen. Eine Goldmünze scheint deshalb aus der transparenten Dose verschwunden zu sein, weil ihre Rückseite mit dem grünen Filz der Vorführmatte beklebt ist. Der Effekt des Schwarzen Kabinetts en miniature. In der Tat gilt das Gesetz: je komplizierter und größer die Maschinerie, desto einfacher die Handhabung. Der Apparat tritt an die Stelle des Magiers. Dagegen: Was lässt sich nicht alles anstellen mit dem einfachsten Instrument der Welt, mit einem Spiel Karten!

Während mein Hermes nun eine Geheimunterredung hatte mit Serrano und Acácio da Silva, schickte er mich in den Lichtbildervortrag von Höller über die Entwicklung der Zauberplakate. Die Affichen im 19. und frühen 20. Jahrhundert hatten vor allem zwei Funktionen: den königlichen Illusionisten in einer dickbalkigen Schrift als den absolut Einzigen und Größten zu propagieren und einen Vorgeschmack auf sein Programm zu geben. Houdini kauerte grell koloriert wie ein Embryo in seiner Folterwasserzelle. Kellar beschwörte die kataleptisch schwebende Dame mit Eisblitzen, die aus den Fingerspitzen zuckten. The Chung Ling Soo Mysteries kamen als gigantische Chinoiserie von Tüchern und fernöstlichen Requisiten daher. Als Attribute immer wieder Fledermäuse und indianerhäutige Teufel, die dem Künstler über die Schulter guckten. Die Vorführung erinnerte etwas an die Dämmerstunden von Privatdozenten im Kunsthistorischen Seminar der Universität, nur saßen im Auditorium keine verbummelten Testatheischer, sondern lauter Unikale, Unvergleichliche, Solipsisten, Alleinunterhalter, Kings. Und doch blieben sie anonym in ihren Straßenanzügen, Pullovern und Lederjacken. Ohne Fluidum. Stünde über dem Eingang zum Kongresszentrum nicht »Festival der Magie«, wähnte man sich nicht unter Kaninchenzauberern, sondern unter Kaninchenzüchtern.

Doch wo immer sich ad hoc eine kleine Gruppe bildete, musste man stehenbleiben, denn da gab es etwas zu sehen. Der hochspezialisierte Taschendieb Harrison zeigte ein paar Kollegen, wie man einem Opfer die Brille entwendet. Man stiehlt ihm zuerst die Brieftasche, klopft den Verdutzten überall penetrant ab – »Haben Sie Ihre Brieftasche noch?« – und winkt mit dem Etui dicht vor den Augen. Diesen ›blinden‹ Moment nützt man aus, indem man ihm just jetzt, da er mit seinem verlorenen Geld ›hypnotisiert‹ wird, den Brillenbügel hochschiebt. So wird er Zug um Zug matt gesetzt. Am Schluss fragt der Taschendieb, die Brille seines Kunden auf der eigenen Nase: »Fehlt Ihnen nichts, haben Sie alles?« Ich erinnerte mich an die Auftritte Borras im Circus Knie. Dass der Verdatterte nun überall sucht, nur nicht auf der Nase seines Herausforderers, hat nichts zu tun mit Kurz- oder Weitsichtigkeit, sondern mit dem »Röhrendenken«, mit Arturo de Ascanio y Navaz' Theorie von der Licht- und Schattenzone der Wahrnehmbarkeit sowie mit dem Timing der »überleitenden Bewegungen«.

Roberto Giobbis Cardworkshop

Darüber wollte ich von Piet Forton und Wolff Baron von Keyserlingk bei einem Haschee in der Bürgerstube – Zauberer halten sich an die Tageskarte – mehr wissen, doch zuerst Roberto Giobbis phänomenales Seminar in Kartomagie. Das viertägige Programm versprach Händlerdarbietungen, Lichtbildervorträge, Close-up-Galas, mikromagische Kostbarkeiten, ein Festival der Zauberkunst, ein Damenprogramm, Zauberei für Kinder, den

Ball der Magie als Kontrapunkt zum Flohmarkt und eben Seminare von Prominenten wie Klingsor, Dick Koornwinder, Pavel und Herbert M. Paufler. Roberto Giobbi aus Basel ist berühmt für seine intellektuell ausgetüftelten und literarisch eingekleideten Card Stories. Hier ein Beispiel: ›The Time Machine‹. Ich versuche den Effekt und das Handling so zu beschreiben, dass jeder Leser diesen wunderschönen Trick einstudieren kann. Zunächst, was man sieht: Ein Spiel, das in die roten und schwarzen Karten getrennt ist, wird in drei Phasen dem Prozess der Vergänglichkeit unterworfen. Zuerst werden die roten und die schwarzen Karten gemischt, dann wird das Spiel bildoben-bildunten durcheinandergebracht, und schließlich wird die zufällig oben liegende Karte, sagen wir das Karo-Ass, mitten ins Paket gesteckt. Dieses kommt jetzt in die Zeitmaschine – symbolisiert durch eine Sanduhr – und wird in der Zeit zurückversetzt. Tatsächlich: Das Karo-Ass erscheint wieder oben, sämtliche Karten liegen wieder bildunten, und die Anordnung rot-schwarz scheint niemals angetastet worden zu sein.

Man beginnt den Vortrag mit H. G. Wells 1895 veröffentlichter Erzählung *The Time Machine*. Darin schildert der Autor einen Mann, der sich mithilfe eines technischen Wunderwerks auf der Zeitachse vor- und zurückbewegen konnte. Man kann den Effekt auch mit der Dramaturgie der Permutation in Max Frischs Stück *Biografie, ein Spiel* illustrieren, denke aber immer daran, dass sich Einkleidung und Trickhandlung inkongruent zueinander verhalten müssen. Auch Einsteins Relativitätstheorie ist brauchbar. Die Worte und intellektuellen Assoziationen sind dazu da, Narrenspuren zu legen.

Roberto Giobbi erklärte in seinem Seminar Phase um Phase, Griff um Griff, aber erst nachdem ihm das Allerschwierigste gelungen war: seine Kollegen zu verblüffen. Sie applaudierten auf offener Szene. Nebenbei gesagt, bestätigte mir der Kongress, dass der Fachmann das Nicht-wissen-wie's-gemacht-Wird noch viel schlechter erträgt als der Laie, sich also insofern nicht vorbildlich für das Publikum verhält. Aber auch die Magier verraten einander nicht alles. Die wirklichen Renner, die den persönlichen Stil prägenden Triumpheffekte behält jeder für sich.

Zur ›inneren Wirklichkeit‹ der ›Time Machine‹: Die letzte Karte der roten Serie im Spiel ist mit einem Crimp (eingebogene Ecke) präpariert. Das Spiel wird nun falsch abgehoben und falsch gemischt. Man nennt diese Technik nach dem großen Maestro Dai Vernon Rot-schwarz-Riffle-Shuffle (siehe Erklärung aus dem Seminarheft). Natürlich kann man auch einen Shank-Shuffle mit Block-Transfer anwenden, doch wird die Idee des Mischens beim Riffle-Shuffle visuell besser vermittelt. Bei Dai Vernons Methode kommt noch eine Finesse hinzu. Man breitet das deutlich verzahnte Kartenband auf dem Tisch aus, Rückseite nach oben, und lässt den Zuschauer egalisieren. Der Zauberer zieht ihn immer dann bei, wenn entweder noch nichts oder nichts mehr zu verderben ist.

Nun gilt es, den zweiten natürlichen Zustand zu zerstören. Alle Karten liegen bildunten. Der Crimp ist von vorne unsichtbar. Man teilt das Spiel bei der eingebogenen Ecke, hält Paket eins bildunten und Paket zwei bildoben und mischt die rechte Hälfte mit einem Shank-Shuffle unter die beiden obersten Karten der linken und sagt etwa: Jetzt liegen die Karten vollkommen durcheinander, das totale Chaos. Permanente Inkongruenz. Wenn der Zuschauer nun kontrollieren will – doch die Unsitte des Untersuchenlassens ist ein Denkfehler des Magiers –, kann man ihn natürlich nicht daran hindern, dann wendet man die Giobbi-Technik des doppelten Abhebens beim Injog an, und siehe, die Karten sind schwarz-rot und bildoben-bildunten total verzettelt.

Um das inzwischen geglättete Karo-Ass anscheinend in die Mitte zu bringen, wenden wir ganz einfach das Doublieren an, dann brauchen wir nicht einmal zu palmieren oder zu kolorieren. Dann wird das Spiel bandförmig ausgelegt und mit dem Hofzinser-Ziergriff umgekippt: Die Ausgangslage ist wieder hergestellt. Roberto Giobbi sagte: »Die Präsentation mit der Sanduhr ist für das Gelingen des Kunststücks ausschlaggebend: Sie dient dazu, das abstrakte Konzept der Zeit für jedermann verständlich zu visualisieren. Damit gelingt es auch, die Idee des Kunststücks auf entfernter sitzende Zuschauer zu projizieren.« Als Schlussgag empfiehlt sich ein Bonmot, etwa: Das Schöne ist, dass wir nun alle drei Minuten jünger sind. Wer sich noch detaillierter für die geschilderten Griffe interessiert, dem sei Lewis Gansons Buch empfohlen: *Dai Vernon's More Inner Secrets of Card Magic.*

Die Steuerung der Aufmerksamkeit

Seinen Erfolg bei den Berufskollegen und beim Publikum verdankt Roberto Giobbi nicht primär der Handfertigkeit, sondern dem psychologischen Raffinement. Er hat den Essay ›Das Timing und die Theorie der überleitenden Handlungen‹ des von ihm so verehrten Arturo de Ascanio y Navaz ins Deutsche übertragen. Nach Ascanio unterscheidet sich das menschliche Auge von einer Kamera dadurch, dass es Vorgänge von besonderem Interesse und Nebenhandlungen unterscheidet, also das Bild in eine Licht- und in eine Schattenzone einteilt. Man könnte auch sagen, in eine aktive und in eine passive. Deshalb ist es so leicht, die Wahrnehmung des Zuschauers zu lenken. Was Sartre von der Lektüre sagt – *»la lecture est création dirigée«* –, gilt umso mehr für den wunderbaren Effekt. Wenn ich mit der rechten Hand, in der sich eine Münze befindet, die Brieftasche aus der Jacke nehmen will – und diese Handlung dem Zuschauer signalisiere –, muss ich die Münze als »Nebenhandlung« zuerst in die Linke übergeben. Das Publikum konzentriert sich auf den Hauptakt und nimmt so nicht wahr, dass ich vielleicht eine Scheinübergabe mache. In dieser »Schattenzone« gilt es die Trickhandlung zu verbergen.

Wenn ich, am Tisch sitzend, in der vollen Aktion eine Goldmünze zeige, mit dem Oberkörper nach vorne gehend, registriert der Zuschauer nicht, was in der Reaktion – Oberkörper und Hand entspannt – passiert, obwohl das Entscheidende gerade dann passiert. Der Magier steuert in der Simulation und Dissimulation die Prioritäten, die der Zuschauer setzen soll, und dies funktioniert sogar bei einem Publikum von Illusionisten und Prestidigitateuren. Wir können diese Sehgewohnheit nicht abstreifen. Kunst besteht darin, die Spontaneität dem Bewusstsein zu unterwerfen, sagt Juan Ramón Jiménez, und das gilt in besonderem Maße für die Weiße Magie. Ascanio schreibt: »Die Kunst des Timings besteht folglich darin, die Trickhandlung, die zur Erzielung des Effekts notwendig ist, in eine der sekundären und verbindenden Handlungen des Bewegungsablaufs unterzubringen.«

Gesetzt den Fall, Roberto Giobbi will eine verborgene Karte in seine Brieftasche schmuggeln. Er muss diese Bewegung legitimieren. Also simuliert er eine neue Primärhandlung. Er holt den Kugelschreiber aus der Jacke, um etwas signieren zu lassen, was nicht von Belang ist. Der Zuschauer denkt: Signieren – Kugelschreiber – Rocktasche – Tisch, logisch. Diese Handlung liegt im Licht der Aufmerksamkeit. Im Schatten liegt, dass die Hand zur Vestoninnentasche geht, um dort das Portefeuille zu »laden«. Das war zumal in den Seminaren dieses Kongresses das Beeindruckende: Jede natürlich wirkende Bewegung ist choreographisch genau einstudiert, kein Signal wird dem Zufall überlassen. Magie ist die außernatürliche Wirkung scheinbarer Ursachen.

Nun reagiert der Zuschauer ganz verschieden auf diese Durchbrechung der Kausalzusammenhänge. Wolff Baron von Keyserlingk erzählte, eine Versuchsperson habe die gezogene Karte nicht angeschaut, sondern kurzerhand zerrissen. Hernach die vier Asse zerrissen. Und ein anderer habe ihn wie ein tollwütiger Hund in die Hand gebissen. Mir zerstörte einmal ein Betrunkener meinen vergoldeten Füller, den ich zum Schein zerbrochen hatte. Er sagte: »Das kann ich auch!« Und halbierte das Schreibgerät. Diesen Typus darf man im Grunde nie zu seinen Experimenten beiziehen. Er hält die Divergenz zwischen der ›inneren‹ und der ›äußeren‹ Realität nicht aus. Normalerweise lacht der unterhaltene Zuschauer. Er reagiert genau nach Freuds Theorie des Gefälles zwischen den zwei Ebenen eines Witzes, indem er die Fallhöhe lachend überbrückt. Der Magier spielt mit, er sollte aber nicht auf Kosten des Publikums, sondern mit dem Publikum lachen und selber erstaunt sein über den Effekt, den er produziert hat.

Die Zukunft gehört der Close-up-Magie

In der Close-up-Gala zur Unterhaltung der Zauberer ließen sich die psychologischen Mechanismen genau studieren. Wolff Baron von Keyserlingk verbrannte eine Fünfhundertmarknote aus dem Publikum, die er vorher durch eine ›Vertrauensperson‹ signieren ließ, in einem

Kuvert. Das Spektatorium grölte, denn es ist – nicht nur in der Schweiz, wo dieser Trick besonders zieht – immer wieder ein besonderes Gaudi, der Vernichtung von heiligem Geld beizuwohnen. Wie weiter? Um den Schein aus einer Zitrone produzieren zu können, bedurfte es der Ablenkung, also sagte der Zauberbaron: Wir haben uns natürlich vorher abgesprochen, ich habe die fünfhundert Mark nur scheinbar verbrannt, mein Partner wird sie nun aus der Rocktasche holen und dem Eigentümer zurückgeben. Während der ›Notar‹ seine Taschen absuchte, spielte der Magier den Entrüsteten: »Aber Sie haben mir doch gestern hoch und heilig versprochen …« Das ist interessant. Keyserlingk verrät dem Publikum einen Teil der Trickhandlung, die scheinbare Verbrennung, um diese Nebenhandlung zu inszenieren und die Notwendigkeit, dass die Note in der vom Zuschauer unter drei Früchten ausgewählten Zitrone zum Vorschein kommt, zu legitimieren. Nur wenn sich das Publikum wünscht, der Elefant auf der Bühne möge sich in nichts auflösen, gelingt die Disparition.

Der Holländer Dick Koornwinder arbeitet wie Bob Little mit Elementen der Comedy Magic. Er forciert einer Zuschauerin eine Karte, sie zeigt sie dem Publikum, Herz-Zehn, dann zieht Koornwinder eine überdimensionierte Herz-Zehn aus der Jackentasche und sagt: »Sie können jede nehmen, nur diese nicht, mit der geht es nicht.« Noch einmal lässt er den Fächer laufen, wieder Herz-Zehn. »Ja, wie ich schon sagte, alle, nur bitte diese nicht!« Koornwinder macht also den Griff, auf den jeder Amateur stolz wäre, lächerlich, um unter der Deckung dieser simulierten Haupthandlung etwas ganz anderes vorzubereiten.

Der Jungmagier Klaus-Peter Pfeiffer und Christian Wiedemann aus der DDR zeigten unfreiwillig, wie man es nicht machen soll. Der eine, als Richter verkleidet, wählte in Imitation der Juristensprache eine viel zu komplizierte Einkleidung, welche die Effekte aus dem Gebiet der Coin Magic ›killte‹, weil es von Coup zu Coup viel zu lange ging. Wiedemann, pastorenhaft penetrant in der Anwendung der Routine, zauberte auf einem Perserteppich als Unterlage und baute eine Menge Requisiten auf, die er gar nicht ins Spiel brachte. Ich dachte: Aha, Ablenkung, doch Acácio da Silva belehrte mich, dass hier des Guten zu viel getan würde. Ähnlich wie Jochen Zmeck aus der DDR hält sich Wiedemann streng an die »Moral von der Geschichte«! Hat das etwas mit dem politischen System zu tun? Stagnation der dreißiger Jahre auch im Unterhaltungsstil?

Hank Moorehouse und Bob Little vertraten die amerikanische Schule, das heißt, sie wandten die Maxime *to fool the audience* (das Publikum zum Narren halten) auf clowneske Weise an. Der Zuschauer weiß nie: Ist diese Panne nun einkalkuliert oder dem Künstler unterlaufen? Wenn es nach Tarbells berühmten *Tarbell Course in Magic* zu den eisernen Grundregeln jedes Zauberers gehört, nie im Voraus zu sagen, was er tun wird und die Zuschauer nur dann zu seinen Experimenten beizuziehen, wenn es noch nichts oder nichts mehr zu verderben gibt, baut die Comedy Magic die Aha-Aufsitzer in die

Vorführung ein. Bob Little zum Beispiel ließ es zu, dass auf dem schräg stehenden Tisch alle Utensilien auf den Boden kollerten. Er kämpfte wie ein Clown mit der Tücke des Objekts. Einen Fingerhut ließ er dergestalt verschwinden, dass er ihn mit dem Zauberstab aufspießte und demonstrativ in den Mund nahm, so dass er wegen der Klemmbewegung der Zunge nur noch lallen konnte. Die Cups seines Becherspiels waren verbeult wie Sträflingsnäpfe. Dafür erschienen dann plötzlich die zwei Manipulierhülsen statt unter dem untersten Becher in der ›mittleren Etage‹.

Bei solchen Galas ist es üblich, dass ein Conférencier den Umbau der Bühne überbrückt und von Nummer zu Nummer leitet. Der deutsche Magier Dieter Ebel benutzte diese Rolle, um mit Versen aus der poetischen Küche eines Gauklers auf poetologische Grundprobleme des Zauberns hinzuweisen. Etwa: »Ein Gaukler macht aus einem Seile / mit einer Schere rasch zwei Teile, / und alsogleich macht er's in Eile / höchst kunstvoll wieder heileheile. / Nur leider teilt er uns nicht mit, / weshalb er es dann erst zerschnitt.« »Darin«, sagte Keyserlingk, »steckt eine tiefe Wahrheit. Wenn ich keine Geschichte erfinde, warum ich das Seil zerschneide, kann der Zuschauer die Routine mit der simplen Frage ›Warum?‹ sabotieren. Das führt uns zur Philosophie der Kunstgriffe. Der Amateur, der diese Griffe theoretisch studiert hat – in diesem Fall die maskierte Schleife –, getraut sich nur, sie im Verborgenen anzuwenden. Das heißt, er deutet demonstrativ auf das Geheimnis. Er gibt seine ›Schuld‹ dem Griff gegenüber zu erkennen. Das ist hundsmiserabel. Der professionelle Zauberer führt die Griffe keck vor aller Augen aus, als ob es keine wären. Roberto Giobbi und der Shank-Shuffle oder das Doublieren. Der Star aber verzichtet ganz auf sie, weil die Illusion nicht überzeugender sein kann als überzeugend. Warum soll ich eine Volte schlagen, wenn ich mein Ziel auch ohne Volte erreiche?«

Deshalb haben er und seinesgleichen auch nur ein Lächeln übrig für die magischen Kostbarkeiten der Händlermesse. Nur die vertrauten Gebrauchsgegenstände retten die Zauberei. Karten, die hat jeder schon mal in den Händen gehabt, Münzen, Korken, Seile, Zeitungen. Schon ein Würfel kann verräterisch sein, wenn er statt sechs verschiedene Augenzahlen zweimal die Fünf aufweist. Je einfacher das Requisit, desto verblüffender der Effekt: je spärlicher die Griffe, desto natürlicher die Routine. *Ex nihilo nihil fit*, aus nichts entsteht nichts. Je eleganter die Zauberei diesen Satz widerlegt, desto glaubwürdiger kommt sie beim Publikum an.

Und die Frauen?

An den beiden Abenden, am Festival und am Ball der Magie, waren dagegen Großillusionen gefragt, doch auch da setzt sich wieder ein Trend zum Elementaren durch, fast eine nostalgische Welle. Der Engländer Alan Shaxon zeigte die Levitation wie folgt: Auf zwei Stuhllehnen lag ein Brett. Er bat eine Dame aus dem Publikum aufs Podest, die ganz normal gekleidet war, Bluse und Jeans. Sie konnte also nicht ›präpariert‹ sein. Er legte sie flach aufs Brett, beschwörte das Medium, zog die Unterlage und einen Stuhl weg – und sie schwebte. Mit dem Ring ›bewies‹ er, dass sie weder hängen noch gestützt sein konnte. Diese Möglichkeit gilt es für die Assoziation des Zuschauers gedanklich auszuschließen. Beim Zersägen verwendete er wieder nicht den perfektionierten Apparat, den alle kennen, sondern stellte ein Brückenelement über den Bauch der Versuchsperson. Bei den Pfeilern ragten Holzzapfen heraus, die beim Runtersägen abfielen. Doch als sich die Dame erhob, befand sich das Blatt der intakten Säge unter ihr, es hatte den Körper durchdrungen, als ob nix vorhanden wäre. In diesem Augenblick beobachtete ich die Kongressteilnehmer an ihren diversen Tischen. Da und dort wurde ein Notizblock gezückt, begann man, die vermeintliche Konstruktion zu skizzieren. Wie gesagt: Professionals ertragen das Nichtwissen schlechter als Laien.

In der Pause kam Kurt Freitag an unseren Tisch, erbat sich von einer Dame einen Ring, hängte ihn an einem roten Bändel auf und packte die Schlaufe mit dem Ring in ein Schmucketui. Als er es öffnete, war der Ring weg. Wo steckte er? In einem doppelt versiegelten Kuvert in der Brusttasche. Faustregel: Wenn man es nicht erträgt, dass andere zaubern, beginne man selbst zu zaubern. Als Visitenkarte hinterließ Freitag einen Riesenelfdollarschein mit seinem Porträt im Mittelmedaillon. Spielend hatte die Close-up-Magie über die Bühne gesiegt.

Als einzige Frau trat die zwanzigjährige Sylvia Diana aus Holland mit der schwebenden Kugel auf. Sie hatte eigens für diese Nummer Ballettunterricht genommen. Ich fragte sie, weshalb es so wenig Frauen in diesem Geschäft gebe. In der Bundesrepublik ist mir nur noch Fee Elysa bekannt. Sylvia meinte, sie würde nie die typischen Männertricks der Verstümmelung zeigen – Zig-Zag, Zersägen –, sondern eben weibliche Mirakel wie die Levitation. Frauen, sagte mir die DDR-Autorin Irmtraud Morgner einmal, sind weniger darauf angewiesen, dass sie ihre Kolleginnen und Kollegen gut finden. Zauberer machen die Definition ihrer Persönlichkeit vom Publikum abhängig. Dies scheint mir nicht generell ein männliches Verhalten zu sein, aber es deckt sich mit der Reaktion des Schauspielers, der nach der Vorstellung sofort fragt: Wie war ich?

Darum an diesem Kongress immer wieder die Gretchenfrage: Wie fanden Sie mich, wie wirkte das und das auf Sie? Selbst der Applaus wird eingebaut in die Ablenkungsstrategie. Sind Männer narzisstischer veranlagt als Frauen? Ist es für Frauen in diesem Metier schwieriger, die Gunst des Publikums zu erlangen? Haben sie vielleicht mehr Mühe mit dem Transvestitismus Künstlichkeit/Natürlichkeit? Nun, die Frau kann auch in die Offensive gehen. Ich sah im Fernsehen eine Japanerin, die einen in der Luft schwebenden Mann der Länge nach zersägte, zwischen den Beinen ansetzend und bei der Schulter endend. Zu lange nur als Assistentinnen und ›Blickfang‹ benutzt, gehen die Magierinnen dazu über, den Spieß umzudrehen. In Tat und Wahrheit sind sie aber bei der Zersägeillusion und bei der Levitation die wahren Heldinnen. Nur sieht das das Publikum nicht, das dem Mann applaudiert, der die Bleche zwischen die Zig-Zag-Kuben schiebt. Das sind Illusionen im doppelten Sinn.

An diesem Jubiläumskongress zu Ehren des Frankfurter Ortszirkels nahmen um die 550 Magierinnen und Magier aus der Bundesrepublik, der Schweiz, aus Frankreich, Belgien, Holland, England, der DDR und den USA teil. Ihnen gelang, was Ärzten und Physikern an solchen Mammutveranstaltungen kaum gelingt: sich gegenseitig zu bezaubern, ohne die letzten Geheimnisse auszuschwatzen. Was sie untereinander und mit dem Publikum verbindet, ist die Freude an der Illusion, nicht am Übertölpeln. In Max Frischs früher Erzählung *Bin oder Die Reise nach Peking*, die zentral mit Magie zu tun hat, heißt es: »Wenn wir nicht wissen, wie die Dinge des Lebens zusammenhängen, so sagen wir immer: zuerst, dann, später. Der Ort im Kalender! Ein anderes wäre natürlich der Ort in unserem Herzen ...« Und dort können Dinge, die Jahrtausende auseinanderliegen (wie etwa in der *Chinesischen Mauer*), sich am nächsten sein, während vielleicht »die Ereignisse eines gleichen Atemzuges einander nie begegnen«.

Der Spaß an der Illusion ist eine Dimension der Lebensfreude, die mit unserem Todesbewusstsein zu tun hat: Lateinisch *illudere* heißt nicht nur ›täuschen‹, sondern auch ›hinspielen, sein Spiel treiben‹. Der *homo lu-*

dens und erst recht der Illudierende täuscht uns über die starre Grenze des biologischen Endes hinweg. Indem wir erfahren, dass die Sinne täuschbar sind, nehmen wir unsere (eingebildete) Wirklichkeit nicht mehr so ernst und lassen uns zur Utopie verführen, dass alles auch ganz anders sein könnte. Ernst Bloch sagte einmal, er könne sich nicht vorstellen, dass nach dem Tod »nichts sei«. Das bare Nichts ist das Undenkbare schlechthin. Wir können uns die Welt kaum vorstellen, wenn wir uns von ihr subtrahieren. So gesehen ist der individuelle Tod der Weltuntergang. Wir nehmen in Gedanken an unserem eigenen Begräbnis teil und kontrollieren, wer echt und wer zum Schein trauert. Das Illusionsproblem verfolgt uns über den Tod hinaus, alle Religionen wissen das. Nur: An die Illusionen, die uns die Zauberer bescheren, brauchen wir nicht zu glauben. Wir sehen und erleben sie.

Anhang

Editorische Notizen

Nebst den Buchpublikationen *Bork: Prosastücke* von 1970 und *Diabelli: Erzählungen* von 1979 hat Hermann Burger kurze Erzähltexte von Anbeginn seiner schriftstellerischen Tätigkeit verstreut zum Abdruck gebracht. Die Daten von deren Niederschrift und Erstveröffentlichung divergieren jedoch zuweilen, und der jeweilige Abfassungszeitpunkt lässt sich auch aufgrund der Dokumente in Burgers Nachlass im Schweizerischen Literaturarchiv (Bern) nicht in allen Fällen genau bestimmen. Die Reihenfolge ihrer Wiedergabe im ersten Teil dieses Bandes, der abschließend zudem Parerga zur Thematik der *Diabelli*-Titelgeschichte enthält, basiert daher auf der (anzunehmenden) Entstehungschronologie.

Textnachweise

Kurzgefasster Lebenslauf *und andere frühe Prosa*

›Der Schnee gilt mir: Skizze‹. In: *Aargauer Blätter* 27 (Dezember 1963): 8–11, zusammen mit den Gedichten ›Spät‹ und ›Drachen im Herbst‹ (beide in: Werke 1). Mit dem Vermerk »Erste Prosaveröffentlichung Hermann Burgers« erneut abgedruckt in: *Aargauer Tagblatt*, 7. Dezember 1985.

›Zwei Künstler: Parabel‹. In: *Wynentaler Blatt*, 9. Juni 1978. Von dieser Parabel liegen in Burgers Nachlass zwei maschinenschriftliche Fassungen (Signatur A-1-a), und in einem Notizbuch (Signatur A-2-1a), das zu

Beginn mit »Jan.[uar] 1966« datiert ist, heißt es: »vim und wago«. Der Text dürfte daher 1966 entstanden sein.

›Das Mittagessen: Variationen auf ›Das Mittagessen im Hof‹ von J. P. Hebel‹. In: *Neue Zürcher Zeitung*, 19. Juni 1967.

›Ich will Pfarrer werden: Eine Episode aus einer Kindheitsschilderung‹. In: *Brugger Neujahrsblätter* 80 (1970): 49–56, abgedruckt in der Rubrik »Prosa aargauischer Autoren«.

›Ein Ort zum Schreiben‹. In: *Aarauer Neujahrsblätter: Zweite Folge* 44 (1970): 3–10. Der Schluss dieses 1969 entstandenen Textes bildet eine Vorstufe von ›Der Mann der nur aus Wörtern besteht‹ (in: Werke 7).

›Der Anruf‹. In: *Sonntags Journal*, 28./29. November 1970.

›Skizzen zu einer Kleinstadt-Fest-Prosa‹. In: *Aarauer Neujahrsblätter: Zweite Folge* 51 (1977): 10–17. Bei diesen Skizzen handelt es sich um geringfügig überarbeitete Auszüge aus Burgers erstem, zu Lebzeiten unveröffentlicht gebliebenem Roman *Lokalbericht*, an dem er vor allem 1970 gearbeitet hat. Das Kapitel »Lokalredaktor müsste man sein!« war zuvor schon erschienen in: *Sonntags Journal*, 20./21. März 1971, dort allerdings noch unter dem Titel ›Universalschriftsteller‹.

›Großväter sind unberechenbar‹. In: *Schweizer Illustrierte* (17. Dezember 1984): 98–101. Eine Fassung dieses Textes – im Nachlass liegen deren fünf, alle maschinenschriftlich und undatiert – hat Burger zusammen mit der Erzählung ›Der Eremitenkongress‹ (in: Werke 7) bereits anlässlich der von der Kulturstiftung Pro Argovia organisierten Tagung »Autor – Kritiker – Leser« vom 26./27. November 1971 im Stapferhaus auf Schloss Lenzburg vorgetragen.

›Zeichnen in der Altstadt: Aus dem Tagebuch‹. In: *Aarauer Neujahrsblätter: Zweite Folge* 46 (1972): 11–16.

›Kurzgefasster Lebenslauf‹. In: *Aargauer Tagblatt*, 5. Februar 1972.

›Beantwortung eines Kuss-Gesuches: Erotische Phantasie‹. In: *Reformatio* 22 (1973): 284–289. Burger hat dem Abdruck (nach dem Titel) die Bemerkung vorangestellt: »Die Kuss-Geschichte wäre dann gelungen, wenn auf dem direkten Umweg der Ironie die perverse Sachlichkeit zum Ausdruck käme, mit der das erotische Gespräch in unserer Zeit geführt wird. Der Text richtet sich nicht gegen die Aufklärung, er parodiert lediglich eine Mentalität, welche uns glauben machen will, man könne alle Fragen des geistigen, seelischen und körperlichen Zusammenlebens gleichsam am grünen Tisch beantworten. Die umständliche schriftliche Erledigung eines ›Kuss-Gesuches‹ deutet auf den totalen Verlust der Spontaneität zwischen Mann und Frau. Die Synthese, welche der ›designierte Küsser‹ vorschlägt, ist natürlich absurd, weil eine unüberbrückbare Kluft zwischen ihm und dieser Frau liegt.«

Bork: *Prosastücke*

Bork: Prosastücke. Zürich und Stuttgart: Artemis, 1970. Mehrere dieser Prosastücke sind schon vor Erscheinen des Bandes einzeln veröffentlicht worden: ›Bork‹. In: *Schweizer Spiegel* 43 (Juli 1968): 43–49; ›Die Leser auf der Stör‹. In: *Rheinfelder Neujahrsblätter* 25 (1969): 3–6; ›Die Ameisen‹. In: *Schweizer Monatshefte* 48 (1968/69): 1021–1026; ›Tod im Café‹. In: *Schweizer Spiegel* 44 (September 1969): 38–41; ›Das Lochbillard‹. In: *Aargauer Tagblatt*, 27. Juni 1970.

Diabelli: *Erzählungen*

Diabelli: Erzählungen. Frankfurt am Main: S. Fischer, 1979. Die erste dieser Erzählungen, ›Der Orchesterdiener: Ein Bewerbungsschreiben‹, ist schon vor Erscheinen des Bandes separat veröffentlicht worden in: *Schweizer Monatshefte* 57 (1977): 219–230, und in: *Neue Rundschau*

89 (1978): 172–183. Vom letzten Text ›Zentgraf im Gebirg oder das Erdbeben zu Soglio‹ wiederum ist – allerdings noch ohne den Untertitel
»Kurzgefasste Schadenmeldung an den Schweizerischen Erdbebendienst« – bereits Ende 1978 eine frühere (kürzere) Fassung erschienen
in: *Brugger Neujahrsblätter* 89 (1979): 7–13.

Parerga

›ECCO! Wie ich im fünften Nebenberuf Amateurmagier wurde‹. In: *Tages-Anzeiger Magazin* (15. Dezember 1979): 18–21. Der zu Beginn dieses Essays thematisierte Film – Fred van der Kooijs *Variationen über
Hermann Burgers ›Diabelli‹* – wurde am 17. Dezember 1979 im Kulturel-
len Monatsmagazin des Schweizer Fernsehens ausgestrahlt.

›Der Kongress der Zauberer‹. In: *Tages-Anzeiger Magazin* (25. Oktober
1986): 18–23. Diese Reportage entstand zwar erst Jahre nach der Erzählung ›Diabelli, Prestidigitateur‹, gehört aber – der Name der Titelfigur
fällt ja explizit – thematisch in deren Kontext.

Abbildungsnachweise

S. 271: Schulaufsatz ›Wie ich zum Dieb wurde‹ (um 1961). In: Schweizerisches Literaturarchiv (Bern), Nachlass Hermann Burger,
Signatur C-2.

S. 324: Skizze vom »Negozio-Absturzhaus« (3. September 1978). In:
Schweizerisches Literaturarchiv (Bern), Nachlass Hermann
Burger, Signatur A-1-e.

Nachwort

Von Beatrice von Matt

Exzentriker sind sie, Hermann Burgers Helden. Schon in seinem ersten Geschichtenbuch *Bork* (1970) begegnen wir ihnen und erst recht im zweiten, *Diabelli* (1979), einem Glanzlicht moderner Erzählkunst. Vom einen zum andern ist's allerdings ein weiter Weg. An seinem Rande liegen Prosaexperimente, die von einer tastenden Suche nach dem eigenen Ausdruck zeugen. Sie wurden verstreut publiziert in Neujahrsblättern und Zeitungen und erscheinen im vorliegenden Band erstmals in Buchform. Zu ihnen zählt das Debüt des einundzwanzigjährigen Autors: die verspielte Impression ›Der Schnee gilt mir‹. Sie erinnert rührend schön an Robert Walser. Die historisierenden ›Skizzen zu einer Kleinstadt-Fest-Prosa‹ überraschen mit einem episch gemächlichen Erzählgestus. Sie stammen aus dem unveröffentlichten ersten Roman *Lokalbericht*, unter anderem eine Art Aargauer Heimatroman. Im absurden Text ›Beantwortung eines Kuss-Gesuches: Erotische Phantasie‹ soll anhand einer »mathematisch exakten Kussformel« das erkaltete Begehren eines Paars bloßgestellt werden. Auch gibt es raffiniert gebaute Short Storys mit offenen Schlüssen, ›Notbremse‹ in *Bork* etwa.

Von einer stetigen künstlerischen Entwicklung kann also zunächst nicht gesprochen werden. Zu Burgers ganzer Existenz gehören Sprünge, wilde Wechsel. Langsam aber – in den siebziger Jahren – wurde er der Schriftsteller, der er bleiben sollte: sprachversessen, grimmig verzweifelt und komisch in einem. Zum ersten Höhepunkt wird mitten im Jahrzehnt der Roman *Schilten* (1976). Er erregt großes Aufsehen, und Burger ist als Autor anerkannt.

Dichtung gegen Wissenschaft

In jene Zeitspanne fallen zudem zwei respektable germanistische Arbeiten. In einer überraschend behutsamen Diktion gehalten, sind sie lesenswert bis heute: die Dissertation *Paul Celan: Auf der Suche nach der verlorenen Sprache* (1973) und die unveröffentlichte Habilitationsschrift *Studien zur zeitgenössischen Schweizer Literatur* (1974). Der Zwiespalt, den Burger zwischen Dichtung und Wissenschaft austragen musste, machte seinen Weg nicht leichter: »Ich bin in meiner ganzen Arbeit viel unsicherer, als es die Verbindung von Schriftstellerei und Germanistik wahrscheinlich vermuten lässt«, schrieb er mir am 9. Dezember 1980. Er fragte sich in der Folge, ob seine Hochschulstudien nicht ein Zugeständnis ans Elternhaus waren. Aus Gründen der Geborgenheit aber sei eine solche Konzession wohl notwendig gewesen: »Natürlich«, teilte er mir am 20. März 1984 mit, »war ich immer der allzu Manierliche, die Revolte kommt, im Sinne der Rehabilitationsmedizin, spät. Meine akademische Erziehung, wenn Du so willst, war noch Tribut an das Herkommen. Hätte ich ohne sie leben, schreiben können, sollen? Krebse brauchen den Panzer, die Höhle; Zauberer den schützenden Winkel, die Versteckzone hinter sich.«

Thomas Bernhard: Geburtshelfer

Wie nun geschah es, dass Burger von *Bork*, der beachtenswerten Sammlung früher Prosastücke, über den umfangreichen Roman *Schilten* zu den drei verrückt-genialen *Diabelli*-Erzählungen gelangte? 1965 hat er das Architekturstudium mit dem der Germanistik vertauscht. Nun obliegt er selbsterfundenen Schreibübungen anhand moderner Literatur. Diese hat er in den Vorlesungen Karl Schmids, des renommierten Literaturprofessors an der Eidgenössischen Technischen Hochschule in Zürich, kennengelernt. Ihn faszinieren Schriftsteller wie Peter Weiss, Ingeborg Bachmann, Uwe Johnson. Zu Beginn seiner Frankfurter Poetik-Vorlesung *Die allmähliche Verfertigung der Idee beim Schreiben* (1986) erinnert er sich, wie er bei seinem Schreibtraining vorging. Als »Beobachter fremder Techniken« nahm er sich *Die Blechtrommel* (1959) von Günter Grass vor und füllte dessen Satzmuster mit eigenen Ausdrücken. Auch Hesse, Frisch und Dürrenmatt, Thomas Mann, Kafka, Benn,

Musil und Broch wurden herangezogen. Entscheidend aber war die Begegnung mit dem elf Jahre älteren Österreicher Thomas Bernhard. Dessen Bücher kenne er Zeile für Zeile, hält Burger später fest, damals nämlich, als er von Badgastein aus seinen »Prosalehrer«, den Geburtshelfer seiner Schriftstellerei, im Ohlsdorfer Vierkanthof aufstöberte. Er schrieb darüber den witzigen Bericht ›Zu Besuch bei Thomas Bernhard‹ (1981), der danach noch Aufnahme in die Sammlung *Ein Mann aus Wörtern* (1983) finden sollte. Mit überlegter Strategie war es ihm gelungen, bei Bernhard ohne Voranmeldung vorgelassen zu werden. Es dauerte freilich, bis es so weit war. Auf ein Klopfzeichen hin wurde ein »Läufterchen aufgestoßen«, und eine Stimme war zu hören: »»Oje, da kann man nix machen.‹« Dann geschah lange nichts, bis ein Schlüssel sich drehte und Riegel zurückgeschoben wurden. In spinatgrünen Jägersocken und einem grüngelb-weiß gestreiften Bademantel sei Thomas Bernhard unter der Tür erschienen. Zunächst wehrte er ab, fand dann aber, als sich der Besucher verabschiedete, so abrupt müsse er nun auch nicht gehen. Er möge vorbeischauen, wenn er wieder in der Gegend sei. Leicht sei es allerdings nicht gewesen, ein Gespräch zu führen – so Burger im Rückblick –, »wenn man praktisch jede Zeile seines Gegenübers kennt, sich aber freiwillig dem Zitatverbot unterzieht.«

Das Studium von Bernhard-Texten ist beispielsweise dokumentiert im Interview ›Schulhauswerkstatt, Todeswerkstatt‹, das Otto Marchi mit Burger im Frühling 1977 über *Schilten* geführt hat. Eine gewisse Beeinflussung durch Bernhard könne er nicht leugnen, sagt Burger da. Dessen ersten Roman *Frost* (1963) jedoch habe er erst nach Abschluss des *Schilten*-Manuskripts gelesen. Aber Thomas Bernhard lag Ende der sechziger Jahre überall in der Luft. Er wurde breit diskutiert, sowohl die Prosa wie die Stücke.

Der entscheidende Anstoß lag darin, dass Bernhard Hermann Burger die Augen öffnete für das, was künstlerisch in ihm bereitlag. Insbesondere muss er ihm geholfen haben, für seine eigentliche Figur, den Exzentriker, innerhalb eines Plots den richtigen Platz zu finden. Schon in *Bork* dominieren schrullige Gestalten, doch erscheinen sie da noch sorgsam weggerückt, gleichsam in die Narrenkiste gesperrt. Sie werden aus kühler Beobachterposition – zumeist von einem Ich-Erzähler – ins Auge gefasst, ironisiert und bis zu einem gewissen Grad auch neutralisiert. Von *Schilten* an sind es dann aber die Exzentriker selbst, die ›Ich‹ sagen.

Sprachmaske

Dieser grundsätzliche Perspektivewechsel hat Burgers Kunst zur Entfaltung gebracht. Jetzt dürfen die Protagonisten aus sich heraus reden, kompromisslos monologisch. In unerschöpflicher Rhetorik richten sie über ihre Welt und sich selber. Sie meinen es todernst, und doch soll man ihr wortorgiastisches Treiben nicht als ehrliches Bekenntnis lesen. Sie sind Maniaken, die sich ihrer Kunstsprache recht eigentlich verschreiben und damit spielen. Sie wechseln virtuos vom ›Ich‹ zum ›Er‹ und von diesem zum Namen, den sie sich gegeben haben: Schildknecht, Schramm, Diabelli, Schöllkopf oder Brenner. Sie halten die Sprachmaske vors Gesicht, bis sie dahinter ganz verschwinden. Ihre wortverliebten Suaden brillieren als Rollenprosa. Theatralische Übertreibung und existentieller Furor stacheln sich gegenseitig an.

Von einem etwas ratlos gepflegten Erzählen ist der Autor damit zu seinem stoßenden, peitschenden Rhythmus vorgedrungen, und also zu *seiner* unverkennbaren Diktion. Die globalen Verwünschungen eines Fürsten von Saurau in Bernhards Roman *Verstörung* (1968), Karrers Phantasien von Endzuständen in *Gehen* (1971), der hemmungslos predigende Arzt im Stück *Der Ignorant und der Wahnsinnige* (1972) müssen den Schweizer angeregt haben, ganz der Sichtweise seiner Figuren zu vertrauen – obschon er diese clownesker anlegt als Bernhard. Erst recht hatten dessen autobiographische Arbeiten eine Wirkung: *Die Ursache* (1975), *Der Keller* (1976), *Der Atem* (1978). Die Wucht der Verfluchungen des Herkommens, der Bezichtigung des Lebens als Todeskrankheit, der Salzburger Landschaft als »angeborener Todesboden« *(Die Ursache)* bestätigten den Suchenden in seinen eigenen grelldüsteren Ansichten. Im Essay ›Schönheitsmuseum – Todesmuseum: Thomas Bernhards Salzburg‹ (1981), ebenfalls aufgenommen in den *Mann aus Wörtern*, hat Burger sich darüber ausgelassen.

Er vermied aber auch einiges, was von Thomas Bernhard in jenen Jahren Schule gemacht hat: den exzessiven Gebrauch der indirekten Rede etwa und des Konjunktivs. Damit unterschied er sich zum Beispiel von E. Y. Meyer.

Kunstfiguren, Artisten

Burger hat also seine Exzentriker zu uneingeschränkten Hauptfiguren erkoren. Er musste die Helden seiner eigenen splitternden Seelenlage angleichen, dann kam die Wortmaschinerie mächtig in Gang. Hinter ihren verzerrten Gesichtern verbarg er oft genug seine eigene Verstörung. Er hat dafür den dissonanten Ton gefunden, der die Burger-Lektüre zu einem Abenteuer macht: komödiantische Artistik auf dem Hintergrund heilloser Verletztheit. Mit allem Nachdruck aber sei festgehalten, dass Gestalten wie der Büchernarr, der Lehrer Peter Stirner alias Armin Schildknecht, der Orchesterdiener August Schramm oder der Zauberer Grazio Diabelli hochbewusst gesetzt sind. Es handelt sich um Kunstfiguren in je eigenen, üppig ausgestatteten Milieus. In keiner Weise sind sie einfach als ›Alter Egos‹ ihres Erfinders aufzufassen, wie das oft kurzgeschlossen worden ist.

Mit diesen Gestalten ist der junge Autor in eine große literarische Tradition eingestiegen: in jene der obsessiven Outsider, der zweideutigen Narren, die vom Rande

her die Welt gnadenloser beurteilen als deren selbstsi-
chere Akteure. Sie entsprechen der von Michail M. Bachtin in seiner Untersuchung *Formen der Zeit im Roman*
(1975) geäußerten Einsicht, »dass alle vorhandenen
Lebensformen einem wirklichen Menschen inadäquat«
seien. Sie sind Rebellen auf ihre Art und nehmen sich
das Recht, »auf fast kultische Weise zu schimpfen» –
mitunter gegen die eigene Person. Sie vertreten den Anspruch, das Leben, wie es vorgelebt wird, zu missbilligen,
es bald zornig, bald parodistisch zu attackieren. Oft genug kommen sie dabei selber unter die Räder, was sie
heimlich beabsichtigen dürften. Der Revoluzzer-Geist,
der Burgers Schreibtätern anhaftet, könnte einen an die
Zeit erinnern, in der sie entstanden sind, die Jahre nach
1968. Doch dieser Schriftsteller ist in keiner Weise päda-
gogisch interessiert, wie viele seiner damaligen Kollegen
es waren, und an eine politische Weltänderung glaubt er
schon gar nicht. Er steht in einer älteren, poetischeren
Tradition. Nicht von ungefähr erweist er in seiner Poetik-Vorlesung Cervantes' *Don Quijote* die Reverenz.

Ein früher Narr

Wie nun sieht die Narrenspur in den frühen Erzählungen aus? In der Titelgeschichte ›Bork‹ etwa? Diese stellt
einen heruntergekommenen Alkoholiker ins Zentrum,
ein Mündel von des Ich-Erzählers Vater. Bork verrich-
tet Gartenarbeiten in dessen Elternhaus, haust dort in

einem Kellerverschlag, den er dem Altersheim vorzieht. Der Erzähler ist allein zu Hause und schaut dem herumschlurfenden Bork gelangweilt zu. Dieser ist ihm lästig mit seiner fixen Idee, der höchste Baum auf dem Grundstück, eine kanadische Silberpappel, müsse gefällt werden. Auch dass er Rosen stiehlt, um Serviertöchter zu hofieren, gefällt dem jungen Mann nicht. Bevor er über Mittag in die Stadt fährt, schaut er nochmals nach Bork. Der löffelt sabbernd seine Hafersuppe und wischt sich den Mund mit einer zerknüllten Zeitung: »Sein rostfleckiges, runzliges, bärtiges Gesicht wirkte wie eine grobgeschnitzte Maske ... Dies war mein letztes Bild vom lebenden Bork: Blick durchs Waschküchenfenster auf die Bühne eines Kellertheaters.« Auf dieser Bühne spielt der Alte den »Hofnarren« (eine Bezeichnung, die in diesen Geschichten immer wieder vorkommt). Wie der Sohn des Hauses abends zurückkehrt, findet er Bork tot, begraben unter Ästen und eiergroßen Hagelkörnern. Ein gewaltiges Gewitter ist niedergegangen und hat den Garten zerstört. Doch Bork darf nochmals leben, auferstehen in der Vision des Erzählers, welcher sich dessen letzte Träume herbeiphantasiert. Endlich wird ihm etwas Würde zugebilligt, sogar das Lebensprojekt seiner alten Tage gelangt zur Ausführung: Bork darf die Pappel endlich umhauen. Dabei spricht er seine ureigene Sprache: »Er schimpfte mit dem Holz, und es verstand ihn besser als Menschen, er redete ja die Sprache der Strünke, Wurzeln, Scheiter, der knorrigen Äste, Knebel und Prügel. Jeder Axthieb war ein Wort, jeder

Sägeschnitt ein Satz.« Er darf sogar an die Serviererin in der »›Quelle‹« denken, »nicht in geradlinigen Gedanken, vielmehr so, wie Holz denkt, in Kreisen«. Ein früher Grundriss des Burger'schen Subjekts ist damit gezeichnet: der Getriebene, in sich Rotierende.

Etwas Zirkuläres haftet allen Käuzen dieses Autors an, auch schon im Frühwerk. Wörterverschwendung treibt sie durch die Leere ihrer Ohnmacht. Sie treten an Ort und gaukeln sich in ihrer Sprachwut Dynamik vor. Thomas zum Beispiel, der ausgerastete Soldat, ein Berserker der totalen Abrüstung, in der *Bork*-Geschichte ›Nachtwache im Panzer‹. Nachdem er in kalter Novembernacht vom Panzer alles weggerissen hat, was nicht niet- und nagelfest ist, Funkantenne, Brecheisen, Feldtelefon, schreit er pazifistische Zornesreden und richtet – ohne abzudrücken – das Gewehr auf seinen Kollegen, der die Geschichte erzählt. Dann schmeißt er Helm und Bajonett in den Schnee, beginnt einen Tanz und reißt den Kampfanzug vom Leib. Splitternackt stellt er sich vor die Mündung der Kanone. Der selber auch nicht militärbegeisterte Erzähler erteilt noch guten Rat: Die Menschheit lebe zwar im Park eines Irrenhauses, ohne es zu merken. Wenn Thomas nun aber diesen Park verlasse, wurde er »paradoxerweise« ins Irrenhaus gesteckt. Es gebe kein Ausbrechen, »nur ein Sichtotstellen, einen Winterschlaf, bis der Unsinn vorbei« sei. Solche Vorschläge zur Anpassung liest man in der Folge bei Burger kaum mehr. Den Militärdienst als Unteroffizier hat er 1962 übrigens quittiert.

Weg von Natur und Realismus

Von nun an führen die Sprachen seiner Sonderlinge immer deutlicher anderswohin, weg von Borks Natur oder von realistischen Umfeldern wie etwa der genau erfassten Atmosphäre in einem Wiederholungskurs der Schweizer Armee. In seinen gelungensten Werken wird er das Faktische zwar beibehalten. Er wird es aber geradezu pedantisch ausschildern, dabei überdrehen und mit exaltierten Erfindungen durchsetzen. Mehr und mehr bezaubert ihn die Künstlichkeit, die Inszenierung einer Wirklichkeit, der er mit Phantasmagorien und verwegenen Wortschöpfungen den Boden entzieht. Dem Leben als einem geerdeten Dasein hält er karnevaleske Veranstaltungen entgegen. Der Zauberkünstler Diabelli erzählt, wie ihn schon als Kind alles Gemimte, Spiegelbildliche, Vexatorische interessiert habe, »nie die Realität und insonderheit nie die Natur« – möglicherweise eine Reminiszenz an des Autors eigene Kindheit.

Bereits im Prosastück ›Zeichnen in der Altstadt‹ (1972) sagt Burger, der einmal bildender Künstler werden wollte, in der Kunst spielten Wirklichkeit und Natur eine geringe Rolle, es komme aber auf die geschärfte persönliche Sicht darauf an.

Wohl konzediert er seinen Figuren jeweils einen realen Schauplatz, doch bleibt dieser fast immer rigoros eingeschränkt. Etwa bei dem Mann, der sich der »Büchernarr« nennt und Tag für Tag die Bibliothek aufsucht, um zu schlafen und sich so an den Büchern zu rächen.

Die Bücher, die sein Lebensinhalt waren, hätten ihn verschluckt, behauptet er: »Ringsum Bücher, Bücher und kein Ich mehr ... Ich hatte mich so tief in sie hineingelesen, dass ich nun in ihnen drinsteckte. Zwischen den Zeilen war ich«. Er kommt zum Schluss, er sei von den Büchern um sein Leben betrogen worden. Sie hätten ihn klammheimlich aufgefressen. Die Gedankenfäden, die er bei der Lektüre gesponnen hat, umspannen seinen Leib als ein »Kokon«. Die am Körper angewachsene Verpuppung sei sein hübsches Narrengewand. In seiner Poetik-Vorlesung erklärt der Autor, er habe mit dieser Geschichte seine »Angst vor dem Lesen« verarbeitet.

Jedenfalls hat er damit auch eine Präfiguration des Magiers Diabelli geschaffen. Der Büchernarr, der von kichernden Büchern um sein Seelenleben gebracht wird, vergleicht sich mit den Clowns im Zirkus. Diese würden sich vom lachenden Publikum austrinken lassen: »Indem sie die andern zum Lachen brachten, suchten sie ihr eigenes Lachen, das sie verloren hatten.« Der Zauberer Diabelli hat »illudiert und illudiert«. Doch das Lachen findet er nicht wieder, im Gegenteil, er hat dabei sein »Selbst verjuxt«.

Schaut man genau hin, ist es das, was Burgers Figuren betreiben, ihr Selbst loszuwerden, es zu ›verjuxen‹: Leute wie Peter Stirner alias Armin Schildknecht, der Orchesterdiener oder erst recht Diabelli und Wolfram Schöllkopf. Das eigentliche Ziel ist die Auslöschung des Ichs mittels Sprache. Burgers tiefste Faszination ist der Tod.

Das Illudieren und Inszenieren hält ihn noch gut zehn Jahre über Wasser. Sobald er seine volle künstlerische Souveränität erreicht, hält er als Devise fest: »perire et delectare«, untergehen und erfreuen. Von *Schilten* an beherrscht er eine schwindelerregende Sprachartistik, und sie beherrscht ihn. Was nicht heißt, dass ein solches Dichten nicht immense Anstrengung bedeutet. So schrieb er mir im Brief vom 20. März 1984: »Die Wut, der Furor, die Erdrutschprosa kostet unwahrscheinlich viel Kraft. Wenn also Leser ... ungestüm Neues fordern, bin ich erst dabei, mich vom Roman zu erholen, der Furien zu erwehren.«

Geschrumpfte Schauplätze

Nur bei seinen Desperados kann Burger damit rechnen, dass sie die verstörenden Knalleffekte erbringen, um die es ihm zu tun ist. Indem er ihnen die Ich-Rolle zuschanzt, gibt er ihnen die Möglichkeit, die Dinge ganz von einer eigensinnigen Warte aus zu beurteilen. Da sie samt und sonders nur auf sich selbst abstellen, ist der Kosmos, den sie gelten lassen, stur eingegrenzt. In der Prosaliteratur sei es ein Merkmal der Narren, dass sie um sich herum besondere Mikrowelten schaffen, meint Bachtin. Gerade darauf kaprizieren sich Burgers Helden, denn mit einer naturhaften Umwelt haben sie nichts am Hut – weil sie ihr grundsätzlich misstrauen. So pflegen sie ihre Nische, die sie im Übermaß ausschildern und gegenüber ihren verständnislosen Adressaten verteidigen, ob es sich bei diesen um eine Inspektorenkonferenz handelt wie in *Schilten*, den Schweizerischen Erdbebendienst (›Zentgraf im Gebirg oder das Erdbeben zu Soglio‹), einen Herrn Generalmusikdirektor (›Der Orchesterdiener‹), oder den Baron Harry Kesselring, an den sich Diabelli wendet.

Anhand der Mikrowelten, die er ins Visier nimmt, entfaltet Burger seine ganze Könnerschaft. Jeden Fall hat er gewissenhaft recherchiert, wie etwa die Verhältnisse in einer städtischen Philharmonie im Blick des »Kontragenialität« anstrebenden Orchesterdieners Schramm. Soglio im Bergell kennt er von Kind auf. Hier spielen die mokant makabre Geschichte ›Zentgraf im Gebirg oder das Erdbeben zu Soglio‹ und bereits die frühe Erzählung ›Die Lederausgabe‹ in *Bork*. Örtlichkeiten sind pedantisch genau beschrieben und zugleich kenntnisreich unterlaufen, indem Faktizität als Phantasie daherkommt und umgekehrt. Die Mikrowelten werden sorgsam zusammengetragen und gleichzeitig zerschlagen. Was Diabelli »Requisiten-Hypnose« nennt, betreibt dieser Autor als Schreiber. Seine Sätze quellen über von Informationen, die in ihrer mikroskopischen Detailliertheit ins Irreale kippen. Der Leser soll darüber den Verstand verlieren.

Er soll glauben, er werde belehrt, über eine Gegend etwa, eine Institution oder eine Kunst wie das Zaubern. Es geschieht aber das Gegenteil. Der Leser, der der Erzählung zu folgen meint, wird in die Verunsicherung geschickt, düpiert.

Der lupennahe Blick auf Schauplätze macht diese ortlos. Was einheimisch anmuten könnte, driftet weg in die
Fremdheit. Der Roman *Schilten* etwa samt Dorfschul-
haus und allem, was man kennt, gerät zum Heimatlo-
senroman. Ost- oder Nordfenster, grobspleißige Rie-
menböden, Galerieverkleidungen, vergitterte Lampen,
schabzigergrüne Wände, Verbindungsgänge, verfaulte
Bretter, spinnwebverhangene Abwasserrohrstücke können überall sein, in Amerika, Afrika oder in Schiltwald,
wo der Roman spielt. Burgers Welten sind so ortlos wie
jene von Kafka, nur werden dessen Schauplätze karg
abstrakt gehalten, während Burger die seinen präzisi-
onsversessen inventarisiert. Aber auch so verlieren sie
jede regionale Identität. Sie werden zum schreienden
Modell menschlicher Verlassenheit.

Die Philharmonie als Wahnsystem

Gerade durch exzessives Benennen und Ausschildern
ihrer Milieus katapultieren sich Burgers Gestalten aus
diesen Milieus heraus. Aus vermeintlichen Lebenswelten
machen sie groteske Kabinette. Der gehörlose August
Schramm, geschlagen mit »musikalischem Analphabetentum«, verfährt so mit der Philharmonie. Er will deren Diener werden, denn sein Ziel sei es, Musikalien zu
apportieren. Wie sein Vorgänger, der »symphonische Abwart« Urfer, kennt er alles, benennt er alles, von den
Partituren der großen Musik bis zu den Instrumenten

und den Abläufen im Konzert, die Phasen im Applaus sogar. Er, der im »Hinterhof einer Symphonie« (»vorne inexistent, hinten omnipräsent«) das »Schatten-Dirigat« innehat, sieht sich auf der Kehrseite der erhabenen Kunst. Doch er feiert seine eigenen Triumphe, etwa wenn er den Maestro, Detmar von Hohenlohe, im richtigen Moment aus dem »Ovationsorkan« nimmt und ihn daran hindert, allzu rasch wieder in den Applaus zurückzukehren. Der Orchesterdiener in spe behauptet, die hehren symphonischen Ereignisse erden zu wollen. Er macht daraus jedoch ein Wahnsystem.

Das Fallissement der Kunst

Kunst – doch was für eine! – ist auch das Hauptthema in ›Diabelli, Prestidigitateur: Eine Abschiedsvolte für Baron Kesselring‹, dem zentralen Text des vorliegenden Bandes. Diabelli schreibt seinem Förderer Baron Kesselring einen Absagebrief. Kesselring wird sechzig Jahre alt und hat seinen einstigen Schüler eingeladen, an dem Fest eine Probe seiner Kunst vorzuführen. Doch der »Großillusionist« muss verzichten. Er stehe vor dem Bankrott seines Innersten. Nicht das Publikum verwirft ihn, er selbst müsse sich abschreiben. Er ertrage den Blick hinter die eigenen Kulissen nicht mehr. Das Fallissement sei total: »Ausgezaubert, dies ist mein letztes Wort«. Um sich seinem Lehrmeister deutlicher zu erklären, holt Diabelli zu einem gewaltigen Exkurs über Magier und weiße Magie aus. Das könnte dann zugleich den längst versprochenen Aufsatz für Kesselrings Zeitschrift »Abracadabra« ergeben, deutet er an.

Brief und Abhandlung: die Textsorten mischen sich. Uns, dem Lese-»Spektatorium«, wird weisgemacht, wir erhielten einen Überblick über die Zauberkunst, doch eine Information jagt die andere aus dem Feld, jede löscht die vorangehende aus – auch wenn vieles an den schwindelerregenden Darlegungen durchaus stimmt. Burger machte sich über historische Gegebenheiten genauestens kundig. Er las einschlägige Literatur wie etwa Ottokar Fischers *Wunderbuch der Zauberkunst* (1929) und erlernte selber viele Zaubertricks, mit denen er, die Zigarre im Mund, Freunde und Bekannte verblüffte. Auf diese Weise erarbeitete er sich den Zugang zu den Geheimnissen der Zunft: »Ich sah auf Abbildungen, was eine Daumenpalmage, was eine Drehmünze ist, wie die Chinesischen Ringe geführt werden und wie sich die zu Zersägende zurechtlegt. Ich konnte das Kartenfilieren und -doublieren, die Volte und die Aeronautischen Karten genauestens studieren.« So Burger in seiner Poetik-Vorlesung, in der er freilich die Umstände, die ihm eine Erzählung wie ›Diabelli, Prestidigitateur‹ ermöglicht haben, mehr verschleiert als offenbart. Darin legt er beispielsweise auch nahe, sie stehe im Zusammenhang mit Beethovens Spätwerk. Den dreiunddreißig *Diabelli-Variationen* (1823) entsprächen die dreiunddreißig Volten seines Textes. Eine strenge Serienstruktur ist jedoch nicht zu erkennen.

Der arme Teufel Diabelli ist eine fulminant eigenstän-
dige Figur und zugleich ein Kostüm, ein Narrengewand,
hinter dem Hermann Burger, der Autor, ein tragisches
Dilemma versteckt. Er traut seiner eigenen Dichtkunst
nicht. In wenigen Jahren hat er eine Sprachvirtuosi-
tät erreicht, an die keiner herankommt – die ihm aber
suspekt erscheint. Er sieht sich als Wortjongleur, Trick-
meister, famosen Technikus. Wo das ›Ich‹ wäre, ist nichts.
Immer neu muss die Leere aufgefüllt, die Hülle drapiert
werden: eine Anstrengung löst die andere ab. Nach Erscheinen von ›Diabelli, Prestidigitateur‹ wurde der Autor von der bisher schwersten Depression heimgesucht.
In mein Exemplar schrieb er die Widmung: »(Diabelli,
S. 33): ›Meine Devise kann jedoch nur heißen: perire et
delectare‹«.

Kalte Perfektion, eine Infragestellung

Dazu kommt ein alter Zwiespalt in der Kunstauffassung,
die gerade im ›Diabelli‹-Text ausgetragen wird. Der Ge-
niebegriff des 18. Jahrhunderts hat ein Künstlerideal
vom ›heilig glühenden Herzen‹ geschaffen – wie es Goethe im ›Prometheus‹ preist: Nur wenn einer brennend
fühlt, entsteht ein Kunstwerk. Die Romantik hat die
Diskrepanz noch radikalisiert. Auf der einen Seite sieht
sie die Kunst als Maschinerie, auf der andern als eine
vom Gefühl getragene visionäre Kraft, als Ausdruck des
›heilig glühenden Herzens‹ eben. E. T. A. Hoffmann bei-

spielsweise spannte seinen Kapellmeister Kreisler zwischen die beiden Pole.

Der Gegensatz prägt auch noch den Künstlerdiskurs im 20. Jahrhundert. Thomas Bernhards frühe Stücke etwa, *Der Ignorant und der Wahnsinnige* und *Die Macht der Gewohnheit* (1974), beschäftigen sich ebenso schwarzseherisch wie komödiantisch damit. *Die Macht der Gewohnheit* spielt in einem Zirkus, der Metapher für Artistik schlechthin. Doch die Artisten als Möchtegernmusiker scheitern kläglich am Traum, Schuberts *Forellenquintett* (1820) vollendet darzubieten. Dieses Versagen ist aber möglicherweise mehr als der gelungenste Auftritt. In *Der Ignorant und der Wahnsinnige* geht es um eine Sängerin, die kein Mensch mehr sei, nur noch Stimme, ein »Kunstgeschöpf«. Es fällt auch wiederholt das Wort »Koloraturmaschine«. Ihre berühmteste Rolle ist die »Königin der Nacht«. Dieser wird sie marionettenhaft, »perfektest«, gerecht. Am Schluss scheint sie aufzugeben. Ihr Husten, Schreien und Klagen, »Erschöpfung / nichts als Erschöpfung«, beendet das Drama.

Ähnlich scheitert Diabelli. Mitten im umjubelten Künstlerleben fühlt er sich entselbstet. Er wechselt von einer ›Alias‹-Figur zur anderen, »um herauszufinden, als wer ich eigentlich zu Ihnen spreche, Baron Kesselring, muss ich Diabelli in Graziani, Graziani in Mondelli, Mondelli in Masturbanni, Masturbanni in Santambrogio zurückübersetzen.« Die Finten und Verwandlungen haben sein personales Zentrum zerstört – wenn es ein solches je gab. Kein Seelenlaut ist von ihm zu vernehmen,

nur »Tarnrede« – darin Selbstironie, kaltes Pathos. Töd-
liches Gas sei sein spezifisches Gewicht als Mensch.

Zauberei und Schriftstellerei

Diabellis Zauberei darf als Allegorie einer Schreibexis-
tenz gelesen werden. Burger hebt wiederholt das Trüge-
rische, Circensische an beiden Künsten hervor. Vor allem
in den Zeitungsartikeln, die er im thematischen Umkreis
seiner Novelle veröffentlicht: ›ECCO!‹ (1979) und ›Der
Kongress der Zauberer‹ (1986). Dichter und Magier
bedienen einen »Jahrmarkt der Illusionen«. Einen solchen hat der Autor am Kongress des »Magischen Zirkels
der Bundesrepublik« in Frankfurt selber besucht – und
zwar als Freund des Großmagiers Wolff Baron von Keyserlingk unter dem Decknamen Diabelli. Die Reportage
hebt denn auch entsprechend an: »Gewiss, Schreiben
ist eine höhere Form der Schwindelhuberei ...« Man
streicht die Welt mit grellen Tönen heraus – diese gleichen den Farben, wie sie die Zauberkünstler lieben: pink,
dottergelb, eukalyptusgrün, goldbronziert. Das laute Bemühen führt hinter »die Kulissen des Todes« (›ECCO!‹),
so Burger, der sich als »Special-Effects-Maestro« bezeichnet – gerade auch »im existentiellen Bereich«. Wir
wüssten weder über den Introitus noch über das Exitusgeschehen Bescheid. Zwischen den zwei Finsternissen
übt sich der Schreiber mit Komödien und Grotesken, der
Zauberer mit »Comedy Magic«. »Apparition und Dispa-

rition«: das Gegensatzpaar, welches das Handwerk des Zauberers bestimmt, regiert Burgers ganzes Denken.

Die ›Diabelli‹-Erzählung besteht aus einem Brief, der einer Tragödie gleichkommt. Die Sprache zermalmt hier den, der schreibt. Man könnte sagen, er schreibe sich nieder, hacke sich mit Worten zusammen. Eine suizidale Lust arbeitet mit. Das beeinträchtigt aber den Kunstcharakter nicht. (Das *ist* Hermann Burgers Kunst.) Seelenpein und artistisch kühne Satzbauten schließen einander nicht aus. »Alle meine Vorbilder in dieser Hinsicht – Kleist, Kafka, Thomas Bernhard – haben ihre Helden in durchperfektionierter Syntax und ohne in ihrer Reflexionswut nachzulassen krepieren lassen«, sagt Burger im Gespräch mit Otto Marchi und fügt an: »Ich denke, dass ein Schiffbrüchiger, wenn er auf offenem Meer gegen das Ertrinken kämpft, die perfektesten Schwimmbewegungen ausführt, die er je in seinem Leben gemacht hat. ... Die Qual braucht dadurch, dass ich sie bis ins letzte ausformulieren kann, nicht geringer zu sein.«

Eisige Mutter

Für die Not, die von *Schilten* an alle seine Texte grundiert, hat Burger eine biographische Erklärung gefunden. Er sah sich als Kind einer eisigen Mutter, einer »Kalten Sophie«, an der er sich bis zu seinem Lebensende die Hände abfror. Im Roman *Die Künstliche Mutter*

(1982) wird sie, in Anspielung auf Kafkas *Brief an den Vater*, in einem als »Maleskript« bezeichneten Brief angeklagt. Diabelli sagt, er sei ohne »mütterliches Fundament« aufgewachsen und kenne darum nur Fremdwörter, keine Muttersprache. Die leibliche Mutter, die bei seiner Geburt gestorben sei, ersetzt er durch eine böse Stiefmutter.

1972 veröffentlichte das *Aargauer Tagblatt* einen kleinen Text des 30-jährigen Autors mit dem Titel ›Kurzgefasster Lebenslauf‹. Der Titel zitiert Hermann Hesses gleichnamige Erzählung von 1925, die dem Werdegang eines Zauberers gewidmet ist. Burger nun beschwört darin die Qualen herauf, die ihm einst im Kinderheim in Amden zugefügt wurden und denen er in seinem letzten Roman *Brenner I: Brunsleben* (1989) noch ein ganzes Kapitel widmen wird. Der Fünfjährige sollte sich von einer Operation erholen. Hierfür habe ihn die Mutter dort oben deponiert, vernimmt man anderswo. Mit einer Drastik, die heute an Georges-Arthur Goldschmidt erinnert, werden Folter und Ausgrenzung im Ferienheim angeklagt. Möglicherweise habe ihn eine Dauernarkose gefangen gehalten, denn Wirklichkeit könne das nicht gewesen sein, kommt der Traumatisierte zum Schluss. Vielleicht sei auch das Leben danach eine einzige Täuschung gewesen, »ein dumpfer Schlaf«.

Es ist schwer zu sagen, welchen tatsächlichen Hintergrund dieser Lebensmythos von der gefühlskalten Mutter hatte. Für Burger war er die Erklärung all der schweren Leiden, an denen er letztlich gestorben ist. Es war ihm nicht zu helfen. Seine Freunde wollten es nicht glauben und haben es dann doch akzeptieren müssen.

Der Schriftsteller Hansjörg Schneider erzählte mir im Frühling 2012, wie er einmal beim Spazieren in der Nähe von Carona im Tessin zufällig den Kollegen Burger antraf – den er, wie er betonte, für einen der größten Spracherfinder der Schweiz halte. Hermann sei vor einem Bildstock gestanden, auf dem Jesus und Maria zu sehen waren. Das sei eine Mutter gewesen, habe er Schneider gegenüber beteuert, die habe sich für ihren Sohn geopfert, anders als die seine.